县域高中“幸福共生”高质量育人体系的建构与实践

刘军祥　编著

华东师范大学出版社
·上海·

图书在版编目(CIP)数据

县域高中"幸福共生"高质量育人体系的建构与实践/刘军祥编著. —上海:华东师范大学出版社,2025.

ISBN 978-7-5760-6165-9

Ⅰ. G632.0

中国国家版本馆 CIP 数据核字第 2025367WS3 号

县域高中"幸福共生"高质量育人体系的建构与实践

编　　著　刘军祥
责任编辑　王丹丹
特约审读　富俊玲
责任校对　廖钰娴　时东明
装帧设计　卢晓红

出版发行　华东师范大学出版社
社　　址　上海市中山北路 3663 号　邮编 200062
网　　址　www.ecnupress.com.cn
电　　话　021-60821666　行政传真 021-62572105
客服电话　021-62865537　门市(邮购) 电话 021-62869887
地　　址　上海市中山北路 3663 号华东师范大学校内先锋路口
网　　店　http://hdsdcbs.tmall.com

印 刷 者　常熟高专印刷有限公司
开　　本　787 毫米×1092 毫米　1/16
印　　张　16
字　　数　281 千字
版　　次　2025 年 7 月第 1 版
印　　次　2025 年 7 月第 1 次
书　　号　ISBN 978-7-5760-6165-9
定　　价　68.00 元

出 版 人　王　焰

(如发现本版图书有印订质量问题,请寄回本社客服中心调换或电话 021-62865537 联系)

序1　县域高中走出困境走向高质量育人的成功之道

郡县治，天下安。县中振兴，意味着县域教育振兴；县中振兴，牵动着广大乡村振兴；县中振兴，决定着中国教育的底部抬高，短板拉长。可以说，县中振兴是制约我国教育高质量发展和中国式现代化的根本问题。县域教育既是我国基础教育的主体，也是改革的深水区。县中如何突破发展瓶颈？乡村教师队伍如何稳定？县域教育资源如何统筹？这些问题既需要系统的理论研究和前瞻的政策研究予以支撑，更需要广大的县域校长和教师在育人实践场景中找到破解之道。

很高兴看到刘军祥书记的著作，将“幸福共生”与县域高中相关联，超越了通常我们在提及县域高中时，往往陷入“资源不足”“县中塌陷”“发展失衡”“倦怠”“无望”等负面词汇带来的消极感受。在当前全面深化教育改革、追求高质量发展的进程中，决策者大声疾呼振兴县中，研究者深切关注研究县域教育，但能够以“幸福共生”为理念和引领，持之以恒将其融入县域高中并取得高质量育人的践行者，才真正令人肃然起敬。当刘军祥校长邀请我为此书作序时，我立即被“县域高中”“幸福共生”“高质量育人体系”等关键词所吸引。河北无极中学，这所坐落于明代孔庙旧址上的县域高中，如何将“幸福共生”教育理念引入校园生活，扎根于全校师生的内心，并由此取得高质量的育人成效，背后蕴含的深厚教育情怀和昂扬的奋斗精神，引发了我的阅读兴趣和探究愿望。

《县域高中“幸福共生”高质量育人体系的建构与实践》全书以六个章节，记录了一位县域高中校长的成长，以及其所倡导并践行的理念——“幸福共生”。导言部分，主要探讨幸福共生教育体系的构建背景，强调教师和学生的幸福相互依存，并分析当前教育体系中的困境，特别是县中学校面临的挑战，提出通过师生共同发展和社会各方合作实现教育的和谐与幸福。第一章从幸福教育体系的心理学基础、共生教育体系的理论基础阐释了何为幸福教育以及共生教育，并在理论层面构建了“幸福共生教育体系”。第二章阐述幸福共生教育体系的实践，重点呈现刘军祥从担任泗水高中政教主任到河北无极中学校长期间，提出的“幸福教育”理念，介绍了“幸福共生的教育”办学思想引领下所取得的积极成果。第三章系统阐述何谓“幸福共生”办学理念，以及一所县域高中如何构建“共生教育体系”。第四章聚焦河北无极中学育人实践，探讨如何协调教与学以促进师生共生共荣，强化精神引领确保共生方向的正确性，以及如何通过学校文化建设为共生提供保障，幸福共生教育体系在学校如何具体化为日常实践，包括：三位一体的幸福课程构建，三环三精三化的幸福课堂构建，四维视角的幸福教师强化以及四维文化推动幸福学生发展的策略。第五章探讨了幸福共生教育体系的社会扩展，河北无极中学家校社协同育人计划，家长学校活动的策划与家校合作育人的实施以及教师与家长之间的沟通与互补。第六章梳理了河北无极中学幸福共生教育体系的践行成效，并对存在的局限进行了反思。

全书六个章节详尽记录了刘军祥校长从一名普通教师到政教主任到全国知名中学校长的成长轨迹，揭示他在推动“幸福教育”理念过程中所展现的教育情怀与实践探索。既生动呈现了一所县域高中不断孜孜以求更高质量发展和育人的全景过程，更真实展示了一位长期扎根县域高中的校长，持续深耕办学治校规律，推动育人方式变革实现高质量育人的心路历程。刘军祥校长对“幸福教育”理念的追求与持续探索，贯穿于其教育实践的各个层面。通过不断反思和调整教育策略，他不仅深化了对县域高中“幸福教育”理念的理解，还在实践中有效地回应了县域教育的现实挑战与发展需求。这一过程彰显了他作为一名坚守县域高中的校长在推动教育变革中的责任担当与教育情怀，同时为县域高中改革与发展提供了宝贵的实践经验和理论启示。

尤其在当前，当县域高中成为我国教育“洼地”的代名词，面临着学术研究中所称谓的“县中塌陷”教育危机时，刘军祥校长提出和践行的县域高中“幸福共生”教育理念以及所取得的一系列成果，让我们看见制约县域高中高质量发展的深层次问题，除了“优质教育资源供给不足”或“教育发展失衡”等资源配置的科层化叙事，同时更存在着教育主体精神空间的结构性沉降，更在于县域的校长、教师、家长等教育认知、理念以及育人情怀的“塌陷”，亦即县域“人”接受了贫困与落后的标签，将这种标签内化为一种教育常态，最终成为导致县域高中发展停滞不前的深层次因素。换言之，真正的“塌陷”，是与县域教育相关的各类教育群体——作为“人”之教育担当、情怀和对育人理念追求的“塌陷”。换言之，走出县域教育或县中“塌陷”困境，最首要最重要的是让“人”

看到希望，找到信心，感受到成长，体验到成就。归根结底是通过教育培养人创造幸福的能力，让每个人学会幸福自己并幸福他人，让教育成为幸福生长的过程，让学校成为幸福共生的园地。

今天，县域高中教育走出困境实现高质量发展，依然面临充满各种挑战的复杂教育环境，依然亟需国家战略和宏观政策的支持倾斜，同时也迫切需要涌现更多如刘军祥这样的教育者和学校领导者、决策者和管理者，与县域教育发展和县中振兴有关的每一位教育"人"，怀揣深厚的教育情怀，秉持幸福的共生理念，在践行中坚定前行，在坚守中寻求超越，在困境中不忘卓越，以脚踏实地的扎实教育实践为基础，持续推动师生教育生活品质的高质量发展，孕育和绽放县域高中的"幸福之花"。

郅庭瑾

华东师范大学教育学教授、博导，教育部中学校长培训中心副主任

2025 年 4 月 29 日于上海

序2　在田野里播种幸福的教育诗篇

当都市名校的光环遮蔽了县域高中的星光，当教师沦为生产社会所需要产品的“技术工人”，日复一日在“生产线”上不停地重复相同的工作，学生异化为所谓的“合格产品”，教育焦虑的雾霾笼罩着普通高中教育的天空，我们是否还能在县域教育的田野上，播种出属于每一个生命的教育诗篇？这部凝聚着教育理想与实践智慧的著作，用“幸福共生”的育人体系给出了响亮的回答。

中国两千余个县域的高中，既是连接城市与乡村的教育枢纽，更是守护县域文化根脉的精神灯塔。这里的教育者常常在多重困境中跋涉：优质生源的流失与教育尊严的坚守，传统理念的惯性与教育变革的突围，资源有限的困局与教育理想的绽放。本书的价值，正在于跳出了“县中塌陷”的悲情叙事，以“幸福共生”为支点，撬动起一场静悄悄的教育革命。

“幸福共生”育人体系的可贵之处，在于重构了县域教育的价值坐标。它打破了将教育质量简化为升学率的思维定式，在“学生成长幸福度、教师职业幸福感、学校文化幸福力、家庭教养幸福观、社区教育幸福源”的五维共生中，建立起立体化的县中育人生态，这种教育哲学将县域高中从“追赶者”的焦虑中解放出来，让每一所乡镇中学都能找到独特的生命韵律。

书中的实践智慧闪烁着教育田野的露珠。当看到教师发展共同体的“室雅兰香”里老中青三代教师共读经典的场景，当读到“乡土英雄记忆”课程中学生们用方言记录村庄口述史的鲜活案例，当感受到“家校幸福提升计划”如何化解代际教育冲突时，我们触摸到了教育最本真的模样——在人与人的温暖联结中，在对土地与文化的深情凝视里，生长出向上向善的力量。

这部著作不是提供标准答案，而是开启了一扇思考的窗。它启示我们：教育的高质量发展不是整齐划一的达标运动，而是在特定文化土壤中培育出的独特生态；教育的现代化转型不是对城市教育的拙劣模仿，而是在地化智慧的创造性转化。当县域教育者真正理解“共生”的深意，每一间教室都能成为孕育幸福的母体，每一所校园都能奏响生命的交响。

在这个充满不确定性的时代，县域高中的教育变革者、开拓者和引领者——刘军祥校长始终将“为谁培养人、培养什么人、怎样培养人”作为办学的元命题，他追求的不仅是教育质量的提升，更是要让每个人的生命在生活中生动地生长，也就是让每个生命都能在教育生态中找到绽放的坐标，他以“大先生”情怀深耕县域教育，正在书写着最动人的中国教育故事。他们用“幸福共生”的实践告诉我们：真正的教育革新，从来不是资源的军备竞赛，而是教育者心灵的觉醒；优质的教育生态，必定生长在尊重生命、敬畏教育、拥抱变化的土壤之中。这或许就是本书留给时代最珍贵的启示。他的实践不仅为薄弱县中提供了可复制的育人路径，也为区域教育均衡发展注入了新活力。

县中教育绝不是都市名校教育的低配版，县域教育现代化也不是都市教育现代化的浅表达形式，真正原创的好作品一定是由这片土地的主人创造的，因为只有他们才能最深刻地理解这片土地的人民和文化。

天高高不穷，地厚厚无极，是为序！

于维涛
国家教育行政学院教师工作与研究部主任
2025 年 5 月 4 日

目 录

导言：幸福共生教育体系构建的背景

教育是施教者和受教者双边性的实践活动，这一特点决定了教师和学生要互相启迪，才能使教育活动不断拓展和加深。朱熹在《观书有感》中说："问渠那得清如许？为有源头活水来。"对此可理解为要想让"施教者"和"受教者"都能收获"清如许"，体会到教育的幸福，必须从源头入手。"教育是一种有目的、有计划的培养人的社会活动，它旨在把人类长期积累的生产斗争经验和社会生活经验转化为受教育者的智慧、才能和品德，使他们的身心得到发展，成为社会所要求的人才。"因此，交流在教育中具有重要地位，它涉及了施教者和受教育者之间信息的互换与反馈。教育中的幸福需要在这样的条件下去寻找，最终与政治的幸福、经济的幸福区别开来。"每个人都追求属于自己的幸福，而每个人又都只能在人际关系中去谋求幸福。"幸福教育是在教育活动中师生互为一体的基础下双方共创共享的一种积极情感体验。然而，由于教师和学生身心发展的不同和社会责任等方面的区别，这两类主体在教育实践中有质的区别。教师是成年群体，学生则是在各方面都处于发展阶段的群体，然而这两者又是教育实践中不可分割的两个群体，这进一步说明教师和学生关系具有相互影响性与融合性，幸福教育的实现离不开教师和学生的融合。

教育实践的独特性和师生在教育实践中关系的不可分割性决定了教师的幸福与学生的幸福是相辅相成的。教师的幸福很大程度上影响着学生的幸福。意大利著名教育学家蒙台梭利曾经指出教师是决定一切的因素，表明了教师在整个教育中的重要性和基础性。而学生的幸福又是教师幸福的基础，师生的幸福离不开创造与享受的统一。统一并不是单纯的一方创造另一方享受的关系，也不是先创造后享受的关系，而是要在创造和享受之间寻求到一种平衡。现实中不难见到这样的情况，有些教师以采取棍棒教学的方式为乐，有些教师以无私奉献为乐，"不过这些都是单方面的快乐，在另一方，这事并不好受。我们已感到这些单方面的快乐不能令人满足，我们相信良好的人际关系应使双方都感到满意”。[①] 因此，在幸福教育的道路上，教师要真正理解教育的深刻含义才能追寻到幸福。幸福教育中的幸福是以双方幸福为保证的具有长远意义的幸福，教师和学生既要担任幸福创造者的角色，也要成为幸福享受者的角色，在教育实践中真正使师生幸福达到内在的统一。可见，师生共同体是达到这一目标的必需环境。

近代以来，无论是学术界还是政治界，意识形态成为理论教育的合法性基础，从国家和社会的利益出发，注重教育的服务性与工具性功能，强调它的工具性价值，从而形成了以工具理性为主体地位的教育价值观。这种工具理性是教育异化的根源，它是以实效性、实用性为教育的目标。而价值理性注重人存在的价值，是关乎人幸福的教育价值取向。然而工具理性逐渐吞没了价值理性，教育异化为只求物质、不求精神，只顾利益的获得，忽略人性发展的教育。教师沦为生产社会所需要产品的“技术工人”，日复一日地在“生产线”上不停地重复相同的工作。学生异化为所谓的“合格产品”。师生的生命价值被磨灭，人的主体存在意识、人的精神价值与幸福情感逐渐丧失。

幸福共生教育体系是在现代社会背景下，为了满足人们对于幸福生活的追求，以及对于教育公平、教育质量等方面的要求，而提出的一种新型的教育理念和教育体系。这种教育体系强调的是在教育过程中，教师、学生、家长、社区等多方主体的互动与合作，以实现教育的最大效益，促进学生的全面发展，提高教育质量，推动社会的和谐共生。

具体来说，幸福共生教育体系的构建背景主要包括以下几个方面。

社会经济发展：随着社会经济的快速发展，人们对生活品质的要求越来越高，对教育的期望也越来越高。河北无极中学（简称“无中”）2021 年招生 1 100 人，到 2023 年扩大到 1 210 人，仍然无法满足人们上高中、上优质高中的需求，这反映了人们在生活越来越好的同时，更加重视孩子的教育。人们希望教育不仅能传授知识，更能培养学生的综合素质，帮助他们获得更好的生活质量和更高的幸福感。

教育公平需求：教育公平是社会公平的重要基础。在现代社会，人们越来越认识到教育公平的重要性，希望通过教育公平，让每一个孩子都能享受到优质的教育资源，从而获得平等的发展机会。对此，县中只能努力发展自己，让自己变得优秀来满足无

---

① 罗素. 罗素文集（第一卷）[M]. 靳建国，等译. 呼和浩特：内蒙古人民出版社，1997：401.

极县人民对教育公平的需求。

教育质量提升：随着科技的进步和信息化的推进，教育方式和方法也在不断变革。人们期待通过新的教育理念和教育技术，提高教育质量，让学生在轻松愉快的环境中学习，更好地发挥他们的潜力。科技和数字化的发展也为县中的腾飞提供了可能，给县中提供了缩小与优质高中差距的空间，利用数字赋能让河北无极中学迎来了新的腾飞点。

社会和谐共生：在现代社会，人们越来越意识到社会的和谐共生对于个人和社会的重要性。“凝聚人心、完善人格”才能“培育人才、造福人民”。幸福共生教育体系强调的就是在教育过程中，各方主体之间的相互尊重、理解和合作，以实现河北无极中学的“立德铸魂、幸福共生”的目标，最终实现社会的和谐共生。

河北无极中学建于1951年，原址为明代孔庙（民国时期改为学堂）；1978年河北省教委授予其“河北省重点中学”称号；2009年河北省教育厅授予其“河北省示范性高中”称号。2018年至2020年连续三年被评为石家庄市教学质量进步单位。河北无极中学从艰难起步，到建章立制、走上正轨、愿景规划、学科特色发展、做幸福教育，始终落实“立德树人”的教育根本任务，践行学生核心素养的培养。学校将“立德铸魂、幸福共生”的办学思想和国家课程规划相融合，规划设计适合本校学生的课程方案。学校现有3个年级64个班级，3 500余名学生。学校现有在编教师264人，3名正高级教师，2名特级教师，35名省、市级骨干教师、学科名师。教师本科学历达标率100%，有硕士学位的教师24人；中学高级职称教师占教师总数的32%，一级职称教师占38%，二级职称教师占19%，员级教师占11%。

70多年的办学历程，提升了河北无极中学的品质，打造了河北无极中学的品牌，凝聚了河北无极中学的办学理念——“幸福共生”。

总的来说，河北无极中学幸福共生教育体系的构建背景主要是社会经济发展、教育公平需求、教育质量提升和社会和谐共生等方面。这种教育体系的出现，是为了适应现代社会的发展需求，满足人们对高质量教育的需求，推动社会的和谐共生。

一、“县中”发展瓶颈逼迫我们思考发展的“共生”路径

（一）当今县中教育发展困境

近年来，教育竞争愈发激烈，一个个超大规模优质高中的崛起，出现招生掐尖大战，县城高中生源质量急剧下降，全县的优质生源几乎全部外流，招来的学生不但在自

律意识、自我管理、自我约束、自主学习等方面有明显不足，而且还缺乏学习动力和自信心。如何改变这一状态，让他们幸福快乐地学习，明确目标，找到自己的人生方向，成为最好的自己，是我们县中必须解决的问题。同时借此契机，我们探索创新育人途径，提升师生士气，取得家长信任，恢复学校声誉，建立幸福共生的教育模式。

从“县中”内部来说，只有学校与教师、学生共同生长、共同发展，“县中”才有可能走出发展困境、重塑辉煌。从“县中”与县区发展、县区城镇化进程的关系来说，“县中”是县区的“最高学府”，是县域基础教育的龙头，引领着地方基础教育的发展。县中作为一所学校，与社会、家庭共同生长、共同发展，可以带动县域义务教育优质均衡发展、服务国家乡村振兴和人才发展战略，对于县域经济、文化及人才等发展都具有极其重要的意义。

2022 年 2 月 25 日，在北京举行的“振兴县中的难点与路径”座谈会上，北京师范大学中国教育政策研究院执行院长、中国教育三十人论坛成员张志勇指出，近年来，多方因素影响造成了以优质教育资源流失和教育质量下降的恶性循环为突出表现的“县中发展困境”。

（二）当今教育体系中师生的生存现状

现在，社会竞争越来越激烈，对学生而言，家长在攀比心理的作用下，将“分数”看成衡量孩子成功与否的唯一标准；教师在各种量化指标下，将学生看作是获取高分的“工具”，教学活动的“产品”，将人“物”化，忽视学生的生命价值，这样的教育让学生毫无幸福感可言。正如《谁拿走了孩子的幸福》一书中写道：“我们的教育应该在孩子心中建立起这样的能力：使他能够在不幸的时候找到幸福的感觉。”[①]如果我们不能把孩子培养成具有这种素质的人，他们可能一辈子都找不到幸福的感觉。引起人们广泛热议的热播电视剧《虎妈猫爸》正反映了当今这种教育的现状。无论社会、学校还是家长，都将教师角色“神圣化”，认为教师的职责就应当是“燃烧自己，照亮别人”，在教学中一味地奉献，而不能享受幸福的教育过程。教师面对社会、学校及家长的各种要求，压力无从释放，个性被压抑，失去了创造性的灵魂，每天总是重复着相同的“动作”，职业倦怠感愈发严重。因此，我们今后的教育应该成为帮助学生找到幸福的教育，而不是成为一种“压迫”教育；成为帮助教师找到成就感的教育，而不是被量化的“工具人”。

---

① 李跃儿. 谁拿走了孩子的幸福[M]. 南宁：广西科学技术出版社，2008.

1. 县域中学教师生存现状及幸福关系分析

当今教育的弊端导致了教师职业倦怠的问题日益突出，教师难以从中获得幸福感和归属感。幸福缺失这一问题首先表现在教师对所从事职业的满意率降低，之所以产生这一现象，是因为在教育实践中，教师往往被大众定位成奉献和付出的角色，但忽视了教师在生活中对情感的需求。因此，这种单一的索取模式难免会使教师角色在一定程度上失去平衡，导致劳动付出与实际地位、精神回馈、物质报酬产生冲突，失去人的生命意识。教师职业在应试教育的恶性循环中逐渐被工具化。教师职业本来就是一个需要在很大程度上发挥个人主观能动性的职业，但在现实的教育实践中，主观能动性在教学目标、课程及知识的控制下很难发挥，在追求高升学率的评价标准下逐渐变成注释规定内容的工具。教师缺乏生命意识，被简单物化成装有知识的容器载体，考核的重点在对于输出知识的成果上。久而久之，教师职业技术化现象浮出水面，其中人本性这一与教育领域息息相关的因素反而被忽略，教师难以在所从事的职业中感受到发自内心的满足，反而只把其当作一种谋生的手段，教师职业的精神价值在教育活动中难以实现。此外，社会对教师的过度期待使教师压力倍增。教师角色在社会生活中被多方面、多角度地进行要求，在教学实践中，他们不仅要有熟练的教学技能，而且要有高尚的品德；在现实生活中，教师还要比别人的表现更加完美。许多教师面对这种重压常常会陷入自我压抑的境地，发自内心的自我需求和自我价值的实现不免被忽视，由此影响了教师的生命质量和教育环境。

2. 县域中学中学生生存现状及幸福关系分析

县域中学学生往往存在目标不清晰的问题，且各种家庭问题、心理问题导致学生学习动力不足，影响了学生的幸福感。

（1）目标不清晰

未来规划迷茫：县域中学的学生往往受限于地域和资源，对未来的职业和人生方向缺乏明确的认知。他们可能不知道不同专业的具体内容和就业前景，也不清楚自己的兴趣和特长适合从事哪些职业。这种迷茫使得他们在学习中缺乏明确的目标和动力，不知道自己努力学习是为了什么。例如，一些学生可能只是随波逐流地学习，没有真正思考过自己的未来，导致在面临选择时感到困惑和无助。

受限于视野：县域地区相对信息闭塞，学生接触到的外部世界有限。他们可能很少有机会参加各种拓展视野的活动，如学术讲座、职业体验等。这使得他们对不同的专业、职业了解甚少，难以根据自身兴趣和特长制定清晰的目标。相比城市学生，县域中学学生可能更少了解到新兴行业和职业发展趋势，从而在学习上缺乏内在动力。

(2) 家庭问题

经济压力：部分县域家庭经济条件较差，学生可能会因为担心家庭负担而产生较大的心理压力。他们可能会考虑学费、生活费等问题，担心自己的学习会给家庭带来沉重的经济负担。这种压力可能会影响他们的学习状态，使他们无法全身心投入学习。例如，一些学生可能会为了减轻家庭负担而选择放弃一些学习机会，或者在学习时总是担心家庭的经济状况，无法集中精力。

家庭关系不和谐：在一些县域家庭中，存在父母关系紧张、亲子沟通不畅等问题。父母关系紧张可能会给孩子带来心理创伤，让他们缺乏家庭温暖和安全感。亲子沟通不畅则可能导致学生在遇到学习和生活中的困难时，无法从家庭中获得有效的帮助和鼓励。例如，一些学生可能因为与父母关系不好而不愿意与他们交流，遇到问题时只能自己独自承受，从而影响学习动力和幸福感。

教育方式不当：部分县域家长过于注重成绩，对孩子的学习要求过高、过于严厉。他们可能会给孩子施加很大的压力，让孩子觉得学习是一种负担。而另一些家长则可能对孩子的学习和生活关心不够，缺乏正确的引导和教育。例如，一些家长可能只关心孩子的考试成绩，但不关心他们的学习过程和心理状态。这种教育方式可能会让孩子产生逆反心理，影响他们的学习动力和幸福感。

(3) 心理问题

学习压力大：县域中学学生面临着较大的升学压力，考试成绩往往被视为衡量学生的重要标准。学校和家长对学生的成绩期望较高，这使得学生长期处于高压环境下。他们可能需要面对频繁的考试、排名竞争等，容易产生焦虑、抑郁等心理问题。例如，一些学生可能会因为一次考试失利而陷入自我怀疑和沮丧中，影响后续的学习状态。

人际交往困扰：在青春期，学生的人际交往需求增加，但由于性格、家庭背景等因素，部分县域中学学生可能在与同学、老师的交往中出现问题，如被同学欺负、孤立，与老师关系紧张等。这些都会给学生带来心理上的伤害，影响他们的学习动力和幸福感。例如，一些学生可能因为与同学关系不好而感到孤独和无助，影响学习情绪；与老师关系紧张则可能导致学生在课堂上不敢发言、提问，影响学习效果。

自我认知偏差：一些县域中学学生对自己的认识不够客观，可能存在自卑或自负的心理。自卑的学生可能会觉得自己处处不如别人，在学习和生活中缺乏自信，不敢尝试新事物。自负的学生则可能过于高估自己的能力，在遇到挫折时容易受到打击。

例如，一些学生可能因为成绩不好而自卑，觉得自己没有前途；而另一些学生可能因为取得一点成绩就骄傲自满，在遇到困难时无法正确面对。

注重客观外在的形式，知识性教学流于老套，忽视了学生内在的个性培养和情感的内涵挖掘，忽视了多样的兴趣爱好对学生成长生活的作用，这样的教学思维导致的后果往往是让学生在学习中大大缺失幸福感。教育如果仅仅是为了目的性要求，是为了让学生过早地适应社会和服务于社会，学生就会脱离此时此刻可能的幸福价值，脱离现实学生时代所应有的生活世界，当然不会幸福。过分强调分数，而忽视被教育者当下的生活，在整个教育理念中把孩子当作“工具理性”（德国社会学家马克斯·韦伯于20世纪初提出，通过实践的途径确认手段的有用性，从而追求事物的最大功效，为人的某种功利的实现服务）的手段，而忽视他们的精神感受，过分把学生当作学习机器般对待，而忽视对独立个体地位和意识的关注，这样做的最终结果只能在某种程度上与教育的终极目标相背离。在教育的指导过程中，应该更多地使用价值理性的思想让人做正确的事情，而不单单是工具理性的物性思维灌输。

3. 师生生存现状的本质分析及出路

教育活动本来就是一个激情和快乐的活动，教师发自内心全身心投入教学活动，学生发自内心对学习向往和热爱，在参与中，在教育里，完成自我实现，从而有力地推进彼此的进步和还原教育的幸福本色。快乐而又拥有自我，满足而又充满激情，走幸福教育道路才是教育的终极价值和目标。不管教育改革采用何种手段、采用何种方针策略，归根结底所走的道路都应该是一条充满幸福感的道路。

《荀子》中说：“国将兴，必贵师而重傅。”其意思是：国家想要振兴，必须尊敬老师，重视传授专长技术的师傅。“天地君亲师”，由此可以看出古人对教师这个职业的尊重。“师者，人之模范也”，体现出对教师这个职业寄予的厚望。唐代韩愈讲的“师者，所以传道受业解惑也”，也体现出教师职业的多样性。

从古至今，教师这个职业都受到社会高度关注，时至今日，教师的地位及作用有了更为全面的改进，教师肩负的不仅仅是简单的书本知识传授，更是教书育人的伟大使命。因此，对教师也有了诸多美称：园丁、人类灵魂的工程师、蜡烛，等等，然而在伟大使命和诸多美称的压力下，当代教师的工作现状却不容乐观。从走进学校的那一刻就开始高强度工作：跟早读、打扫卫生、上课；老师没课的时候也没闲着，要批改作业、写教案、设计课堂习题。每一堂课的背后，是教案、课件、学生、讲台、作业、家长、考试、评价、检查……除此之外，家长不配合、学生不好管、职称不好评等诸多问题也使得老师焦头烂额。不少教师因此开始出现职业倦怠，以疲于应付的姿态对待工作。如果老师长期无法从这种困境中走出，其后果不敢想象，而走出这种困境的途径有很多，其中，寻找职业幸福便是一种很有效的方式。

要想找到教师职业的幸福，首先我们得认同教师这个职业。心理学家范伦特(George Eman Vaillant)认为，职业认同有四个标志，即胜任感、承诺、报酬和满足感。而对于教师职业来说，教师的职业认同一般包括职业情感、职业价值、职业意志、职业期望、职业行动、职业效能六大要素。

教师职业认同就是教师对其职业及内化的职业角色的积极的认知、体验和行为倾向的综合体，它是教师个体的一种与职业有关的积极的态度，属于教师积极职业心理的研究领域。

从字面上看，"教师职业认同"即指对教师这一职业的认可与赞同，是一个心理学概念，是指教师对于所从事职业的目标、社会价值及其他因素的积极看法，与社会对该职业的评价及期望存在一致性，即个人对他人或群体的有关职业方面的看法、认识完全赞同或认可。

说到底，教师职业认同就是知道自己是一名教师，知道教师是干什么的，并且要对教师这个职业有积极的认识和评价。不同的教师，其职业认知也是不同的，一方面，一些教师职业认同感低，对自己的工作不喜欢、不热爱，甚至出现了职业认同危机，这些教师已看不到自己工作的意义和价值，也体会不到工作的幸福。但另一方面，一些教师因为看到了教育的意义和价值而具有较高的职业认同感，这些教师不但能从工作中获得更多的积极情感，还能从所从事的事业中看到自身的价值，将自身融入所从事的事业中。虽然教师的工作繁杂琐碎，但一些教师仍能从工作中发现乐趣，对工作充满热情，而这一切都源于这些教师对教育的热爱，他们有较高的职业认同感，能够看到自己工作的意义和价值。

教师职业认同感从何而来？

(1) 无法改变命运，只能改变自己

当教师的原因大致可分为以下几类：稀里糊涂型、万般无奈型、主动选择型、被动选择型、临时将就型。不管是什么原因走上教师这个岗位，我们都要有一个积极的心态，如果没有一个良好的心态，痛苦的不仅仅是自己，还有学生。如果你无法改变你的职业，那你要努力适应并喜欢上教师这个职业。毕竟这个世界能干自己喜欢的事的人少之又少，先努力干好本职工作，你才有机会去做你喜欢的事。

(2) 正确对待自己从事的职业

如今,老师们对教师这个职业的态度有很多,大体可分为以下几种。

第一种是把教育当"差事"。所谓"差事",有两个特点:一是别人叫自己做的,而不是自己主动愿意做的;二是临时性的、一次性的,而不是固定的、长久的工作。因为这两个特点,如果把教育当差事,很容易产生一种应付的态度。

本来就不喜欢教书,但是因为种种原因,不得不教书,觉得大材小用了,心情郁闷,于是只好应付了。于是,没有教书育人的热情,只有怀才不遇的叹息。这样搞教育,自己痛苦,孩子遇到这样的老师也痛苦。当然,说到"应付",还有一种情况可能是不可避免的,就是刚参加工作的青年人因为不熟悉业务,不适应新的生活,手忙脚乱,没有章法,不得不应付,这种应付是可以理解的,因为这是新教师走向熟练之前必然要经过的一道坎儿。但是,能够做好却有意应付,"当一天和尚撞一天钟",这种态度则太不应该,既对不起自己,也对不起孩子。

第二种是把教育当"谋生的手段"。养家糊口是我们生存的基本需求,教师辛辛苦苦上班就是为了拿工资,就是为了一家老小的吃喝拉撒。持有这种态度的老师应该占比较大,也就是我们常说的将教育当作谋生的手段。我个人认为,把教育当作谋生的手段并没有错,也无须指责,因为,我们都是普通人,普通人就需要生活,如果能为了生活,为了不失去这份工作而好好备课、上课,珍惜这份工作,敬畏这份工作,那又有什么错呢?

第三种是把教育当"事业"。这类教师一心扑到教育上,能做到爱校如家、爱生如子。对自己的要求很高,哪怕是这个内容已经上过好几次,但遇到新学生也会再次修改,努力上出新意。看到学生有困难,会不遗余力地去帮助解决;看到学生有进步,会从心底感到欣慰。无疑,这类教师会收获更多的来自这份职业的幸福。

(3) 做有特色的教师

有了对教师这个职业的认同,我们就会静下心来面对自己的工作。然而,对于大多数老师来说,特别是刚参加工作的老师,他们工作热情很高,但是缺乏经验。面对纷繁复杂的工作,会无所适从,忙中出错。特别是上进心强的老师,很想上好课、管理好班级,使自己尽快成长起来,但是又不知道该如何下手。其实,要想尽快成长,让自己站稳三尺讲台,我觉得还是要静下心来思考自己的长处是什么,怎么根据自己的长处让自己成为一名有特色的教师。

当下的中国教育,评价一位老师的优劣高低标准是多种多样的,并且在不断变化,但最重要的评价标准就是教师的教学有没有特色。让我们先来看一看那些名师,他们的特色表现在什么地方。于永正老师的特色是幽默，让学生在笑声中学知识、受教育。窦桂梅老师的激情教学，努力让自己的激情感染学生，让学生充满自信地去学习、做事。王崧舟老师的诗意教学，让学生在读中悟，在读中熏陶，他认为唯有熏陶，才能进入学生的记忆深处，进入学生的灵魂深处，成为其生命中的一个要素。孙双金老师的“一主三性”教学，就是精心设计一条教学主线，在整个教学过程中体现形象性、情感性和求实性。孙双金老师认为：“成功的课堂教学应有一条清晰明朗的主线，不成功的课堂教学必定主线不明或思路混乱。”教学主线是打开课堂教学成功之门的一把钥匙，是帮助学生掌握教材丰富知识的一个纲，纲举目张。

新课程改革需要教师不断提高自身素质，需要教师在专业化发展的道路上成就自己，这一点毋庸置疑。我们从不否认会有一批教师在专业化成长的道路上成为名师，成为“专家型教师”“学者型教师”。但对于像我们一样的教师来说，要成为“专家型教师”“学者型教师”，恐怕还有很长的一段距离。那么，我们如何在专业化发展的道路上成长呢？我以为，做一个有特色的教师或许才是我们广大普通教师的成长之路。如果没有特色，就没有强劲的生命力，也就没有优势。有特色的教师是学校宝贵的财富。倡导特色就是倡导个性培养，倡导创新教育。成为特色教师，是科研型教师的必由之路。

每一位教师都能成为“优秀教师”，可能很不现实，但是借助于教育科研，做一番持之以恒的努力，成为一名“特色教师”，则是完全可能的。

一个人的成功总是在他智能结构中最突出的地方，个性、特长占优势的地方，即“长处”的地方。越是“扬长”，越易成功。“短处”是很难变成“长处”的，“避短”比“补短”更有利于成功。在教案设计上，不妨做一个“天衣无缝”的“好裁缝”；在作业布置上，不妨做一个“精挑细选”的“巧媳妇”；在研究性学习指导上，不妨做一个“游刃有余”的“妙参谋”；在社团活动组织上，不妨做一个“运筹帷幄”的“大将军”；在课堂教学上，不妨做一个“所向披靡”的“机灵鬼”；在信息技术运用上，不妨做一个“驾驭自如”的“领跑者”；在与学生的心理沟通上，不妨做一个“促膝谈心”的“贴心人”。也许，做“特级教师”由不得你说了算，但是，做一名“特色教师”的主动权完全掌握在你手里。

世界上的任何一种事物，倘若没有了个性，就会顿失光彩和魅力。如果都是“千人一面”，那将不可避免地陷入单调和平庸。就如同为名山，华山以“险”著称，泰山因“雄”闻名，峨眉山则凭借“秀美”而饮誉天下。办学也是同样的道理。所以，著名的教育家蔡元培先生说：“有特色的教师是学校宝贵的财富。”教师是否有着深厚、专业的理论基础，在教学中能否因时因地制宜，积极探索和发掘课堂教学的新角度、新方法，是不是能够时时刻刻反省、认识、提高自身的教学水平，已成为教师发展自身特长的重要部分。其中，不断加深的理解和反省就是教师工作创新与最终成为特色教师的首要条件。

总之，作为教师，我们要努力在平凡的岗位上寻找幸福，正如李镇西老师说的："作为老师，幸福比优秀更重要。"

二、"共生"是社会教育和谐发展的要求

(一) "共生"的起源与发展

共生关系，即一种相互依赖、相互依存的生存关系。翻开中国古代思想史，注重万物和谐、天人合一，是贯穿中国传统文化的一个基本精神。西周末年的思想家史伯就已经认识到："和实生物，同则不继。以它平它谓之和，故能丰长而物归之。"意思是：不同事物相互结合才能产生新事物，而完全相同的事物叠加则无法持续发展。通过不同事物之间的相互平衡、协调，达到和谐的状态，这样才能使事物丰富发展，吸引万物归附。同样，一所学校的发展，教师、学生、家长是不可或缺的三个维度，只有三者共生共荣，学校才可能健康并可持续发展。

(二) "共生"在现代教育中的体现

《中国教育现代化 2035》将教育现代化阶段"教育新样态"的核心定位于"以德为先、全面发展、面向人人、终身学习、因材施教、知行合一、融合发展、共建共享"等八大基本理念，共生教育统摄了国家对未来教育的新定位。华东师范大学李政涛教授与吕雪晗在《智能时代的文化转型与共生教育》中也提到：共生教育是一种价值观，一种"理想目标"，一种"思维方式"，一种"研究思路"，一种"发展条件"，一种"实践范式"，一种"分析视域"。① 共生既是文化的需要，也是教育的需要。换言之，文化的传承与发展需要共生，教育的变革与发展也需要共生。这些共生需要，在不同的时代会遭遇不同的时代挑战，进而产生不同的表现形态与共生方式。

三、审视师生发展状态，我们需要"共生"与"幸福"

(一) 学校应当是学生幸福成长的乐园

1. 学生需要在一个积极的环境中成长

学校作为学生成长的重要场所，应当提供一个充满关爱、尊重和支持的环境，让学

---

① 李政涛，吕雪晗. 智能时代的文化转型与共生教育[J]. 民族教育研究，2022(6).

生感受到温暖和安全，从而更好地发挥自己的潜能。这样的环境可以帮助学生建立自信心，培养积极向上的心态，促进身心健康发展。

2. 学生需要在学校中获得有意义的经验

学校教育不仅仅是传授知识，更重要的是培养学生的思维能力、创造力、批判精神等软实力。学校应当设计有意义的课程和活动，引导学生探索世界、认识自我，培养解决问题的能力，让他们在探索和实践中获得成就感和自信心。

3. 学生需要被关注和尊重

每个学生都是独特的个体，有着不同的兴趣、特长和需求。学校应当关注每个学生的发展，尊重他们的个性，鼓励他们追求自己的梦想。同时，学校应当倾听学生的声音，让他们参与到学校管理中，增强他们的主人翁意识，培养他们的责任感和公民意识。

4. 学生需要良好的师生关系

教师是学生成长过程中的重要引导者，良好的师生关系是学生学习进步和心理健康的重要保障。教师应当关爱学生、理解学生、尊重学生，积极与学生沟通交流，建立平等、和谐的师生关系。同时，教师应当不断学习和提升自己的教育教学方法和技巧，更好地引导学生成长。

综上所述，学校应当创造一个充满关爱、尊重和支持的环境，提供有意义的课程和活动，关注每个学生的发展，培养他们的思维能力和创造力。同时，建立良好的师生关系，让学生感受到温暖和安全，促进他们的身心健康发展。这样的学校才能真正成为学生幸福成长的乐园。

（二）学校应当是教师耕耘幸福的田园

1. 教师是学校教育的重要组成部分，是学生学习和成长的引导者

教师的幸福感和满足感对于他们的工作表现和学生的成长都有重要影响。一个充满幸福感的教师能够更好地发挥自己的专业能力，提高教学质量，同时也能传递给学生更多的正能量和积极情绪。

2. 学校应当为教师创造一个良好的工作环境

良好的工作环境包括提供必要的硬件设施和支持，如教学设备、办公环境等，让教师的工作更加便利和舒适。同时，学校应当营造一个积极向上的文化氛围，鼓励教师之间的交流与合作，提供专业发展的机会和资源，让教师感受到学校的关怀和支持。

3. 学校应当建立公正的评价机制和激励机制

公正的评价机制能够让教师的工作得到认可和肯定，提高他们的工作满意度和成就感。激励机制则能够激发教师的工作热情和创新精神，促进他们的发展和提高。同时，学校应当关注教师的心理健康，提供必要的心理支持和辅导，帮助教师缓解工作压力和焦虑情绪。

4. 学校应当鼓励教师参与学校的管理和决策

教师的参与能够增强他们的归属感和责任感，让他们感受到自己的价值和重要性。同时，通过参与决策，教师能够更好地理解学校的战略规划和教育理念，从而更好地履行自己的职责，提高教育教学的效果和质量。

综上所述，学校应当为教师创造一个良好的工作环境、建立公正的评价机制和激励机制、关注教师的心理健康并鼓励他们参与学校的管理和决策，成为教师耕耘幸福的田园。只有这样，教师才能在学校中感受到幸福和满足，更好地发挥自己的专业能力，促进学生的成长和发展。

（三）学校应当是推动社会和谐进步的精神家园

学校作为社会的重要组成部分，应当承担起推动社会和谐进步的责任，成为社会精神家园的基石。

1. 学校应当是培养社会公民的摇篮

通过教育教学，学校应当培养具有责任感、公德心和公民意识的公民。通过德育教育、社会实践和校园文化活动，学校可以引导学生树立正确的价值观、人生观和世界观，培养他们的人文素养和社会责任感，为社会的和谐进步提供人才保障。

2. 学校应当是传播先进文化的阵地

学校应当注重文化的传承和创新，通过教育教学活动、校园文化建设和学术研究等方式，传播先进的文化理念和价值观念。同时，学校应当积极推动跨文化交流和国际化合作，增进不同文化之间的了解和尊重，为促进社会的多元文化和谐共存作出贡献。

3. 学校应当是引领社会风尚的标杆

学校的教育教学理念、校风校纪和校园文化等都对社会产生着深远的影响。一个充满正能量的学校能够为社会树立良好的榜样，引领社会的道德风尚和风气的形成。学校应当注重自身的形象建设，以身作则，发挥自身的示范作用，成为社会文明的典范。

4. 学校应当是推动社区发展的引擎

学校与社区之间应当建立起紧密的合作关系，通过资源共享、社区服务和社会实践等方式，共同推动社区的发展和进步。学校可以积极参与社区的文化、教育、科技和公益事业，为社区提供智力支持和人才保障，成为社区发展的推动者和引领者。

综上所述，学校作为培养公民的摇篮、传播先进文化的阵地、引领社会风尚的标杆和推动社区发展的引擎，应当在培养人才、传承文化、引领风尚和促进社区发展等方面发挥积极作用。只有这样，学校才能真正成为推动社会和谐进步的精神家园，为社会的繁荣和发展做出积极贡献。

第一章　幸福共生教育体系构建的理论基础

一、幸福教育体系的心理学基础

（一）对幸福教育的不同认识

1. 当前对幸福教育的认识

当前对幸福教育的研究存在一些问题。随着对幸福教育研究的深入，幸福教育的概念的界定逐渐出现泛化的问题，有人把道德教育完全看作幸福教育，有学者认为，“德育就是要培养学生幸福生活的能力”。还有人把心理教育当作幸福教育，人们将社会标准进行内化，并且根据这一标准对自己的生活质量作出肯定性、整体性的评估，以至于对生活的各个方面都能做出全面系统的评价，从而产生积极的情感体验即内心的幸福感。

这是将幸福教育看成培养幸福感的教育，而幸福感属于心理学的范畴，最终将幸福教育与心理教育视若同物。甚至还有人将幸福教育与幸福观教育混为一谈，“让学生在成长中获得幸福感”，而文章的标题却是“幸福观教育”。也有文章内容是培养受教育者正确的幸福观，但标题却是“幸福教育”。除了概念泛化的问题以外，对幸福教育的研究大多是浅尝辄止、蜻蜓点水，缺乏理论层面的系统的、深层次的分析。

首先，在阐述幸福教育的内涵时，只是就“事”论“事”，没有将幸福教育与其他价值取向的教育进行比较，也没有探寻幸福教育的理论渊源。其次，在揭示幸福教育的特征时，缺乏系统的理论分析与论证，没有揭示幸福教育的本质，在论述方面也只是着重论述教师或者学生中的某一个方面。然而，教育主体是有两个方面的。因此，在揭示幸福教育特征时，必须从教师与学生两个角度去论述。最后，在幸福教育本质回归、目的的践行中，没有针对根源问题提出解决策略。

如果我们缺乏对幸福教育的本质认识，并且在对幸福教育目的的认识上也存在严重的问题，那么就会导致不幸福的教育。“幸福教育”是相对广泛、相对主观的概念。在现实生活中，有人将幸福教育理解为通过一种恶俗、低劣的功利主义、物质主义来实现教育的幸福。这是与幸福教育的目的背道而驰的。因此，我们需要对幸福教育的本质及幸福教育目的的内涵进行准确的阐述。

2. 不同心理学理论对幸福教育的认识

幸福共生教育体系是一种新型的教育理念，它强调在教育过程中，既要关注学生的学业成绩，也要关注学生的身心健康，以及他们与社会和环境的和谐共生。这种教育理念的理论基础主要包括积极心理学、生态心理学、社会资本理论和教育心理学。

积极心理学主张通过培养个体的积极品质和潜能，提高个体的幸福感和生活质量。在幸福共生教育体系中，我们可以借鉴积极心理学的理念，通过教育活动，帮助学生发掘自己的优点和潜力，增强自信心，提高抗压能力，从而提高他们的幸福感。

生态心理学主张人类应该与自然和谐共生，尊重和保护自然环境。在幸福共生教育体系中，我们可以借鉴生态心理学的理念，通过教育活动，引导学生了解和关心环境保护的重要性，培养他们的环保意识，使他们在日常生活中采取环保行动，实现个人和社会可持续发展。

社会资本理论主张通过加强社区和社会网络的建设，提高社会的凝聚力和稳定性。在幸福共生教育体系中，我们可以借鉴社会资本理论的理念，在家校之外，通过联系社区教育活动，引导学生了解和关心社会公共事务，培养他们的公民意识和社会责任感，使他们在追求个人利益的同时，也能关注社会公共事务，积极参与社会公益活动，从而提高社会的凝聚力。

教育心理学是幸福共生教育体系的最后一个理论基础。它主张通过科学的教育方式和方法，提高教育效果，促进学生的全面发展。

总的来说，幸福教育体系的构建需要综合考虑多种因素，包括积极心理学、生态心理学、社会资本理论和教育心理学等。这些理论为我们提供了构建幸福共生教育体系的理论支持和实践指导，帮助我们更好地理解和实施这一教育理念。

（二）关于幸福教育问题的国内外研究现状

综观国内外专家学者在幸福教育上所做的探讨，不乏真知灼见。

1. 国外关于幸福教育的研究现状

针对幸福教育，国外关于教师方面的论述有英国霍姆斯的《教师的幸福感关照教师的身心健康及职业发展》，该书认为教师幸福感由以下几个部分构成，它们分别是生理幸福感、情绪幸福感、心理和智力的幸福感、精神幸福感。书中指出了教师教学过程中产生压力的原因有显性因素和隐性因素，这些都对教师幸福感有所影响。作者在论述的基础上提出用交流、缓解和释放的方法提升教师幸福感。

苏联作家兹·戈里曼在《当代的教师是什么样的》一文中指出教师职业幸福感的缺失，会影响到他们所教育的群体，是导致他们所教的学生成为不幸的人的因素之一。戈里曼认为公众对教师这一职业以及对教育作为一种活动的公共意义和社会意义认识不够深刻。要想改变教师不幸福的状态，就要重新认识和构建教师的“意义”，还需要更进一步拉近教师与学生之间的关系。①

美国哈佛大学和英国惠灵顿中学在教育手段上对幸福教育进行了大胆的尝试。惠灵顿中学通过开设“幸福课”和举行幸福讨论会来“教授幸福”“认识幸福”，并让中学生“拥有幸福”。正如校长安东尼·塞尔登所说：“我认为，任何一所学校最重要的工作就是培养出快乐、让人放心的学生，这比教育部发布的任何通告都重要。”幸福课的内容包括逆境中的成功和学生的一些实际问题。哈佛大学开设的选修“幸福课”也备受欢迎，选修的学生比修“经济学导论”的还多，不过这个选修课是一门积极心理课。所有这些探讨和尝试对研究幸福教育的课题都具有重要启发。但是这些研究大多停留在教育学层面上，没有从伦理意义上进行阐述。

2. 我国关于幸福教育的研究现状

我国关于教师幸福方面的研究论述晚于国外研究，我国关于这方面最早的论述要追溯到叶澜教授在《教育研究》1997 年第 9 期上发表的名为《让课堂焕发出生命活力——论中小学教学改革的深化》的文章，此文是从教师专业成长的角度对教师幸福进行研究，自此开始，国内很多学者将目光转向了研究教师幸福的相关内容。

檀传宝所著的《教师伦理学专题——教育伦理范畴研究》从道德教育和教育伦理这两个角度研究论述教师幸福的问题，将教师的幸福能力从广义和狭义两个层面进行了划分，他认为广义的幸福能力是幸福的感受和创造能力所具备的普通条件，狭义的幸福能力是指幸福的感受和创造需要的价值性条件，他认为教师幸福的最终实现要归于教师自身幸福能力的培养和提升。②

刘次林的《幸福教育论》从幸福教育的建构和实施角度来论述教师幸福的实现，他认为教师幸福是整个幸福教育实现的必要基础和前提。他在《教师的幸福》中提出幸

---

① 兹·戈里曼，王玉林(译). 当代的教师是什么样的[J]. 理论探讨，1995 年第 2 期.

② 檀传宝. 教师伦理学专题——教育伦理范畴研究[M]. 北京：北京师范大学出版社，2010.

福是主体的一种内在体验，这种体验需要从有关的活动中获得，这样才具有永恒性。教师不应该单纯地将教学定义在重复传递知识的层面上，也不应该仅仅将教师职业同其他用于谋生的职业画等号，而是应该享受和创造其过程。①

另外，认为教师幸福与创造息息相关的著作还有朱永新教授的《我的教育理想》和吴灿华主编的《教师伦理学》这两本书，他们提出教师创造的重要性，指出幸福来源于创造的过程中，并会延续到创造之后。卢梭反对为了未来的幸福牺牲当前幸福的野蛮教育，他认为"教育的目的应该是培养现实的享受"，为此，要遵循规律，使人得到和谐全面的发展。②

冯建军的《专业视野中的教师幸福与幸福教师》一文对教师的幸福和教师的专业幸福从不同层面进行了详尽的区分和准确的界定，他认为教师的幸福与教师的专业幸福所指向的侧重点有所不同，前者侧重于从作为社会普通成员的生活体会这一角度论述幸福，而后者侧重于从精神方面来阐释，指出专业幸福具有"内在性""关系性""理解性"等特点，其领域主要集中在教师工作方面。③

栾传大在《多元幸福观教育论纲》中提出了多元幸福理论，同时阐述了教师职业幸福感。他认为教师职业幸福感是教师在教育实践过程中所获得的一种满足感，还有对自我能力发挥和职业理想实现程度的一种衡量，当这些对于教师产生积极作用时，也就意味着教师获得了幸福体验。④

这些著作和论文从多种角度来探讨教师幸福，使这方面的研究朝专业化方向转变，但可以发现，研究主要集中在理性思辨方面，实践方面还有所欠缺。以上研究大多关注应然层面，从理性思辨的角度所进行，没有对教师职业幸福感的实然层面进行深入的探讨和研究。

刘次林在《幸福教育论》中说："幸福教育就是以人的幸福情感为目的的教育，它要培养能够创造幸福、享用幸福的人。"他认为只有把幸福与教育统一起来的幸福教育，才能取得完整的意义。⑤刘铁芳认为教育的形上关怀就是在任何时候都要意识到，教育的根本指向乃是启迪、培育个体生命存在的尊严和幸福。易凌云强调，教育过程应该是人对幸福的体验过程。⑥ 孙彩平从教育作为伦理事业的角度看待幸福教育，认为

①⑤ 刘次林.幸福教育论[M].北京：人民教育出版社，2003.

② 李英.从全面发展的角度看幸福教育[J].集美大学学报(教育科学版)，2002(12)：35－40.

③ 冯建军.专业视野中的教师幸福与幸福教师[J].教育科学论坛，2007(12)：5－7.

④ 栾传大.多元幸福观教育论纲[J].现代教育科学，2003(06)：1－7.

⑥ 文泰安.近十年我国教育与幸福问题研究综述[J].淮南职业技术学院学报，2009(1)：77－79.

教育"是社会为了得以延续而进行的一种自我发展活动，是社会生活中长辈为了下一代的幸福而献出的一种爱心"。①

张忠仁将幸福教育理解为："幸福教育就是要引导人们形成乐观的生活态度，适当地调节自己的期望水平，树立正确的财富观，建立良好的人际关系，从而提高人们感受幸福与创造幸福的能力，提高人们精神生活的质量。"②以上研究的积极意义和巨大价值是不容否认的，但由于这些研究更加侧重于形上的宏观探讨，而对特定区域的实证研究就略显单薄了。

3. 幸福教育中学生的相关研究

幸福教育文献资料中与学生相关的内容主要从幸福需要教育和教育需要幸福这两个角度来论述。

苏霍姆林斯基所著的《怎样培养真正的人》一书写道："要让孩子有欢乐、幸福及对世界的乐观感受。教育学方面真正的人道主义精神就在于珍惜孩子有权享受的欢乐和幸福。"③这里明确指出教育需要关注学生幸福。

美国著名教育学者内尔·诺丁斯的《幸福与教育》是对幸福教育探讨比较深入的一本著作。书中作者将幸福定为一种审视标准，在此标准下既要关涉评估到学校课堂中师生幸福的状态，又要建构出通过课堂教学、师生交往等一系列的教育实践活动向学生展现出幸福以及引导学生体会幸福、追寻幸福的方式。她指出："最好的学校应当就像最好的家庭。……最好的家庭具有这样的特征：它提供了有连续性的关怀关系，持续地回应和评估着孩子的需要和需求，保护孩子不受伤害的同时避免故意带给他们以痛苦，鼓励交流并从中发展出共同的与个体的兴趣，鼓励协同的工作，真正促进孩子们在学习中的快乐，引领他们道德与精神的发展。其中还包括一种对苦难的忧虑的良心的发展，促进孩子们对于艺术及其他伟大文化成就的欣赏，鼓励他们对于地点的爱恋和对于自然世界的保护意识，还要为个人理解和集体理解而教育。"④

赵汀阳在《论可能生活》中提出这样的论点："是否能够获得幸福很大程度上取决

---

① 孙彩平. 教育的伦理精神[M]. 太原：山西教育出版社，2004.

② 张忠仁. 幸福教育的核心：培养乐观的生活态度[J]. 渤海大学学报(哲学社会科学版)，2006(4)：105-108.

③ 苏霍姆林斯基. 怎样培养真正的人[M]. 蔡汀，译. 北京：教育科学出版社，1992.

④ 内尔·诺丁斯. 幸福与教育[M]. 龙宝新，译. 北京：教育科学出版社，2009.

于是否能够敏感到幸福之所在，在这种意义上，幸福是种能力。”①

刘次林的《幸福教育论》是对幸福教育研究相对系统的一本专著。书中他首先依据哲学和教育学的理论界定了幸福的概念，认为人的生理幸福、心理幸福和伦理幸福三者达到辩证统一是构成幸福的基础。然后阐述了幸福与教育之间的内在联系，认为教育的终极目的就是使人幸福。最后将落脚点集中在知、情、意的统一才是幸福教育这一层面。除此之外，刘次林在《幸福教育论》中还提出感知幸福、享受幸福和创造幸福的能力都属于幸福能力的有机组成部分。幸福能力是沟通和传达、教育和生活之间的桥梁，可以通过自身的努力有效地培养和改善。幸福需要教育的原因还在于当前幸福病态的存在，关于这个问题，沙洪泽在他所编著的《教育——为了人的幸福》一书中也有所关注。他指出："现代社会人们生活的物质条件得到了极大的改善，然而享乐主义、个人主义也在相当部分的人中日趋严重，幸福病态有不断加强的可能和趋势。"②因此，教育必须要担当起培养人类重新感受和追求幸福的能力。此书认为教育在学生的整个人生中占有举足轻重的位置，对于学生的生存状态要积极关注，以促进他们今后更好地生活。

刘铁芳在《教育怎样关涉幸福》一文中进一步指出教育要追求关怀性，教育所指向的要培养个体的幸福是需要时刻关注的内容，以达到追求教育本真的目的。③

4. 教育目的与幸福的关系

有学者认为幸福与教育目的之间的关系在于教育的最终目的是使人获得幸福。

易凌云的《论关涉人生幸福的教育》认为虽然教育活动有其自身的目的，但人生的终极目的是幸福。因此，教育作为人生中必不可少的组成阶段，它应该关涉和指向幸福。易凌云特别强调教育过程是个体幸福的体验过程，因为教育活动的结果就是个体的发展。④

孔维民在《关注个体幸福，重建以人为本的道德教育目标》中同样指出人生的最终追求是幸福，他认为在德育中必须关注个体幸福，否则理论方面达不到科学性，同时理论对实践的指导也具有不完善性，因此只有将德育作为个体幸福必要的一部分，才能获得道德和人格的发展，获得内在根本的动力。⑤ 多数学者对幸福与教育过程两者的

---

① 赵汀阳. 论可能生活(第2版)[M]. 北京：中国人民大学出版社，2010.

② 沙洪泽. 教育——为了人的幸福[M]. 北京：教育科学出版社，2005.

③ 刘铁芳. 教育怎样关涉幸福[J]. 湖南师范大学教育科学学报，2008(1)：10-12.

④ 易凌云. 论关涉人生幸福的教育[J]. 教育理论与实践，2003(5)：1-5.

⑤ 孔维民. 关注个体幸福，重建以人为本的道德教育目标[J]. 教育科学，2006(1)：34-36.

关系持有相同观点，认为既然将教育作为人生的终极目的，那么在教育活动中必然离不开对个人幸福的关涉，在教育过程中关注教育主体的幸福是不可忽视的。

杜小陆《正在消逝的幸福感——对中小学生心理变迁的思考》中提到，在网络盛行的今天，学生虽然比以往的时代自由，但是幸福却有很大的缺失，导致出现这一结果的主要原因在于师生关系的异化和教学过程的僵硬化，在这样的情况下难以收到良好的教学效果，从而也出现了教育与社会脱节的现象。①

刘庆昌教授的《让幸福走进教育过程》一文中认为技术并不是使幸福走进教育过程的关键因素，教育性的回归才是，在此过程中教育者扮演着实际中介的角色进行干预，他指出："如果教师能对学生进行积极的干预，如果教师的干预能够基于关怀的动机，如果教师的干预能够具有科学性和艺术性，那么，教育性就回归于教育过程了。"②

5. 教育结果与幸福的关系

关于幸福教育的实现即幸福教育的结果的相关研究，有学者认为要实现个体幸福，关注教育过程和教育结果同等重要，这是个体幸福实现的条件，两者缺一不可。

檀传宝认为教育过程要关注和培养参与其中的主体的幸福能力。首先，要确立一个符合人本质的人生目的；其次，要进行能够引领个体达到最终目标的创造性活动；最后，主体的活动要在道德允许的情况下实现。

另外，有学者从"适应"这一角度研究幸福教育，"适应"在心理学中认为幸福在人本体中存在着尺度，符合本体内在尺度的状态就是幸福。因此幸福教育的目的就是教会主体在一定的心理策略干预下调节尺度，超越外界环境，以达到人生目标。

还有学者认为，教师幸福和学生幸福是幸福教育的组成部分。易凌云在《论关涉人生幸福的教育》中指出幸福教育有两个层面的含义：一是教师和学生作为教育实践的主体，应该在实践过程中体验到幸福；二是教育结果要使教师和学生能够获得幸福。对于师生的幸福，高峰进一步强调，幸福教育需要构建两个体系：一是教师幸福，二是学生幸福，这两者幸福之间的关系在于前者对后者有一定的影响。教师幸福主要关注教师物质、精神方面的幸福；学生幸福不仅要关注其校园生活的幸福，还要为将来的幸福人生打下坚实的基础，以获得更长久稳定的幸福。另外，还有学者指出幸福能力对于实现个体幸福有着不可忽视的作用。

---

① 杜小陆. 正在消逝的幸福感——对中小学生心理变迁的思考[J]. 教育评论，2000(6)：38－41.

② 刘庆昌. 让幸福走进教育过程[J]. 教育理论与实践，2008(4)：3－8.

从对国外幸福理论的研究中发现，幸福是相对模糊和多元化的概念。就如康德所言："幸福的概念是如此模糊，以至人人都想得到它，但是，却谁也不能对自己所决意追求或选择的东西，说得清楚明白。"①

古希腊罗马奴隶制时期，先哲们对幸福的理解各不相同。希腊第一个对幸福做出理论思考的是梭伦。梭伦在谈论幸福与财富的关系时指出："许多最有钱的人并不幸福，而许多只有中等财产的人却是幸福的。"他认为幸福与财富是有关系的，但幸福并不完全由财富决定。他是第一位将幸福从物质与精神两个维度去思考的哲学家。

在梭伦之后，西方哲学史上关于幸福的讨论主要可以分为四种流派：理性主义幸福观、感性主义幸福观、宗教幸福观及功利主义幸福观。理性主义幸福观更加注重精神层面的幸福，关注幸福与道德之间的关系。它重视人的理性力量，认为只有理性，才能获取真正的幸福。从中可见，理性主义幸福观包含两个方面的特征：一是幸福与道德的关系，二是重视人的理性力量。在论述幸福与道德的关系时，柏拉图认为，人生的真正幸福是德性和智慧。继柏拉图之后，亚里士多德认为幸福包含了两个方面的内容：德行与现实活动。在论述幸福与理性力量的关系时，荷兰哲学家斯宾诺莎指出实现幸福必须以理性作为指导，没有理性的心灵是无法享受幸福的。感性主义幸福观，不仅强调需要理性作为指导，还强调需要通过物质上的满足而获得感性上的快乐。感性主义幸福观主要体现了两个方面的特点：一是肉体快乐与精神快乐的统一，二是自爱的准则。在论述肉体快乐与精神快乐的统一时，古希腊哲学家德谟克利特认为，快乐是肉体快乐与精神快乐的统一体，肉体快乐是较低层次的快乐，精神快乐是较高层次的快乐。在论述自爱准则时，法国哲学家爱尔维修认为，自爱是行动的准则，自爱就是能够感受到肉体上的痛苦与快乐。只有感受到肉体上的痛苦与快乐时，人们才能去思考与劳动。宗教幸福观认为信仰、热爱上帝才能获得幸福。奥古斯丁是一位倡导基督教幸福观的神学家，他认为热爱上帝与敬重上帝的人才能获得幸福。托马斯·阿奎那认为，与上帝见面是最高层次的幸福。功利主义幸福观，是从感性主义幸福观发展起来的。它认为人的本性是趋乐避苦的，提出"最大多数人的最大幸福"，"个人幸福与社会幸福是不矛盾的"。代表人物是边沁和密尔，边沁认为幸福与质无关，只与量有关。密尔认为幸福既与量相关，又与质相关。但他们都强调"最大多数人的最大幸福"是社会发展的最高目标，最终是为利己主义的幸福论服务。西方的幸福观思想，虽流

---

① 康德. 实践理性批判[M]. 韩水法，译. 北京：商务印书馆，1999.

派众多，但都体现了对人生幸福的积极追求。

要理解幸福教育的内涵，就必须了解幸福与教育的关系。国外的学者普遍认为，幸福是教育的目的与动力，而教育是幸福的手段、源泉与保障。苏霍姆林斯基说过，教育者不断追求的理想境界及人生与教育所共同拥有的目标都是“幸福”。[①] 费尔巴哈曾指出：“生活和幸福本就是同一事物。任何的追求，至少一切对于完满的追求等同于对幸福的追求。”[②]这些都体现了幸福的目的性。英国教育家斯宾塞提出，“教育目的是为个人的美好生活做准备”的主张。[③] 俄国教育家乌申斯基说过：“教育最核心的目的在于使受教育者获得幸福，不能为了获得任何其他不相干的利益而失去这种幸福，在这一点上是毋庸置疑的。”[④]怀特心目中的“受教育的人”，就是一种追求幸福的人并且他们能把幸福推及他人。瑞士教育家裴斯泰洛齐指出：“如果把人当作一个个体，那么教育应该为使人获得幸福而作出贡献。”[⑤]还有学者用数据表明，教育能提高人们的生活满意度。这里的生活满意度即是幸福。这些都体现了教育是幸福的手段、源泉与保障。笔者认为幸福与教育关系，就是目的与手段的关系。幸福应当是任何实践活动，尤其是教育实践活动的最终目的。与此同时，只有以教育为手段，幸福之花才能绚丽地绽放。

作为关怀伦理学派的代表人物内尔·诺丁斯，他在《幸福与教育》中主要阐述了四个问题：第一，幸福意味着什么；第二，幸福来自哪里；第三，教育如何实现人的幸福；第四，幸福教育的目的是什么，幸福意味着什么。诺丁斯认为幸福的内涵远远比所有学者揭示的内容要丰富，因此幸福的研究要借助开放性的定义。在她看来，幸福是无法定义的，要通过回答幸福意味着什么来理解真正的幸福，幸福是通过生活的经历与体验来获得的。幸福来自哪里？诺丁斯认为幸福来自生活。在美好、和谐的生活中，自然能探寻到幸福的踪迹，拥抱生活、珍惜生活是幸福的源泉。诺丁斯认为，温暖的家、美好的德行、和谐的人际关系、民主的公共生活，这些都是生活的每个细小环节，在这些细小的环节中蕴藏着无穷的幸福。教育如何实现人的幸福？诺丁斯认为，幸福的教育不是将幸福当作知识与技能来进行教授，而是通过教会持家、塑造品格、关怀他人与暴露式教学这些实践活动，逐渐实现幸福的人生。诺丁斯曾说：“对每个人来说最重要

---

① 苏霍姆林斯基．给教师的建议[M]．杜殿坤，译．北京：教育科学出版社，1980.
② 费尔巴哈．费尔巴哈文集(第9卷)：幸福论[M]．北京：商务印书馆，2022.
③ 斯宾塞．教育论[M]．胡毅，译．北京：人民教育出版社，1962.
④ 乌申斯基．人是教育的对象[M]．张佩珍，等译．北京：人民教育出版社，1989.
⑤ 裴斯泰洛齐．林哈德和葛笃德[M]．北京编译社，译．北京：人民教育出版社，2001.

的一项任务就是持家了。”只有学会持家，才能处理好家务，与家庭成员建立良好的关系，最终形成温暖的家庭氛围，在这个温暖的氛围中感受到家庭所蕴含的无穷幸福。诺丁斯指出，“我们相信在善和幸福之间，存在着一种联系”，她认为美德是获得幸福的跳板。通过学校教育使学生获得美好的德行，让他们成为品德高尚之人，铸造美好人生。“幸福的教育就是‘开门’，而‘开门’的目的是邀请孩子们去探索。”诺丁斯认为，幸福教育中的教师的职责就是将所要教授的内容呈现在学生面前，让学生自己去探索、去发现。在这个过程中，学生释放自己的创造力、能动性，最终获得幸福的体验。幸福教育的目的是什么呢？诺丁斯认为，教育的目的就是幸福。她认为，幸福在教育的其他目的中处于核心地位，而其他目的是实现幸福这一目的的手段、工具。诺丁斯还认为，教育的目的也必须随时代的发展而变化。① 幸福教育的教育目的是与教育过程相一致的，是不断更新的。

二、共生教育体系的理论基础

（一）国外关于共生教育的认识

1. 马克思主义关于人的全面发展的学说

马克思、恩格斯用辩证唯物主义来阐述人类社会发展的基本规律，其关于人的全面发展学说对幸福教育具有重要的指导意义。马克思、恩格斯关于人的全面发展学说的内涵主要有如下具体内容：人的身体和精神的全面发展，人的活动能力的多方面发展，人的身体与精神的全面、充分而自由的发展。其三个层次内涵在实质上是相辅相成、互为促进的，我们在幸福教育特色学校的教育教学过程中，要使学生的素质得到全面发展，就必须让学生的生理素质、心理素质、思想道德素质和科学文化素质得到全面均衡协调的发展。

2. 马斯洛的人本主义思想

美国人本主义心理学家马斯洛在其人本主义思想理论体系中，较为系统地强调了人的正面本质和价值，强调了人的成长和发展、人的自我实现。他在马斯洛层次需求理论中认为，人在实现人生的价值过程中，最高层次的追求是实现人的“内在价值”。任何一个人，只有真正实现了自己的“内在价值”，才能够达到人生最大的幸福和快乐。幸福教育特色学校强调幸福教育的功能，幸福教育的目的，幸福教师、幸福学生健康成

---

① 内尔·诺丁斯. 幸福与教育[M]. 龙宝新，译. 北京：教育科学出版社，2009.

长的路径方式，追根究底就是幸福师生“内在价值”的自我实现，即帮助幸福师生通过幸福教育达到他们能够达到的最佳状态。作为一所真正的幸福教育特色学校，只有努力构建和谐诚信、理解互助、善良美好的人际关系，才有助于幸福学生潜能的真正发掘，才有助于幸福学生幸福指数的真正提高。

3. 苏霍姆林斯基的个性教育理论

苏联教育家苏霍姆林斯基在其教育教学的系列理论中指出，“个性全面和谐发展”的教育思想对幸福教育特色学校的创建具有重要的指导意义。“个性全面和谐发展”的教育理论认为，学生的个性发展和全面和谐发展是一个相互联系、互相促进的统一体，对于一个学生来说，没有他的个性发展作为基础，其全面发展就不可能实现。在农村教育长期实践经验的基础上，苏霍姆林斯基认为，学校教育的目的就是培养“全面和谐发展的人，社会进步的积极参与者”，他反对孤立的教育，主张将德育与智育、体育、美育以及劳动教育结合起来，从多个层面来培养道德高尚、身体健康、内心幸福的人。苏霍姆林斯基很早就提出：“教育就是培养幸福的人。”

4. 霍华德·加德纳的多元智力理论

美国哈佛大学心理学家霍华德·加德纳的多元智力理论是人们对自身认识的一次巨大飞跃，其较好地引领了教育界对教育基层实践的重新认识。霍华德·加德纳的多元智力理论认为，人的智力才能是多元的，除了语言智力和逻辑数理智力外，还有视觉空间智力、音乐节奏智力、身体运动智力、人际交往智力、自我反省智力、自然观察者智力以及存在智力。多元智力理论认为，每一个学生与生俱来就各不相同，他们都没有相同的心理倾向，也没有完全相同的智力，但每一个学生都具有自己的智力强项，都具有自己的学习优势。有些学校教育过分地强调语、数、英的教育，而忽视了其他学科的教育，这样做虽然为语言智力和逻辑数理智力强的学生提供了较多的平台和机会，但扼杀了其他智力优势学生成长的途径和机会。如果共生教育特色学校的教育考虑这些多元智力差异，考虑这些学生个人的强项而不是否定或忽视这些强项，以最大程度的个别化方式来进行适合学生自己的教育，那么，共生教育就会产生最大的功效，共生教育就能够达到培养学生内心真正幸福的教育目的，就能够真正直接抵达学生充满幸福的内心。

（二）国内关于共生教育的理论基础

20 世纪末，我国根据应试教育的弊端提出了素质教育的理论后，随着时代对教育的需要，我国数以万计的一线教育工作者都在实践探索中不断丰富和完善着素质教育的理论内涵。素质教育理论在马克思主义人的全面发展学说的基础上，结合不同时期教育和社会发展的需要，进一步丰富和发展了全面发展教育的理论内涵。素质教育理论注重在教育教学的实践中培育和提高学生的身体素质、心理素质、社会文化素质和学科核心素养。素质教育理论的内涵可以从多个角度来认识和理解。

从素质教育目标的角度看，素质教育以全面培育和提高受教育者综合素质为目的，以培养学生的创新精神和实践能力为重点，造就德、智、体、美、劳全面发展的合格公民；从素质教育的功能看，素质教育是依据人的发展和社会发展的需要，以全面提高全体学生的基本素质为根本目的，以尊重学生的主体地位和主动精神、注重形成人的健全个性为根本特征的教育。在一线教育教学的实践中，可以说，幸福教育特色学校的课题实践，也是对素质教育理论的一种丰富和完善。正如联合国教科文组织环境人口与可持续发展教育委员会提出的口号所言：一切教育活动都是为了学生的成才和发展，为了孩子终身的幸福。

三、幸福共生教育理论体系的建立与完善

（一）幸福共生教育与中学生思想的内在逻辑

1. 理论逻辑：幸福共生教育是马克思主义青年观思想的创新性发展

马克思、恩格斯对青年给予高度重视，认为实现共产主义是一个漫长且艰巨的过程，必须要重视对青年接班人的培养以保证后继有人，并且由于青年群体“具有的理想性、积极性、开创性、未来性和继承性、过渡性、成长性、可塑性等质的规定性”，必须重视对青年群体的塑造与引导。中学思想政治教育是培养建设中国特色社会主义后备人才的重要途径，将幸福共生观教育融入其中，能够使中学生更加坚定奋斗决心。随着中国进入新时代，社会对于人才的需要越来越迫切，习近平总书记对青年寄予极高的期望，希望青年怀抱梦想，并在社会主义建设中实现青春之花的绚烂绽放。

2. 历史逻辑：幸福共生教育是对中国共产党百年奋斗史的内生性赓续

其一，中国共产党历来肯定青年在社会变革中所起到的先锋队作用。例如，在新民主主义革命时期，毛泽东同志在纪念五四运动二十周年大会上强调青年的先锋队作用；在社会主义革命和建设时期，青年团体积极参与生产生活，肩负巩固人民民主专政和建设社会主义的光荣使命；在改革开放和社会主义现代化建设时期，邓小平同志积极倡导开展“五讲四美三热爱”活动，引领社会良好风尚的形成；在新时代中国特色社会主义建设时期，以习近平同志为核心的党中央在青年工作问题上给予高度重视，倡

导“青年优先发展”。

其二，中国共产党历来重视对青年的思想引领。例如，1922 年中国社会主义青年团成立，成为这一时期引导青年联合工农群众开展革命运动的关键组织，自此青年思想政治教育的重要作用开始显现；1949 年新中国成立，百废待兴，党和国家领导人积极开展艰苦奋斗精神教育，引导青年投身社会主义建设；1978 年我国进入改革开放和社会主义现代化建设新时期，邓小平同志针对青年思想教育指出“对青年的政治思想教育抓得不够，教育发展不够”，推动青年思想政治教育建设稳步前行；党的十八大以来，中国特色社会主义进入新时代，习近平总书记通过召开座谈会、研讨会等形式一再强调思想政治工作的重要地位，针对青年思想发展的新特点，提出一系列新理论，开辟了新境界。

3. 现实逻辑：幸福共生教育是现代化进程对中学生思想政治教育的现实性要求

第一，幸福共生为中学生思想政治教育找准目标靶向。实现中华民族伟大复兴梦想，必须走中国式现代化建设道路，这是党和国家领导人经过长期的探索总结出来的一条适合中国国情的发展道路。中国式现代化是中国共产党领导的社会主义现代化，既有各国现代化的共同特征，更有基于自己国情的中国特色。中国式现代化是人口规模巨大的现代化，是全体人民共同富裕的现代化，是物质文明和精神文明相协调的现代化，是人与自然和谐共生的现代化，是走和平发展道路的现代化。为了激发中学生的奋斗精神和幸福感，高中必须大力加强幸福共生教育。通过向中学生宣传新征程上党和人民的第二个百年奋斗目标，可以帮助他们更好地理解和认同中国式现代化的重要性。同时，让中学生牢记“以中国式现代化推进中华民族伟大复兴”的中心任务，激励他们在向第二个百年奋斗目标进军的新征程中以奋斗之势谱写社会主义建设的新篇章。

第二，幸福共生教育为中学生思想政治教育施予精神加持。幸福共生教育为培养新时代有理想、有本领、有担当的大学生提供了有力的思想武器。在中学生思想政治教育中，幸福共生教育能够引导中学生树立正确的世界观、人生观和价值观，激发他们的奋斗精神和自我驱动力，培养他们的责任感和奉献精神，塑造他们的健康心态和积极情绪，为国家和民族的未来培养更多的优秀人才。

（二）幸福共生教育指导下的具体做法

1. 内化于心，以幸福共生理念筑牢高中生成长成才的精神基础

思想是行为的先导，指导着个体的实践走向。在培育中学生成长成才的过程中，

需将正确的思想观念入脑入心作为首要前提。在幸福共生体系指引下，中学生应以“小我幸福”助力“大我幸福”，合理取舍“即时满足”，规划瞄准“延迟满足”，以实践为纽带，实现“小我”与“大我”的命运联系。

2. 外化于行，以幸福共生理念谱写大学生实践创新的行动准则

行为是思想的反映，受思想的影响，在实践过程中会体现出与思想相一致的行为。幸福共生内化于心仅是第一步，观念为中学生所接纳之后，需要转化为相应的行为表现。具体而言，将幸福共生外化于行就是要让学生在实践过程中求真务实、敢想敢为，在奋斗的征程中保持昂扬奋发的精神状态。其一，要求真务实，将客观性作为具体行动实践的规范性要求。尊重客观规律，树立实事求是的工作态度，实干才能不断地接近奋斗目标。奋斗是脚踏实地地奋斗，而不是不着边际地幻想。就中学生而言，求真务实的途径则是认真学习专业知识技能，扎实理论基础。其二，要敢想敢为，将斗争性作为克服艰难险阻的青年式态度。青年大学生应继承并发扬我党敢于斗争、善于斗争的鲜明品格。在成长过程中，遇到困难和挫折是不可避免的，只有敢于面对困难，勇于担当责任，才能不断成长和进步。中学生要保持“长风破浪会有时，直挂云帆济沧海”的积极心态，在一次次斗争中实现自我突破。

3. 教化于人，以幸福共生教育敲响中学生立德树人的时代强音

立德树人是新时代中国特色社会主义教育的根本任务，也是当前教育发展的迫切需求。奋斗精神是大学生不断激发自身精神动力、提高自身道德修养、保持积极向上优良作风的重要因素，对于立德树人根本任务的顺利完成起到了巨大的推动作用。一方面，以奋斗为精神基底，开展中学生思想政治教育，引导中学生养成良好的道德品质。奋斗精神是一种积极向上的精神状态，它强调个人的自我超越和不断进步，是中学生成长成才的必备品质。在中学生思想政治教育中，学校应该注重培养中学生的奋斗精神，激发他们的内在动力，引导他们树立正确的三观和人生目标，养成良好的道德品质。另一方面，以奋斗为实践准则，不断自我突破，实现自由全面的发展。高中生思想政治教育要以新时代奋斗精神为旗帜，引导他们在理论与实践中不断增强个人本领，提升自身综合素质，成长为有志气、骨气、底气的新时代好青年。

4. 师生共同体——幸福共生教育实现的必需环境

环境通常是指以某一事物为主体并对其产生影响的周围客观外界条件。环境分为自然环境和社会环境，对于不同主体所指的环境具有不同的内涵。因此，环境是一个相对的概念，即使是同一主体，由于对主体研究的目的及尺度不同，环境的分辨率以

及内涵也会不同。人类与环境是相互影响、相互作用的关系，教育作为一种以人为实践主体的活动必然离不开环境的作用，环境时刻影响着教育的效能。由此可见，幸福共生教育的实现不能离开对其环境的认识和探讨，而“师生共同体”作为幸福教育实现的必需环境是具备一定的理论基础和现实需求的。

德国学者斐迪南·滕尼斯是提出“共同体”概念的第一人，他认为共同体是一个社会有机体，这个有机体的建立是在家庭、血缘、宗族等自然基础上的，除此之外，还可以建立在群体习惯和思想等基础上。对于共同体的概念有不同的表述，德国社会学家马克斯·韦伯的观点是：“在个别场合平均状况下或者在纯粹模式里，只要社会行为取向的基础是参与者主观感受到的情感或者传统的共同属于一个整体的感觉，这时的社会关系就应当称作为‘共同体’。”①

而英国现代思想家鲍曼是这样解释共同体这一概念的，他认为共同体是一个温暖舒适的家，在这个家中人们具有信任感和依赖感，同时共同体也体现出人们对现实世界更加美好的向往，是一种精神的归属感。另外，他认为共同体所形成的团体和组织，不仅包括可以用客观标准所定夺范围的有形的共同体，还包括基于主观上共同特征而形成的无形的共同体。我国社会学学者吴文藻对共同体的认识从自然社会和人为社会的角度出发，认为自然社会是以感情、血缘等为纽带，人为社会则以利益和契约关系为纽带，从而揭示出共同体的本质。可见不同学者对共同体的概念表述有着不同的语言，然而总体来看，他们对共同体的内涵与实质的描述是相同的。

由此不难得出，共同体的实质包含两个层面的含义：一是整个群体需要有一种归属精神；二是要形成足够使群体信赖的权威结构，从而促进群体彼此之间双赢合作的意识，具备一致的精神引导，达到共同的目的。

“师生共同体”，从微观层面上来讲，指的是有一致愿望的师生在团体情境中采用积极有效的互动方式而达到师生共同成长的教育活动组织；从宏观层面上来讲，具有多维性、开放性、生态性的特点，而且体现出教学模式机制创新和教师专业发展机制创新。真正理解师生共同体的内涵，把握其基本特征及其与组织的关系是必不可少的。师生共同体有以下两方面的特征。

第一，要有能够满足个体需要的途径，教育是与人息息相关的事业，是师生间身心交流的活动。学校是师生共同成长的有形场所，教学是师生交往的必要手段之一。梅

---

① 马克斯·韦伯．经济与社会[M]．阎克文，译．上海：上海人民出版社，2019.

贻琦先生在《大学一解》中对师生关系论述道："学校犹水也，师生犹鱼也，其行动如游泳也。大鱼前导，小鱼尾随，是从游也。从游既久，其濡染观摩之效，自不求而至，不为而成。"新课标实施以来的教学实践更注重教育本源的回归，需要教师走近学生，真正了解学生，师生间敞开心扉，只有这样才能在教育领域中更好地指导学生，从而达到师生双赢和共同成长的境界。对学生而言，师生共同体有利于学生从苦学走向乐学，不仅能够加速知识量的积累，而且有利于创新能力和创新精神的培养。对教师而言，授课过程不仅是教师的生命活动、专业成长和自我实现的过程，同时也是与学生分享理解的过程。马克思曾经表达过这样的意思，个人自由只有在共同体的环境中才有实现的可能，在此马克思明确指明了共同体对于个人发展的重要性，从这样的角度去理解才能有效提高教学质量，真正建立起师生的"共同体"，从而使个人获得全面的发展。

第二，师生共同体具有强烈的精神特质。共同体是特定人群组成的群体结构，大多数人往往从实践层面来审视它，但也有不少人认为共同体仅仅是一个以想象为基础的精神家园。从学习者群体的角度来理解师生共同体，不如从一个系统的学习环境，一种多元、民主、平等而安全的开放式学习环境角度来理解更为深刻。师生关系是教育中不可或缺的因素，学术氛围需要师生共同营造。然而，师生关系疏离和异化的现象愈加突出，导致教育违背其本质。众所周知，教育应是人的灵魂的教育，始终需要贯穿师生间的身心交流。教师的人文功能，如教师的风范、思想涵养、信念价值都会体现在教育实践中，潜移默化地影响着学生的人生观和世界观。反之，学生的成长也会帮助和促进教师激发出创造力。总体来说，这是师生共激综合效应的表现，是教学相长的互动。因此，师生共同体的形成是一个动态的过程，其中包括交往和审美等方面，其目的在于更好地激发师生双方的生命意识，以促进他们的发展。

第二章　幸福共生教育体系构建的实践基础

教育是国家长远发展的大计，是家庭未来幸福的期盼，是教师生活和学生成长的基础。教育的过程，是老师体现自身生命价值的历程，也是学生生命被唤醒的历程，更是师生携手前行的幸福的生命历程；提高教育质量，无疑就是提高师生生命质量，乃至未来人生的幸福指数。从某种意义上讲，教育可以改变一个人的命运，也可以改变一个国家的命运——这里的教育是“大教育”，是老师、学生、家庭、社会教育的“共同体”。

我的教育管理生涯是从一次偶然参加我们县普通高中中层招聘开始的，也是从那个时候开始，我对教育有了新的认识和思考，开始了我的幸福共生教育的探索。

一、“办好县域学校，福泽乡里百姓”

（一）初入管理，全心投入，为幸福共生教育打下基础

2001年8月，经公开招聘，我被县教育局任命为无极县泗水高中政教主任，主要负责学校德育工作。彼时的自己没有多少理论知识的储备和先进理念的支撑，也没有文化立校的概念，但是却有对德育为先、活动育人的认识，我从管理和活动入手，一方面用制度规范学生，另一方面用活动激励学生，完善的德育体系使学生健康成长，成绩也有大幅提升。在这一过程中，我逐渐认识到德育的重要性，这为后来我的幸福共生教育的提出奠定了一定的实践基础。

教育，奠基一个人、一个民族的未来，任重而道远。教育必须有理想、有温度、有情怀，能触动心灵、影响人格，促进人的发展，让人不断提高、不断进步，变成有理想、有信念，具备终身幸福能力的人。教育，是生命与生命的对话，灵魂与灵魂的交融，需要用生命影响生命，用智慧点燃智慧，用成功激励成功，用幸福引领幸福。

孟子曾将“得天下英才而教育之”作为人生“三乐”之一，可见，教育自古就是一件

快乐、幸福的事情。而现实生活中，幸福的教育才能让学生、教师、家庭享受教育的幸福；他们彼此影响，彼此促进。彼时，我朦胧地认识到：这才是理想的教育，也就是“幸福教育”。

（二）面临困境，积极探索，培育幸福共生教育萌芽

2005 年 8 月，我县第二次公开招聘学区校长，我以全县第一名的成绩被任命为无极县张段固学区党总支书记、校长，也成了当时无极县历史上最年轻的学区校长。我所在乡镇在县域经济较发达，但学生外流的情况严重，镇内两所初中都面临生源危机。我当时的想法就是：“留住学生，办家门口老百姓认可的学校，让学生和家长有归属感。”于是明确提出农村学校的办学定位：“办好学校，福泽乡里。”

初中是孩子的分水岭，小学影响孩子一生，初中决定孩子一生。决定孩子一生的不是高考，而是初二和初三。12 到 15 岁是个比较特殊的年龄段，学生处于青春期的早期，也是心理最脆弱的时期，这个时期的很多家庭都是在刀光剑影、飞沙走石中度过的。尤其令人抓狂的是出现在初二年级的现象，比如早恋、上网、成绩下降、逆反心理严重、心理问题层出不穷等。针对上述情况，注重初中生德育教育，加强心理健康教育，重视养成教育，是初中校长必须要高度重视和面对的。初中阶段，我们绝不能把目光只停留在考试分数上，这与国家当前的教育方针是完全背道而驰的。另外，初中阶段还要对学生注重阅读习惯和阅读能力的培养，重视体育课教学，加强体育锻炼，增强学生体质，这也是让孩子受益一生的。

学校的教育，本质上是思想的引导，也就是价值观的引导。从校名、校训、办学理念、学校发展目标、育人目标这五大块，架构起学校的办学思想体系，再把这办学思想体系通过课程教学体系、治理制度体系、环境文化体系等落实、落细、落小。但是，世界上最难的两件事：一是从别人口袋里拿钱，二是把自己的思想和理念嫁接给别人。

青春期的学生反感枯燥的说教，更喜欢轻松有趣的内容。当德育教育成为学生需要背诵的内容和思想的负担，学生就会对德育教育内容产生排斥。语文教学和其他教学科目有着显著不同，教学内容全是文字，青春期学生在面对大量阅读内容时很容易“开小差”。学生对教学内容不感兴趣就会睡觉、偷偷说话或做其他无关内容。

不论是普通教师，还是学校管理者，传播教育理念的最好方式是讲述一个个真实的管理故事，空洞地阐述理念是一种乌托邦式的说教，而学校管理实践中鲜活的故事最能够打动人心，并让人记忆深刻。同时，讲述故事也能够促进我们不断反思并优化自己的管理实践。一个优秀的学校管理者应该善于讲述学校中的管理故事，不仅自己讲，还要中层干部讲、班主任讲、教师讲，甚至家长讲。怎样讲好故事，这需要校长的引领。

我给学生们讲述国家发展形势的故事，新世纪以来，国家发展战略日趋成熟稳定，从单一追求经济指标，转变到物质文明、精神文明、生态文明和政治文明并重，社会协调发展、全面进步的发展战略目标。在中国共产党领导之下，中华民族百年求索，沧海桑田，正阔步前行，走在中华民族伟大复兴的道路上。习近平总书记特别提出，为实现伟大的中国梦而努力，而中国梦的核心就是：国家富强，民族振兴，人民幸福。国家追求幸福人民，学校追求幸福育人，少年强则国强、少年幸福则国幸福，引导学生树立国家意识。

讲个人奋斗也有重要性，一个人只有受过良好的教育，才能最大程度地参与社会生活，最大限度地拓展精神疆域，最大可能地获取幸福来源。尤其是人类进入知识社会，教育对人的意义更为凸显。在这个意义上，我们可以说，教育不但是幸福美好生活的重要方面，而且是其核心内容和关键因素。2012 年 11 月 15 日，习近平总书记说："我们的人民热爱生活，期盼有更好的教育、更稳定的工作、更满意的收入、更可靠的社会保障、更高水平的医疗卫生服务、更舒适的居住条件、更优美的环境，期盼孩子们能成长得更好、工作得更好、生活得更好。人民对美好生活的向往，就是我们的奋斗目标。"这"十大期盼"中的第一个期盼就是教育。能不能获得更好的教育，是能不能获得更稳定的工作、更满意的收入的前提，是孩子们能不能成长得更好、工作得更好、生活得更好的基础。因此，可以说，良好的教育是小康社会的重要标志之一，是幸福美好生活的重要内容，更是实现中国梦的重要依托。我们从现在开始，要努力接受教育，让自己得到好的成长，这样才能为国家繁荣富强添砖加瓦。

统一思想后，我开始排除困难，大刀阔斧地建章立制。在我的带领下，学校前三年基本改变了学生外流的现状，赢得了镇政府的极大支持和百姓的认可；后三年教育教学质量跨入全县农村学区的前列，2010 年全县教育工作会议现场会在我们学区召开，我在当时做了《办好学校，福泽乡里》的发言。现在想来，这也是我的幸福共生教育思想的萌芽期。

（三）突出重围，加强理论，促成幸福共生教育成长

无极县实验中学是县里唯一一所县直九年一贯制学校，建校于 1986 年，原名为无极县干部职工子弟学校，1988 年更名为无极县实验学校。在县委县政府和教育局的大力支持下，学校用了近 7 年的时间，不断扩大规模。2014 年，占地面积 60 余亩的初中部东校区投入使用。目前，小学部由原来的 38 个教学班发展为 48 个，初中部由原来的 22 个教学班发展为 58 个，在校生共计 7 000 余人，教职工 300 余人。从开疆辟土，艰难起家，到建章立制，走上正轨，再到完善细节，提升质量，可以说是一步一个台阶。

2011 年 2 月，我调任无极县实验学校，在当时来说，无极县实验学校办学基础好，声誉好，师资好，但是缺乏先进理念引领，没有走出特色，没有办出品质，与市里和周边先进县市的学校还有不少差距。那么，如今我面对这样一个庞大的团队，该如何发展这所具有优良传统、又融入了多元文化的众人瞩目的学校？如何让无极的孩子享受更优质的教育？

这需要我们关注教师、关注学生、关注家长，三位一体才能共同发展；需要关注教育的今天和明天，打造幸福校园，服务和谐社会才能体现价值。其中主要包括两个核心理念——“共营”与“共生”。首先，共生教育以共营来营造教育共同体，形成教育合力，以产生“合力共育”的教育正能量，达成“合力共生”和“互动共生”的教育效果，体现学校作为学习生活成长共同体的育人理念。其次，共生教育以共生来生成素质共生态。共生是自然哲学和社会哲学的普遍原理，体现自然发展、社会发展、人的发展，乃至一切事物发展以及事物协同的法则，表达和谐、协调、整合、共同发展的意义。从学校教育的意义上说，主要是作为学习与成长主体的学生的人际协同，包括学生与老师、学生与父母、学生与学生、学生与自己的共生发展，而更重要的是学生自身的素质与品质的和谐共生，包括德、行、智、趣、体诸方面的共生发展。

在我看来，应该让无极实验学校走上一个更科学、更精细、更完善的发展轨道。我希望从实验学校走出的学生身心健康，正直勤勉，有良好的习惯和发展潜力，有独立战胜困难的勇气，有幸福生活的能力。我希望每一个走出实验学校的学子，在回忆这几年的学习生活时，有这样的共识：在实验读书时有值得回忆的人和故事，校长和老师没耽误我们成长，我们的老师很好，我们的学校很好；我希望实验学校的老师，能舒心地工作，能享受到职业带来的尊严和幸福；我希望实验学校的家长，为把自己的孩子送入实验学校感到放心、舒心，能为自己孩子在实验学校读书而骄傲。我的理想是让每一位无极实验学校的师生，过一种“幸福完整的教育生活”。是的，幸福是人类永恒的追求，也是教育永恒的目标。因为，人的幸福是一切的终极目标。我们要关注学生，关注教师，关注家长，关注一切和教育相关的人，做着今天，想着明天，着眼未来，不忘初心，办幸福教育。

在多方调研的基础上，我明确提出“幸福教育”理念，确立了“构建和谐校园，奠基幸福人生”的办学目标，明确了“发展教师、成就学生、服务社会”的办学宗旨，秉承“实以立人，验以求真”的校训，围绕幸福教育的办学理念，提出了学生发展的核心素养——“健康阳光、家国情怀、学会学习、学会生活”，并以核心素养引领课程建设，开发出富有学校特色的三级幸福课程，包括幸福课堂模式、幸福校本课程、幸福拓展课程三个范畴，实施了让师生喜欢学校、爱上学校、记住学校的“幸福教育三步走”计划，打造幸福校园，成就幸福教师，培养幸福学生，成全幸福家庭，努力把实验学校办成教师的精神家园、学生的成长乐园，家校共育的和谐园，形成了一套具有学校特色的幸福育人模式。2014 年，河北电视台河北纵横栏目对实验学校的办学情况做了报道，2015 年 7 月，《石家庄日报》也对实验学校的办学成绩做了介绍，《石家庄教育》对刘军祥校长做了一期人物专访。2017 年，实验学校被河北省教育厅授予“河北省教育系统先进集体”称号；2018 年，实验学校被评为全国中小学国防教育示范学校、全国青少年校园足球特色学校。2017 年 11 月，石家庄市第八届名校长讲堂在无极县实验学校举办，我的发言《不忘初心，幸福花开》对实验学校 7 年来的办学成果和经验做了梳理和总结，得到了与会领导、专家和同仁的一致好评。这也是我的幸福共生教育思想的发展期。

(四) 兼收并蓄，多措并举，正式提出幸福共生教育思想并践行

2018 年 2 月，我被县委县政府任命为河北无极中学书记、校长。河北无极中学是一所有着七十余年历史的老校，在文化历史的长河中几经沉浮，而我，恰恰就是在河北无极中学(后简称“无中”)低谷的时刻与她结缘。

当时的无中生源极差，管理松散，学校的发展面临极大的困局。但经过深入教师一线，多方走访调研，我了解到了无中最大的优势，那就是魂依然存在！无中的魂就是她曾经辉煌的成就带给无中教师的职业尊严，是沉睡于教师灵魂深处的情怀与责任，河北无极中学深受“敢为天下先”的燕赵文化浸濡和陶冶，“闻鸡起舞”“枕戈待旦”“先吾著鞭”“无出其右”等名人典故激励着一代又一代河北无极中学学子。百年的文化底蕴，70 年的办学经验，文明相承，薪火相传。每个人都希望自己的幸福生活更浓郁、更久远。无中的出路就是如何唤醒它，让教师收获育人的职业幸福，享受育人的职业尊严。

针对这种情况，我提出了“幸福教育”的办学理念，以责任情怀为线、以思想引领为经、以专业发展为纬，确立了“立德铸魂，幸福共生”的办学方针和“办家门口百姓满意的学校”的愿景。

二、"构建和谐校园，奠基幸福人生"

（一）弹好主旋律，立德铸魂

教师是人类灵魂的工程师，是落实科教兴国战略、推进教育创新、全面实施素质教育的主导力量，是学生增长知识和思想进步的指导者和引路人。教师的一言一行、一举一动无时无刻不在潜移默化地影响着学生。

我自无极实验学校至河北无极中学，始终致力于推行和实施"幸福教育"的理念，把提升师生的"幸福力"作为学校的终极关怀，引导师生用积极的心态去面对生活，设定目标，构建与国家价值、自我价值相一致的行为方式，不会因受不同生活目标的影响而焦虑。无论他们身处何种境地，都能积极融入环境、修炼自我、热爱他人、热爱世界，形成幸福能力，从而创造并迎来属于自己的幸福。影响和决定学校的校风和学风好坏的是师德师风，因此我先从师德师风抓起。

1. 基本要求：爱岗敬业、奉献教育

教师的职业有苦也有乐，在平凡中彰显伟大。只有爱岗敬业，教师才能积极面对自身的社会责任和社会义务，才能自觉、不断地完善自我，才能在教育活动中有所收获。教师不仅仅是在奉献、在燃烧，而且同时是在汲取、在更新、在升华。教师要付出艰辛的劳动，但也苦中有乐，乐在其中。教师的乐趣就是照亮了别人，充实了自己。正是这种成就感、幸福感，激励着千千万万的教师不辞辛劳地为教育事业奋斗奉献。

在河北无极中学中有44位班主任，他们挥洒一腔激情，登三尺讲台，耘一方黑板，逍遥于无穷的时间与空间，播撒知识，满足学子求知的渴望；他们静坐伏案，细心研读，查阅时储下知识，备下方法；批改中圈点不足，勾对收获。教室是他们自由的世界，讲台是他们施展的空间，他们以最美之音，传递最美的知识音符，感染学生，正习惯，育品质，带领学子扬知识之帆，遨游浩瀚的大千世界……这群人，是被学生爱称为"老班"的人。他们深刻领悟教育需要情感、需要科学、需要艺术，更深知教育是一项事业，事业的意义在于奉献；所以他们牢记自己工作的多职性，身份的多角色性，对学生有师之尊、母之爱、友之情、军之严、法之公、医之术。

铃声催起，他们拎衣悄然出门，日复一日，无数个鼾然乍醒，他们快速启程，静寂的街道上，他们是早行人；晨曦中，队列整齐，口号嘹亮，天天早操，他们是队伍的指挥者；书声朗朗，乐音阵阵，日日晨读，他们是朗诵的欣赏者；课上他们是专业的教师，课下他们是全能的兼职工。他们是父母的儿女、儿女的父母，是丈夫的妻子、妻子的丈夫，他们有老人要陪伴，有孩子需照顾；他们又建起沟通的桥梁，建起同学谊，树起家校情。

无数个日夜，他们在坚守中度过，他们早五点半出门，晚十点半到家，挺立在班首，站成标尺，立成榜样。夜幕降临，教室一片通明，他们或坚守在室里，或游走在室外；他们行走在黑夜与白天交替的黎明，持续在白天与黑夜更替的傍晚；夜已深，孩子们归巢安歇，他们却坚守在自己的岗位：推推门，都已关；听听声，都已眠……

他们用一颗期许之心，细心呵护，默默守候，告诉你什么叫全天陪伴、什么叫辛苦，告诉你什么是放心、什么是托付，也告诉你什么是奉献、什么是师者……只为心中一份信仰，肩上一份责任，他们不奢求，但他们需要理解，需要肯定，需要支持，需要你记住，他们是教师，是超乎寻常的无中师者！

2. 熔铸核心：重教爱生、立德树人

教师对学生的爱，是师德的核心。每一位教师都要热爱学生，了解学生，循循善诱，诲人不倦。不歧视学生，建立民主平等、亲密的师生关系，做学生的良师益友。教师对学生的爱，是一种只讲付出不计回报的、无私的、广泛的且没有血缘关系的爱。这种爱是神圣的，是教师教育学生的感情基础。学生一旦体会到这种感情，就会“亲其师”，从而“信其道”。也正是在这个过程中，教育实现了其根本的功能。

对于河北无极中学教师白亚坤来说，教书育人不仅是一种工作，更是超越功利后的一种愉悦。她用青春的力量追逐着教育的理想，点滴的事用心做，平凡的事认真做，一颗积极进取、永无止境的心，使她孜孜不倦地对孩子奉献着诚挚的爱。学生因她而快乐，她因学生而美丽。

白亚坤以尊重为前提，从各个方面严格要求学生。在她的高标准、严要求下，班级量化积分一直遥遥领先，班级宿舍总是被评为星级文明宿舍。她在严格要求学生的同时，更严格地要求自己。她事事垂范，凡是她要求学生做到的，自己首先做到，而且要比学生做得更好。每天早上，她总是第一个来到操场，等待学生；每天晚上，总是在所有学生都走了之后才最后一个离开教室。在她的影响下，班级环境整洁，纪律严明，学习氛围浓郁。她善于捕捉每个学生心灵深处的微妙变化，和学生既是师生关系，又有着朋友般的情谊。班里有位同学由于幼时家庭变故，性格变得内向孤僻。白亚坤时刻关心她的一举一动，生病时对她无微不至的关心，母亲般时时刻刻考虑到她的感受，并在课下约她倾心交谈。后来，这位学生不仅身体素质不断增强，而且性格也变得乐观而坚韧。白亚坤和学生们感情深厚亲密，关系和谐融洽，被学生亲切地称为“小白老师”“宝藏女孩儿”。白亚坤从 2020 年到 2023 年一直担任 488、490 两个班的班主任工作，面对加倍的任务，超量的工作，她任劳任怨，敬业乐业、甘于奉献。她在自己扭伤脚踝之时，咬牙坚持，依旧出勤每日早操。每天朝五晚十，早出晚归。春蚕烛焰般的无私奉献换来了班级的优异成绩。两个班的考试成绩均名列前茅，并获省市级优秀班集体荣誉称号。

3. 发展要素：更新观念、不断创新

心中有目标，脚下有行动，为理想不懈奋斗。广大教师立志做“大先生”，对标名校，积极创新办学模式，坚持不懈地努力以真情、真心、真诚教育来影响学生，成为学生全面发展的引路人。河北无极中学明确有理想、有本领、有担当的“育人使命”，开展学、访、讲、绘、做“五个一”项目活动，秉承知识传授与价值引领同频共振的教学理念，在教育教学实践中推进“幸福教育”入脑入心，培养在“幸福教育”理念引领下的优秀教师，塑造可爱可敬的教师形象。教师不是“运动员”而是“教练员”，教为学服务，就要从以教师的“教”为出发点转变为以学生的“学”为出发点。教不是统治学生学、代替学生学，而是启发学生学、引导学生学。课堂要成为学生学习的用武之地，成为学生在教师指导下获取知识、训练能力、发展智力以及思想情操受到良好熏陶的场所。要让学生运用感觉器官和思维器官去学习、去实践。

一名优秀的教师，不仅要有扎实的学科知识、广博的人文知识、丰富的教学实践知识和教育心理学知识，还要时刻把握时代发展的主旋律，如学科发展态势、教学发展态势和教育发展态势。比如，一位老师在讲《西厢记》的时候，一个学生突然举手提问：“张生中了状元，请问老师，在中国的历史上状元存在多长时间啊？中国的历史上最后一位状元是谁啊？”再如，一位老师在讲《木兰诗》的时候，有些同学就问：“古人不都裹脚吗？那木兰是小脚，连站都站不稳，怎么能上战马去打仗呢？”学生问的这些问题，就需要老师向学生讲清楚，中国从隋朝开始实行科举制以来，经历了唐、宋、元、明、清各代，直到清光绪 31 年(1905 年)废除，历经近 1300 年。中国历史上最后一名状元是晚清直隶省河间府肃宁县人氏刘春霖，光绪三十年(公元 1904 年)甲辰科状元。至于女人裹小脚是南唐李后主时期才在宫中兴起的，比木兰时代晚了四五百年，所以木兰不可能是“小脚”。

综合学识功底，是实施素质教育的保证。学生的全面发展，在一定程度上取决于教师文化知识的广泛性和深刻性，教师不仅需要学科专业功底，而且需要人文类学识(如哲学、政治学、经济学、社会学、理学等方面的知识)、科技类学识(如自然科学常识和有关文理学科交叉的知识)、工具类知识(如语文、数学、外语、计算机、文献检索等方面的知识)、艺体类学识(如书法、音乐、舞蹈、戏剧、摄影、绘画、文学欣赏、影视评论、美育、体育、卫生与保健等知识)、劳技类学识(如现代工农业生产的基本原理,一般的劳动生产知识)等相关知识,只有这样才能眼界开阔。除了本体性知识以外的广博的知识,对于其取得最佳的教育效果,具有与本体性知识同等重要的意义。

深入学习《习近平新时代中国特色社会主义思想学生读本》,必须回答好作为基础教育工作者应“培养什么人、怎样培养人、为谁培养人”这道“考题”。为强化师生应具备的政治素养和道德观念,学校设定了固定晨诵时间,师生共同学习红色经典。学校借助县域红色历史、优秀退役军人吕保国和高校教师力量,洗礼师生躁动心灵;借助主题队会、思政课、知识竞赛、国旗下演讲等多种方式,消化汲取红色印记带给师生的精神食粮,给过往的历史注入鲜活的力量,让红色印记活起来,让精神食粮更有营养,让有意义的内容更有意思;各班级整理撰写了德教案例、录微课、微视频,在学校公众号和公开课进行专题宣讲,提升师生政治素养,立志向、修品行、练本领,促进师生核心价值观的形成。

4. 人格魅力:以身作则、为人师表

在教育中,一切师德要求都基于教师的人格,因为师德的魅力主要是从人格特征中显示出来的。教师是教人怎样做人的人,首先自己要知道怎样做人。从这个意义上说,为人师表是教师的美德,教师工作有强烈的典范性。

以“学高为师,身正为范”的政治素养和高尚情操,以耐得住寂寞和清贫的处世态度,打造有深度、有温度的课堂。开展贴近学生、贴近时代的实践活动,还要打通校内校外、线上线下育人大循环,推进“互联网+”红色基因传承与德育工作的融合,真正成为学生人生成长路上的“引路人”。不忘教育初心,为人师表,是教育工作者踏上教育征程的梦想和追求;牢记育人使命,培养有担当的祖国未来建设者,始终是教育工作者追求和奋斗的目标;为党育人,为国育才,是教师永恒的责任和担当。

甘斌华作为一名非主科教师做着班主任的工作,他尽力发挥自己的优势,把更多的精力和时间放入到学生的思想研究上来。他意识到,只有学生的思想积极向上,心理健康,知识渊博,才会是将来对社会有用的人才。为了能更好地引导帮助学生,甘斌华认真学习心理学,报考了心理咨询师考试,最后取得了全国心理咨询师资格。他在学校开办了“心语信箱”,努力发挥学校心理咨询室的作用,为更多需要提供帮助的同学服务。

甘斌华不断学习和掌握管理学生的方法和经验,针对不同学生的特点,设身处地地以学生能够接受的方式进行启发引导，再结合本班的实际情况，加以管理，因材施教，调动学生的学习主动性与积极性，激发学生学习的兴趣，不让任何一个孩子掉队。也因此，甘斌华多次被评为省市优秀班主任。

5. 传承师风：终身学习、不断进取

在传承中创新，在继承中发展。从概念化的存在到核心的确定，再到外延建设，学校的顶层设计，为德育工作注入了内核驱动和发展内涵。学习领会要深入，贯彻落实要认真，升华深化不停顿，每一位德育人脚踏实地地走在立德树人不断前行的道路上，不断实现新的超越。习近平总书记说："教师要成为大先生，做学生为学、为事、为人的示范，促进学生成长为全面发展的人。"这意味着作为基础教育工作者、新时代的大先生，要始终处于学习状态，站在时代发展的前沿，有善于发现的眼睛和敏锐的洞察力。在知识经济时代，知识和技术更新的速度越来越快，每个人都会面临落伍的危险。在科学和技术发展速度如此之快的背景下，如果不经常处于学习状态，人们的知识结构很快就会落后于实践的要求。所以，时代要求教师必须转变学习观念，确立"边学边干、边干边学、终身学习"的观念，紧跟当代知识和技术的发展。

办好一所学校，主要靠的是在教学第一线的教师们，他们都为之付出了艰辛的劳动。河北无极中学老校长任国强对本校的英语教师刘兰云印象深刻，曾经感慨地说："刘兰云老师为河北无极中学的英语教学作出了突出贡献，她很敬业，是一名优秀的老师。"

刘兰云说："研究学生，必须摆对位置，演对角色。老师就是老师，老师就是要教好学生，学生就是要读好书，你教不好学生，就不是合格的老师。"为开发学生智力，刘兰云认真研究大纲，她认为教学大纲是方向盘，是掌舵手，纲举目张。大纲是本，教材是目，深入研究教材，哪怕是教材中的一个标点符号也必须进行研究。只有吃透了教材，才能灵活运用教材，才能有的放矢地去授课。刘兰云还总结提出：研究教学方法，在大纲和教材都比较完美之余，教师的教学方法和授课技巧，要和学生的学习方法与技巧有机结合，这是提高成绩的关键。除此之外，每年她还认真研究教材并总结分析高考必考的知识点。这两方面是她屡创佳绩的依据和根本。

得益于刘兰云的业务水平和出色表现，在英语"四县联考"中，刘兰云所授课的班级，包揽了全部的第一名。藁城中学的全体英语老师，在学校领导带领下，集体来河北无极中学听刘兰云讲课。讲课时，在课堂后边也摆满了椅子，座无虚席，一时成为美谈。刘兰云的高考模拟试题，曾被石家庄市、保定市多所学校采用。20 世纪 90 年代，她曾经应邀为博野县在职民办教师转正命题，可见她的水平之高。退休以后，她受聘于北京“学大教育”机构，被北京市有关部门评为“北京市优秀教师”“教育达人”“全国课外教育优秀教师”等称号。

（二）写好五线谱，机制推动

著名教育家苏霍姆林斯基说：“在教学大纲和教科书中，规定了给予学生各种知识，却没有给予学生最重要的东西，这就是——幸福。”幸福是人们所追求向往的一种美好生活的样态，这一样态体现了人们对美好生活的一种评价或是价值取向。幸福教育，是一种教育观念、教育追求和教育理想，不仅要让学生在教育过程中获得幸福，更要重视他们拥有幸福人生所需要的幸福观、幸福品质和幸福能力的教育。简而言之，我们不仅要给予孩子一个幸福的童年，还要给予他们追求完整的幸福人生的能力。因此，我们可以这样说，立德树人导向下的幸福教育，既是目的，也是方法；既是结果，也是过程；既关乎学生，也关乎教师及教育中的一切人。唯有如此，才拥有完整的意义。其目标主要可以阐释为以下几个方面：

1. 筑牢根基，激发师德涵养

新时代以来，习近平总书记多次针对师德师风建设发表重要讲话，如成为“四有”好老师，争做学生为学、为事、为人的大先生，弘扬中国特有的教育家精神等等，对新时代中国好老师的形象进行了精准描摹和完整定位，是我国师德师风建设的根本遵循和行动指南。师德师风是评价教师队伍素质的第一标准，是教师队伍建设中的龙头工程。

新时代师德师风建设，必须以激发内驱式师德涵养为核心目标。

第一，重构新时代师德师风内涵，转变当前以课堂教学、集中培训等为主的师德知识传递模式，实行涵盖知识学习、情感体验和行为践履的三位一体的师德培育机制，通过榜样引领、情境体验、实践教育、师生互动等形式，激发教师涵养师德的内生动力。一要遴选优秀教师作为师德典范，在教师中发现和选拔思想水平高、教学能力强、教学效果好且深受学生欢迎的教师，总结他们在教书育人中获得的业绩作为师德建设的范例，可以起到直观示范作用，有利于广大教师向榜样学习，对提高教师的职业道德具有重要作用。总结和提炼优秀教师在教书育人中采取的策略措施，从他们平凡的工作中探索师德规范的精神要义，以令人信服的事例来感染和影响教师，能够逐步使全体教师认识职业道德建设的重要性，从而实现师德建设的普遍化和常态化。二要发挥各级领导干部的榜样作用。从普通教师中培养优秀人才，走上学校的各级领导岗位，带头践行教师职业道德，做教书育人的楷模，成为普通教师学习的榜样，带动广大教师提高职业道德水平，提升教书育人的思想素质。校级领导在日常工作中应该深入到教师当中，主动了解教师的思想和工作状况，帮助教师解决思想问题、工作问题和生活问题；在处理各项事务时做到公平、公正、公开，实行民主办事程序；在评职、评优、进修等方面给予教师平等的机会，体现人性化管理作风，从而形成和谐的人际关系，以利于教师职业道德建设的推进。

第二，发挥教师在师德建设中的主体作用。教师应内化价值追求，增强教书育人、为人师表的职业自豪感和荣誉使命感，强化教育强国、教育为民的责任担当。近年来，由于教育的改革，为实现教育的现代化发展需要，不断对教师道德素质进行培养。但由于农村教师对自身的能力认识不够，无法对自身的职业行为具体了解，对教师这一职业的认识不够，对理想、未来产生迷茫，自然在进行教学的过程中，不能将教师行为的示范作用准确地表达出来。这就需要提高教师的思想认识水平。正确的教师职业道德导向能对教师的价值取向和行为方式产生积极的正向牵引作用。河北无极中学通过宣传教师职业道德规范和组织教师开展师德建设的讨论，促使教师主动参与师德建设，提高以德修身、以德育人的积极性和主动性，自觉遵守职业道德规范，自觉规范自己的行为，把师德建设作为自身职业生涯的重要组成部分，不断纠正不符合教师职业道德规范的认识和习惯。努力提高师德实践能力，形成优良的师德风范，增强责任感和使命感。

第三，还要有效提高教师的整体发展。师德培养工作的开展既能将学生对教师教学的需求表现出来，又能使教师在不断被要求中形成良好的道德素养，才能帮助教师形成良好的职业道德精神，能够具有足够的能力对自身的行为进行评价。教师在不断的学习中提高自身的专业能力，从而形成良好的思想道德观念，言传身教，培养出更多优异的人才。

第四，更要建立规范的师德师风考评机制。综合学校领导、教师自身、家长和学生等各方意见，全面客观评价教师的师德表现，完善多方参与、客观公正、科学合理的师德师风监督机制，促进教师逐步形成师德师风的自觉行为。大力宣传并表彰先进事迹，树立师德典型，同时开展师德师风警示教育，引导广大教师时刻坚守师德底线。河北无极中学优化人事人才制度体系，对教师的素质素养、教学能力、科研能力、社会服务能力等综合素质进行发展性评价，实现职前培养和职后发展的有机衔接。制定《教师绩效考核办法》《聘期考核办法》《职称评聘办法》，扎实推进职称评聘改革。按照教学型、科研型、服务型进行分类评价，切实发挥人才考核评价“指挥棒”作用。学校自主培育出河北省教学名师、石家庄市教育名师等一批有影响力的教师团队、站、室和个人，建立了适应中学教育发展要求的教师队伍，为学校高质量发展提供了强大人才支撑。

2. 储备人才，激励教师成长

职前培养高质量发展是教师队伍高质量发展的前提。当前教师培养的主要矛盾已经由教师数量紧缺转变为社会公众对优质教育资源和教育公平的强烈需求与优质教育资源稀缺及教育不均衡发展之间的矛盾。因此，培养一批高质量的职前教师已成为教师培养的首要目标。

第一，要着重加大德育师资、体育师资、美育师资和劳动教育师资的培养力度，将国家关于德育、体育、美育和劳动教育的政策要求转化为服务“五育”并举的教师教育体系建设。河北无极中学实施了切实可行的教师职业道德建设方案，针对急需的学生心理健康教育、艺术教育、劳动体育教育等方面的人才匮乏，制定了专门的人才引进计划，并想方设法留得住、用得好、成长快，增强这些人才的事业心和责任感，把育人的职责贯穿于教学活动之中，从知识传授、能力培养、人格塑造等方面入手，认真履行教师职责，主动实施素质教育，真正成为德才兼备、敬业爱生、严谨治学的新时期教师。

第二，要加大对满足教师教育体系的支持力度，推动中国一流大学参与教师培养，构建名师的培养体系。河北无极中学重视带头人队伍建设，科学规划，搭建梯队，实施头雁领航计划和教师素质提升计划，开展专业带头人和教研室主任公开选聘，着力打造“名师引领，骨干支撑”的高水平、结构化教师教学创新团队。强化教师职业发展，完善教师继续教育与培训制度，落实教师培训实践常态化，创新“分层进阶、分类发展”的教师培养体系，畅通转型和进阶通道，不断提高教师专业实践能力。

第三，要加快推进学科教师教育体系重构，深化教师精准培训。提高学科教师教育水平，深化教师精准培训改革，已成为推动我国高质量教育体系构建的共识性举措。2021 年教育部、财政部发布的《关于实施中小学幼儿园教师国家级培训计划(2021—2025 年)的通知》和 2022 年教育部等八部门印发的《新时代基础教育强师计划》，均明确将精准培训作为工作重点，反映出当前教师向科学化、专业化的发展模式看齐。

第四，以个性化方式管理教师职后成长信息。例如，以教师资源数字化建设和教师队伍数字化治理为契机，对教师在培训平台累积的学习行为数据进行跟踪分析，从选学服务平台或培训资源超市中推荐合适的培训资源和产品，提升教师的培训参与度。

3. 优化队伍，合理配置师资

加强系统性师资配置是保障和提升基本公共教育服务的关键举措。县域中学存在的突出问题是“留人难”——学科名师匮乏，骨干教师力量不足，教师们的幸福感偏低，对县域学校的认同感不够，培养出的年轻优秀教师往往倾向于到名校发展。

要让这种情况得以改善，需要采取一系列措施。

第一，推进师资配置均衡化是实现教育优质均衡发展的关键着力点。当前，随着“县管校聘”管理改革的不断深化、教师交流轮岗科学有序推进、优质师资的流动，薄弱学校结构化缺员等问题得到了缓解。在河北无极中学，每年五月的第二周会启动“班主任节”，评选出 10 名优秀班主任进行表彰，给予物质和精神奖励。此外，自 2018 年始，学校还每年举办“每周一星”“十佳教师”“感动校园人物”“首席教师”“青年才俊”等评选活动，对教师的付出给予肯定，让他们感受到教师这份职业带来的荣誉感和获得感。青年教师亢晶晶是山西人，目前在高三年级担任班主任和语文教师。近两年，因为特殊情况，她常住在学校，“学校就和家一样”。校领导和同事很关心她的生活，时常邀请她去家里吃饭，逢年过节还会送水果、零食等小礼品。亢晶晶说，这些人性化的关怀虽然细微，却让她觉得很暖心。

第二，推进师资队伍建设制度改革是保障教师队伍稳定发展的关键着力点。当前，各地逐步深化教师编制、职称、岗位、待遇综合改革，但包括编制紧缩在内的相关问题仍然存在，区域性、结构性矛盾突出，需要进一步优化政策，为教师提供安全有保障的工作环境。为引进教育人才，无极县还为高中学校发放人才绿卡，通过人才补贴、人才公寓等惠师措施吸引人才。以河北无极中学为例，2019 年以来，学校共引进年轻教师 33 人，这些教师全部为事业编制。截至目前，学校共有 46 位教师持有县级人才绿卡，1 位教师持有市级人才绿卡，每年可享受租房补贴、人才津贴等优惠。由于新鲜血液的持续注入，让河北无极中学教师的年龄层次分布更加合理，有助于新老交替，使教师队伍建设步入良性循环的轨道。

第三，增强教师对学校的认同感和获得感，将学校的未来和教师的发展结合在一起。为留住好的教师，让教师在校如在家，作为校长，我一直坚持这样的理念：学校也是“家”，校领导是家长，他们要以身作则，带头工作；教师之间是兄弟姐妹，要互相帮助、共同进步。在河北无极中学，每个人都是学校大家庭的一分子。早上 5 点半，学校值班领导先去食堂查看早餐准备情况，再带着学生们跑早操；晚上 10 点半，晚自习后，值班领导住在宿舍守着学生晚寝。校领导和学生同吃、同睡、同生活，尽可能地减轻教师的负担，才能让教师把主要精力放在教学上。

4. 释放潜力，鼓励探索实践

在教师队伍发展方面，教师最好的成长方式是自主学习，不断探索研究。这种方式可以激发教师们的求知欲和上进心，并使他们成为独立思考者和创新者。在这个成长模式中，校长和主任的角色是引导者和指导者，需要提供足够的支持和指导，让他们真正成为具有竞争力的人才，为我们的社会繁荣和发展作出贡献。那么，如何鼓励教师去探索研究呢？2021 年 3 月，我又提出了“用文化凝心聚力，靠学研富脑修身”的思路，加强学科教研组建设，大力支持教研活动，给场地给经费给制度给舞台，积极培养名师良师，塑造教师灵魂人物。

第一，促使政策制定者、研究者和实践者运用科学方法，在校内和校外的环境中，为教师提供多样化的探索和实验机会，提供各种资源和设备，让教师们可以体验不同的学习方式和探索不同的事物。闫立军老师注重经验总结，多年来撰写教学论文论著多篇，主持和参加了多项课题研究。2016 年作为主编编写了《试题研究》高考总复习二轮用书。近年来所写论文《错题管理在县域高中数学学习中的有效运用》《用问题引领高中数学课堂提问的有效性》《浅谈如何提高高中数学课堂提问的有效性》均获国家级一等奖，所做课件“等差数列的前 n 项和”“导数应用”分别获国家级、省级一等奖，教学设计“随机事件的概率”获省级一等奖。

第二，通过提升教师的专业性释放教师专业潜力，引导教师们去探索和思考有关教育教学的问题，帮助教师体会到解决问题的过程和方法。在这个过程中，可以允许教师犯错，进而不断改进自己的方法。为促进年轻教师成长，河北无极中学通过老带新、“一对一”结对子的方式，由骨干教师手把手地教导年轻教师备课、说课、讲课、评课、研课、磨课，不断提升年轻教师的专业水平。

第三，通过社交媒体和科技平台鼓励教师进行互动，分享自己的探索和成果，并根据证据和数据作出调整，进行定期监测和评估，有助于确保教学方法和策略的可靠性与有效性。为促进年轻教师成长，除通过老带新、“一对一”结对子的方式，由骨干教师手把手地教导年轻教师不断提升专业水平外，学校还定期组织教师到城市名校观摩学习，鼓励本校教师同他校优秀教师进行互动、交流，通过学习先进教学经验、优秀教学方法，取他人之长，补自己之短，从而让每个教师都能获得持续发展的机会。

第四，鼓励教师积极应用教育研究关于教学方法、学习理论和最佳实践的最新成果，推动教师提升专业性，明确发展目标。通过阅读文献、参加研讨会等，提高教育教学质量；寻找最佳证据，将证据应用于实践并收集和分析实践数据，分享研究结果和最佳实践等。特级教师赵彦卿，现任无极县实验初级中学历史教师、教研组长。工作33年来，秉承朝耕暮耘、追求卓越的教育理念，教育教学成绩突出。曾获“中国教育系统优质课、课件全国评选课件”二等奖、IT赛课——信息技术融入学科课堂教学国家级二等奖、第二届全国中学教师微课创意作品大赛二等奖，在“河北省第二届微课大赛”中获三等奖，多次在石家庄市“一师一优课”“一课一名师”比赛中获二等奖；积极参加学校的“红色教育”进课堂活动，编写了校本课程“红色文化”；著有《如何激发学生对历史的学习兴趣》《如何应对文综开卷》《反思中考历史复习》等多篇论文，并在《教育教学新思维》《教育科研》等期刊上发表；指导青年教师参加不同级别的赛课并获得优异成绩。

5. 提高待遇，保障教师的持续动力

中共中央、国务院《关于全面深化新时代教师队伍建设改革的意见》提出，“不断提高地位待遇，真正让教师成为令人羡慕的职业”。我国一直在努力改善教育体制，提高教师的待遇地位，但依然面临着诸多挑战，需要积极应对，创设尊师重教的社会氛围。目前，无极县教师工资比公务员工资高出10%，同时还根据省、市政策，不断提升教师的职称评定比率，将高中阶段副高级职称的评选比率由全校人数的30%提升至35%，从而让教师安心在学校扎根奋斗。河北无极中学教师公寓用地审批已通过，设计方案正在加紧推进中，不久的将来，青年教师、外地教师就可以搬进崭新的公寓楼，享受“新家”带来的快乐。

提高教师的实质性待遇地位，重点是强调教师职业的公共属性。河北无极中学坚持党建引领，持续完善党管人才工作机制，成立党委人才工作领导小组，设立党委教师工作委员会，统筹协调全校人才队伍建设。坚持把师德师风作为教师素质评价的第一标准，制定师德师风建设方案，开展“树师德　正师风”专项活动，构建师德“教育、宣传、考核、监督、激励、惩处”六位一体的师德建设长效机制。成立师德建设委员会，开展师德年度考核，建立师德考核档案，落实师德失范一票否决制，把师德表现作为教师业绩考核、职称评审、岗位聘用、评优奖励的首要要求。积极推进典型选树，开展“最美教师”“教学名师”“优秀教师”“优秀教育工作者”等先优评选工作，以满足教师的生理需要、安全需要、爱和归属及尊重的需要，以及自我实现的需要。营造师德师风建设的浓厚氛围，需要建立教师生理需要支持保障制度，如教师权利与待遇支持保障制度；教师安全需要支持保障制度，如教师资格与保持、教师编制与岗位、教师招聘与任用、教师职称与职务、教师补充与流动等方面的支持保障制度；教师爱和归属及尊重需要支持保障制度，如教师身份与地位、教师考核与评价、教师荣誉等方面的支持保障制度；教师自我实现还需要如教师培训、学历提升、发挥影响力等方面的支持保障制度。

（三）唱好协奏曲，帮带赋能

立德树人通过人性发展、品德涵养、精神提升等思想道德教育实现人的全面发展，幸福教育重视对师生生命的真切关怀。这种生命关怀势必会让他们更清晰、更深刻地认识“自我”，看到“自我”存在的意义。他们会进一步思考幸福与快乐、幸福与痛苦的关系，会考虑到时间因子对幸福的影响力，同时也能将幸福与享乐主义、及时行乐区别开来，对消费主义与庸俗成功学保持一定的警惕和警觉，从而逐渐形成清晰的、与社会公理相符合的人生信仰，使自己的思想和行动更多地朝向生命实现的幸福。

一要强化凝聚力。协调班子成员之间的关系，引导带动班子和衷共济，创造团结和谐的工作氛围。使班子成员之间成为政治上志同道合的同志，思想上肝胆相照的知己，工作上密切配合的同事，生活上亲密无间的挚友，凝心聚力向一线教学发力，向教师倾心服务。记得在刚入学校时，我们广泛征求教师意见，了解一线教师的急难愁盼，召开班子会对征集的意见进行梳理整合，研究解决方案。我们班子成员带头协调解决了教师电动车的停放充电问题、教学资料打印不便问题、趴在办公桌上午休问题、办公椅木板硬面不能久坐问题等。这些虽然是琐碎的小事，却让老师们感觉到自己被重视、受尊重，老师的幸福感爆棚。我始终认为，幸福感满满的教师课堂一定是充满活力、散发幸福的课堂，孩子们将被这种幸福浸润，快乐地、幸福地学习成长。

二要形成战斗力。知识武装头脑，在每次周例会上开辟政治理论学习环节；鼓励班子成员访问名校、专家，积极学习先进的业务知识和管理方法；通过理论学习和实践操作来储能蓄力。摒弃“家长式”“保姆式”管理作风，在把握大方向的前提下，放权、放手、放心调动班子成员积极性，尽情展示他们的聪明才智，使其在各自的本职岗位上发挥其不可替代的作用，保持不竭的战斗力。为了更好地实现“立德树人”核心目标，我们设立了“三重环”并环环相扣：一重环的成员是学校德育工作领导小组，负责学生德育评价体系的设计、阶段性成果的评价、评价过程重大问题的研究与决策；二重环的成员是全校班主任，负责日常对学生养习教育、文明礼仪教育的指导和评定；三重环是建立家委会、办好家长学校，积极携手家庭教育为学生打造良好的成长环境，实现有效家校共育，以强大的合力推动学校育人工程健康发展。

优秀班主任李阳就是一个很好的例子。从教以来，他初心不改，对教育的热情丝毫未减，辛勤耕耘，默默奉献，俯身教学，享受着教书育人的快乐。李阳始终把工作放在首位，在工作中，勤恳敬业，踏踏实实地教书育人，认认真真地做好本职工作，关注每一位学生的成长，不辜负每一位家长的期望。在教学上，他本着“授人以鱼不如授人以渔”的宗旨，注重对学生能力的培养，不仅教他们学习知识，而且让他们在学习过程中学会学习、学会做人。他经常利用课下时间找学生谈心、聊天，在生活上给予无微不至的关怀。他在课上积极引导学生思考，多给予表扬和鼓励；在课下多方面沟通交流，进一步发现学生的爱好与兴趣。除此之外，他还经常与家长联系，及时了解学生在家表现。一分耕耘一分收获，李阳所带的班的成绩稳步提升，名列前茅。他积极参加学校组织的培训、外出参观学习、专家讲座等活动，经常利用工作之余，阅读教育书籍，转变教育观念，以一言一行兑现承诺，以一腔热血铸就师魂，提升自身的知识储备和能力素养，用心工作，用爱育人。

三要保持持久力。学校通过采取“集中培训、专题辅导、定期进修、跟岗锻炼、教研指导”等多种人才培育模式，逐步形成优秀教师“选种、育种、成长、成材、成林”的“五环生态”成长路径，为教育人才队伍建设“赋能铸魂”。教师定期通过生活会、交流会、个别座谈，交心、交情、交事，反思、反省，开悟、觉悟，进而提高自身管理能力。同时关注人才梯队培养，做好后备人才的选拔和培养工作，实现长江后浪推前浪，一浪涌一浪。要保持持久力，一是要“知其要义”。要明确知道幸福教育对人成长的重要价值，对培养人、塑造人产生的积极作用，更要理解其对于为党育人、为国育才的重大意义。二是要“握其要领”。幸福课堂教学改革既要改变大家对幸福教育的认识，还要理解幸福教育是与学生情感、生活融合在一起，让孩子自然地学习、领会、实践、生发的教育特点。三是要“注重要素”。要更加注重对教师的培育培养，注意营造幸福教育氛围和利用“名师大讲堂”、实验项目等充分发挥名师名家的引领示范作用，用好“强师＋名师”人才队伍，让知识衔接、能力衔接、任务衔接高度契合，保持良好的持久力。

四要为青春成长助力。开辟成长通道，用“青蓝工程”开展“传、帮、带”，“集体教研”自主“学、磨、研”，心灵之声“解困惑”，拓展培训“获友谊”，主题沙龙交流“解难题”，职业能力竞赛“展芳华”，下基层实践“增见识”，梯队培养“强能力”，让青春与职业共成长，打造实力青年教师队伍。实验学校教师赵淑珍是一名语文老师，在“青蓝工程”中，带着一半多是新生力量的初一语文组青年教师一起备课、一起教研，一起听课说课，进行传帮带。在四位青年教师徒弟教课之初，赵淑珍不大放心，她把一周的集中备课变成了一周两次。为了每周给孩子们出周末作业，她和教师徒弟常常熬到深夜。每一张试卷都有他们的真诚寄语，每一道题他们都费尽心思。赵淑珍总是鼓励他们："过程虽然煎熬，但收获一定会很丰硕的。你们一定可以做得很好！"

五要形成恒久幸福能力。立德树人导向下的幸福教育，立德为基，幸福为要，以爱国主义教育、价值观教育为底色，以学生终身幸福为基本价值取向，引导他们形成幸福品质，培养获取幸福的能力。乐观、坚韧、理解、热情、利他等无疑是幸福的重要品质。要使每一位教师都明白：教学工作不是每天机械地重复，而是用心工作，真正爱这份工作，才会幸福感满满。

河北无极中学优秀班主任张改棉始终以学校整体利益为重，领会学校领导的办学思路，积极参与教育教学管理工作。首先，在担任班主任以来，勤勤恳恳，任劳任怨，能积极做好每一项工作。她在日复一日，年复一年的工作中，时常反思自己，在反思中自省，在反思中进步，把今天的自己与昨天的自己相比，回看自己的教学水平有没有提高，处理班级事务的能力有没有提升。慈母般的心，使她成为富有爱心的教师。"爱学生，要以尊重和依赖为前提，要做到严中有爱、严中有章、严中有信、严中有度。"在多年的教育教学工作中，张改棉经常从小处着手，从学生关心的事寻求最佳教育时机，给学生春风沐浴般的教育。其次，时常和家长共同探讨教育孩子的方法，使家长的教育更具理性，并协助其他任课老师从学生实际出发，对不同类型不同个性的学生，有针对性地进行思想教育。热爱学生，讲究工作方法，工作有计划、有重点、有总结。张改棉重视班干部的作用，能针对不同时期学生思想的变化采取相应对策。重视不同层次学生的思想转化工作，经常与学校、级长、科任老师、家长沟通，使对学生的教育趋于同步，充分发挥学生的自治能力。

（四）奏好交响曲，同频共振

县域中学，一头连着城市优质教育资源，一头承载着农村学生的教育机会，在推进县城教育公共服务向乡村覆盖方面发挥着不可替代的作用。谈及县域中学的未来发展，我们衷心地希望：其一，政府要加大扶持力度，帮助县中补短板、强弱项，尤其是在欠发达县区，重点解决县中办学设施不达标、大班额等问题；其二，要进一步提升教师待遇，在职称评定、绩效分配等方面适当向县中教师倾斜，让教师尤其是年轻教师安心在当地扎根奋斗；其三，鼓励发达地区的优质学校实施县中托管帮扶工程，实现发达地区带动周边共同发展的辐射效应，推动城市优质高中教育资源向县域延伸、优秀教师双向交流、先进管理模式向周边覆盖；其四，县域中学自身也应建立自立自强的特色发展模式，提升管理水平，破除唯分数、唯升学倾向，着眼长远筹谋发展，通过加强教研指导和教师培训，耐心培养一到三届学生，他们的成长成才会对提升县中吸引力、赢得当地群众认可起到关键作用。

我认为，幸福教育首先应该关注教师的幸福。谁站在讲台前，谁就决定了教育的本质，谁就决定了孩子的命运。教师的素养，决定着学生的素质；教师的情绪，决定着学生的情感。只有教师幸福了，学生才能从老师那里获得幸福品质和幸福能力，才能享受到成长的快乐。朱永新的新教育实验的宗旨，就是改变教师的行走方式：把教师的发展放在首位，让教师享受教育的幸福，享受成长的幸福，享受发展的快乐，追求教育理想的成功。

教师的幸福来自对学识、能力等素质升华的渴望，来自平凡工作中享受为师的快乐。我们要多角度关注、提升教师的幸福指数，改善教师的生活工作条件，为教师的专业发展搭建平台，开展丰富多彩的文体活动，丰富教师的精神生活。发扬民主让教师参与学校管理，引导教师用积极的心态对待工作和生活，汇聚每一个教职工发自内心的力量。

第一，推进暖心工程，让教师有家的归属感。把老师视作家人，为每一位教师解决后顾之忧，老师才能将校长视作家长，把校园视为家园。

我们始终把关注教师生活和身心健康放在首位，每年组织全体教职工定期免费体检；筹建集娱乐与休闲于一体的空竹、瑜伽、乒乓球、台球等活动室；邀请了北京著名心理专家到我校组织教师进行“体验式拓展活动”，既疏导教师心理，又增强团队意识；还邀请河北师大专家袁立壮到我校进行心理学讲座，既为教师减压，又提高了教师心理疏导水平。每位教师的生日，都会收到校长亲笔签名的祝福卡和生日蛋糕；学校试验田综合活动基地种植的蔬菜，让教师免费采摘，既方便了教师生活，又体验到耕耘与收获的乐趣；召开老教师座谈会，了解他们的困难，征求他们的建议。每逢三八妇女节、元旦、春节等，为全体教师送上温馨的短信；学校提供食材，全体教师在端午节一起包粽子，元旦一起包饺子，在其乐融融的氛围中感受着家的温暖；每年元旦举办联欢会，教师自编自演，精彩的节目展现了教师的多才多艺。每年教师节组织“老师，我想对你说”的征文比赛和“我最喜欢的老师”演讲比赛。学生发自肺腑的感激，常常让老师们泪流满面。

一系列充满人文关怀的举措，坚持以人为本的理念，从尊重、理解、关心和支持教师入手，给教师创造良好的成长环境。尊重教师的个性，在教师职业道德规范的统一要求下，允许教师发挥自己的长处和优势，让老师们感受到家的温暖，从心底产生以校为家、为校争光的热情，迸发了甘于奉献乐于付出的激情，从而心怀幸福地去工作、去学习、去发展。

第二，多元激励，职业认同。世界上什么最宝贵？信任。信任来源于教师对校长的相信、相依。什么最重要？期待。期待来源于教师对学校美好愿景的认同。做好教师，需要有理想、有道德情操、有扎实的学识、有仁爱之心，在此基础上，更要有责任与情怀、专业与创新、激情与爱心。而我们做校长的，就是要唤醒教师的这些潜能，引领教师达成共同的价值观，并逐渐与学校价值观走向一致，用共同发展的愿景激励教师。

每年的开学典礼、表彰大会，都要表彰先进，树立典型，让辛苦付出且硕果累累的老师们得到肯定，弘扬正能量。学校对早到、全勤、敬业奉献、成绩突出的教师做展牌特写，颁发特殊贡献奖，如为在教师报上发表文章的王雪敏老师颁发文华奖，为给学校出谋划策的张晓红、贾亚欣老师颁发金点子奖等。“每周一星”“十佳教师”“感动人物”“首席教师”“首席班主任”的评比，传扬一种积极向上的良好风气。每年一届的师德演讲，以教育教学实际彰显了“团结、奉献、创新、超越”的实验精神，互相鼓舞，互相感染。只要努力，只要大家信任，都可以榜上有名，成为弘扬正能量的化身。

第三，助力发展，成就教师。尊严是对人的身份、地位、学识等的认同，是人人共有的平等的权利。教师的尊严是过有品质的教育生活，是熟岗精业，成全自己的专业成长。

请进来讲，与智者牵手，与名家对话，是我们给全体教职员工送上的丰富精神给养。2012 年以来，我们邀请著名教育专家吴正宪、北京专家张景浩、市教科所宋辉、张慧英、刘璐、王金刚、43 中骨干教师团队等到我校实地授课并进行课后讲座。专家讲座加强了高层次的专业引领，提高了办学水平，提升了专业素养。

走出去学，眼界决定境界，思路决定出路。我们每学期都要分期分批组织教师去北京、南京、西安、广州、深圳、长沙、四川、南宁、柳州、潍坊等地参观考察。我也亲赴北师大、韩国、美国学习。他山之石，可以攻玉，参观学习让教师思想受到启发，产生新知识、新思想、新方法。回校后向全校教师做汇报讲座，与大家共享学习成果。思维导图、微课都是当时学习共享的产物，在我校被轰轰烈烈地推广。每学期我们都要开展一次学科教师论坛，每两周开展一次班主任论坛，首席教师、首席班主任利用论坛传经送宝。我们的论坛活动，一度成为老师们最期待的日子，促进了青年教师尤其是班主任的专业成长。

我们的校本教研也别具特色，除了班主任论坛、学科论坛、业务培训、课例研讨等形式，我们还利用例会专门开辟大会新闻时段。新闻时段包含四个方面的内容：一是校内新闻，即近段时间学校在德育、教学等方面做的有影响力的工作，如举行的师生活动、取得的成效等等。二是教育时事新闻，向老师们介绍最前沿的教育信息，感人的教育人物，灌输幸福教育理念，督促教师两耳多闻窗外事，以全新的教育理念指导自己的教育教学工作。三是小故事大道理，也经常被我引用到全校例会上，以小见大，传播教育智慧。四是教育故事分享，一个个鲜活的教育故事案例，饱含着教师的爱心、耐心和教育机智，成为教师们喜闻乐见、受益匪浅的交流形式。

为人师表，身教重于言传。一批又一批的教师，在这润物无声、潜移默化中逐渐成长、成熟起来。正所谓"教育无小事，事事是教育；教育无小节，节节是楷模"。教师的一言一行，一举一动，都有可能给学生予扶危定倾。我们必须时刻规范自我的言行，在这半亩方田里勤耕力作，用自我丰富的知识，风趣的谈吐来征服学生的心。用自我端庄的仪表，得体的举止感化学生的行为。用自我高尚的师德，真诚的师爱，为师之责塑造学生的灵魂，以立德树人铸就教育之魂。

第四，关爱教师，创建和谐的工作环境。平等、民主、和谐的教学工作环境能够使教师心情舒畅，精神饱满，乐于奉献，主动遵守和践行教师职业道德规范。和谐的人际关系，有利于构建轻松愉悦的工作环境，对教师的职业发展和事业成就具有重要意义。创建和谐的工作环境涉及干部管理水平的提高、管理人员素质的提高以及管理服务质量的提高。任何有损教师权益的恣意妄为、破坏团结的专横跋扈、偏离教学规律的发号施令，都会给和谐的工作环境蒙上阴影，埋下隐患，严重影响教师职业道德的建设。量化考核只能触其表象，难以深入其本，教师的素质、良知和事业心是实践师德的根本。要让"有才者有奔头、实干者有想头、综合素质高者有前途"，为教书育人和教师成长成才打造风清气正的人才环境。"校园环境优美，学生宿舍条件好，食堂也干净敞亮，在这里就读很舒心！"高二学生张露兮说，当年填报志愿时，除了教学质量，学校齐全的硬件设施也是让她决心留在当地就读的原因之一。2019 年起，无极县还开展了全民支持教育工程，县、乡以及各职能单位领导分别包联一所学校，精准助教，校长有问题可直接找领导反映。包联领导每年要慰问表彰教师一次、积极组织捐款资助一次、切实帮助学校解决实际问题一次。

在高中工作的五余年来，我以责任情怀为线，以思想引领为经，以专业发展为纬，强调"适合的教育就是最好的教育""做教育就是做良心""表率是最好的管理，陪伴是最好的教育”，带领无中人铭记“我们必须要做改变无中历史的一批人”的使命，齐心协力，踔厉奋发，使得学校旧貌换新颜。幸福教育不仅润泽高中学子，还在不断的实践中得以丰富，德智体美劳共育，师生家校社共生，“幸福共生”教育思想逐步成熟并完善。最终凝练成“立德铸魂、幸福共生”八个字。

三、“践行幸福共生，教学成绩颇丰”

在“做幸福共生的教育”办学思想引领下，我带领无中人着力实施“文化立校、管理治校、质量强校、名师扬校、科研兴校”战略，三年一小步，五年一大步：一年扭转教风、学风、校风，学校面貌发生格局性变化；三年教育教学提质增效，实现学校成绩、满意度双高；五年科学构建多元教育教学体系，育名师创名校打造学校品牌。五年来，引领学校不断突破，学校办学成绩显著提升。从 2018 年开始，高考强基上线率连续实现正增长，河北无极中学跨入县域高中先进行列，被石家庄市教育局授予高中教学先进单位，被誉为县域高中灯塔式的学校，更是无极百姓满意认可的学校。连年攀升的成绩得到了政府的鼓励与表彰、家长的鲜花与锦旗、社会各界捐款捐物、赢得肯定与赞誉，河北无极中学被省教育厅确定为(2022—2025 年)河北省中小学校长培训实践基地。

十余年的时间，三个学段，不同特点，我始终耕耘幸福教育沃土，根植幸福教育理念。从最初的“幸福教育”到现在的“幸福共生教育”，我从关注学生到关注教师、关注家长、关注一切和教育相关的人和事，幸福共生教育在无极沃土生根、发芽、拔节、开花，最终灿烂绽放，一路芬芳，累累硕果，造福家乡，真正实现了“立德铸魂，幸福共生”。

第三章　幸福共生教育体系的要素及其关系

围绕着“幸福”与“共生”，我们先是提出了“做幸福共生教育”的办学理念，继而又建构了“幸福共生教育体系”。党的二十大报告指出，基础教育要坚持“为党育人、为国育才”，要“办好人民满意的教育”。强国建设、教育何为？如何深化育人方式改革，加快普通高中特色发展，推进基础教育优质均衡发展，加快建设高质量教育体系，重视幸福教育过程，关注学生获取知识的方式，关注师生交流的状态等诸多要素，关怀学生在学习过程中是否能够获得更多愉悦、惬意的感受，强力支撑教育强国建设，助力早日实现以中国式现代化全面推进中华民族伟大复兴的宏伟目标，是亟待突破的重大时代课题。

一、“幸福共生”办学理念的诠释

(一)“幸福”的含义

“幸福”是一个主观的概念。一般来说，幸福可以被视为一种内心的感受，它表现为一种积极的情绪状态，包括快乐、满足、爱和愉悦等情感。“幸福”是一个相对的概念，受到个人的经历、价值观、文化背景等多种因素的影响，故而每个人对于幸福的感受和理解都可能不同。

对于“幸福”的探讨和理解是一个重要的哲学、心理学和社会学议题。

1. 哲学关于“幸福”的解释

在哲学上，“幸福”被视为人生的终极目标和道德评价的标准之一，可以被理解为一种内在的快乐，它涉及个人的思想、感情、行为、价值观以及他们对自己生活的看法。幸福不仅是一种感觉，而且是一种精神上的完整性，它关乎个人的心理、情绪、行为、价值观以及他们对自己生活的看法。

哲学认为,“幸福”是对人的生理需要、心理需要和伦理需要的较好满足。它表现为一种积极的情绪状态,包括快乐、满足、爱和愉悦等情感。人们可以通过各种方式来追求和创造幸福,例如保持良好的健康状况、建立良好的人际关系、追求个人成长和成就、创造美好的生活环境等。同时,哲学也强调了“幸福”的内在性和超越性。幸福的内在性是指幸福是一种内在的状态,它不是外部环境或物质财富的积累所能替代的。幸福的超越性则是指幸福是一种超越了物质层面的境界,它涉及个人的思想、价值观和精神状态等方面。

2. 心理学关于“幸福”的解释

在心理学上,“幸福”被视为人类心理健康的重要指标之一,是指一种持续时间较长的、对生活感到满意、感到生活有巨大乐趣并自然而然地希望持续久远的愉快心情。这种心情可以表现为积极情绪状态,如快乐、满足、爱和愉悦等情感。

心理学对于幸福的理解包括多个方面,例如马斯洛的需求层次理论,认为人类的需求层次包括生理需求、安全需求、归属和爱的需求、尊重需求和自我实现需求等,这些需求的满足可以带来幸福感。此外,心理学家还提出了积极心理学和主观幸福感等概念,强调了积极情绪和主观体验对于幸福感的影响。

心理学对于幸福的探讨还涉及个体差异和环境因素的影响。不同的人对于幸福的感受和追求会有所不同,这取决于个人的经历、价值观、文化背景等因素。同时,环境因素也会对个体的幸福感产生影响,例如社会关系、个人成长、健康状况等。

总之,心理学上的幸福概念是一个主观的概念,它涉及个人的内心感受和满足感,同时也受到外部因素的影响。

3. 社会学关于“幸福”的解释

在社会学上,“幸福”被视为社会进步和人类发展的标志之一,是指个体在社会环境中的生活状态和生存质量,它与个体的社会地位、经济状况、文化背景、人际关系等因素密切相关。社会学强调“幸福”是个体的社会行为和文化的产物,它不仅涉及个人的内心感受,还涉及社会结构和文化价值观的影响。

在社会学中,“幸福”被视为一种社会现象,受到社会结构和文化价值观的影响。不同的社会和文化背景下,人们的幸福感可能会有所不同。同时,社会学还强调了社会制度和政策对于个体幸福感的影响,如社会福利制度、医疗保障制度等。

总之,社会学上的幸福概念是一个相对的概念,它涉及个人的内心感受和社会结构的影响。

4. 河北无极中学师生对“幸福”的理解

高中生可能因个人经历、文化背景、教育水平以及社会环境等因素而对“幸福”的理解有所不同；不同学校的教师，因其工作环境、生活背景不同，其对“幸福”的理解也不相同。因此，我们在学生中进行了一次大规模的问卷调查，询问河北无极中学学生对“幸福”的理解与感悟。

河北无极中学师生幸福共生调查问卷

高中生幸福共生调查问卷内容包括：

一、基本信息：包括姓名、性别、年龄、班级、联系方式等。

二、家庭状况：询问家庭结构、父母工作、家庭经济状况、家庭氛围等。

三、学习状况：询问学习压力、学习动力、学习方法、学习目标等。

四、社交状况：询问朋友数量、朋友类型、朋友关系、社交活动等。

五、身心健康：询问身体健康状况、心理健康状况、运动习惯、生活习惯等。

六、兴趣爱好：询问是否有兴趣爱好、兴趣爱好的种类、投入的时间和精力等。

七、未来规划：询问是否有明确的人生规划、职业规划、学习规划等。

八、幸福感受：询问对幸福的定义、幸福的来源、幸福的感觉等。

九、共生理念：询问对共生理念的理解、共生关系的建立、共生实践的经历等。

十、其他问题：根据研究目的，可以增加其他相关问题。

河北无极中学师生幸福共生调查问卷

姓名		性别		年龄		联系方式	
联系方式		家庭成员		家庭经济		家庭氛围	
学习状况							
社交状况							
身心健康							
兴趣爱好							
未来规划							
幸福感受							
共生理念							

根据问卷调查结果，我们概括出师生认同的幸福观念。

(1) 家庭和睦：高中生往往重视家庭的温暖和支持，认为家庭成员之间的和谐关系是幸福的重要来源。如果把家庭比作孩子成长的土壤，把孩子比作树，土壤就是家庭氛围，怎样才是最适宜的孩子成长的家庭氛围？那就是家庭和睦，父母保持一种安静平和、积极进取的精神状态。这是父母最好的状态，辐射到孩子身上，被孩子看见，对他也是一种无声的熏陶、建设和鼓舞。孩子的学习动力、人生动力其实也不是唤醒的，而是在一种良好氛围下孕育出来的。

关注孩子的精神状态，去建设，去支持，少消耗。孩子一旦开学，父母和孩子待在一起的时间只有晚上和周末了。面对孩子的时候，不要太关注他们每天都学了什么，而是关注他的精神状态。如果你每天问孩子，“你今天学到啥了，作业完成没有，今天考试没有，你考得咋样”。孩子一说不好，“那你得努力啊！下次争取比这次好”。这些话不是不能说，偶尔说，或者孩子提到的时候认真倾听他的想法，简要提出我们的看法。如何建设？关心他的衣食住行，说一些令他安神和愉快的话，不消耗他的心神，就是建设。

怎么才是少消耗？孩子起晚了，不要唠叨，“你都高中了你还管不住自己”。时刻提醒自己，埋怨和负能量的话一定不要多说。提醒自己多了就记住了。比如，孩子上学或者培训班起晚了，那我们就帮一点小而必要的忙，比如，不声不响地把他要找的袜子递到他手里，把钥匙塞给他。如果他今天累了，想早点回家，或者想在家休整一天，那就马上帮他请假，不要多说，不要担心，不要传达你对这件事的焦虑。

不管高中生还是小学生，有很多孩子学不进去、厌学。表面上看是孩子毛病多，学习能力弱，脑子笨，不是学习的料。但我的观察和经验是，很多孩子是因为前期没有好好学，基础差，知识漏洞大，听不懂老师的课。越听不懂落下的越多，漏洞越多越听不懂，形成恶性循环。所以，我们一定要睁大眼睛认识孩子，他到底差在哪里。就算是高中生，他漏的是初中、小学知识，那就给他从小学初中开始补。同时告诉孩子，只要愿意学，高考前一个月再补都有用，半个月都有用，只要有想学的心，谁都可以一日千里。

(2) 友谊真挚：对于正处于青春期的他们来说，朋友间的信任、支持和陪伴也是幸福感的重要组成部分。每一个阶段都是我们在慢慢成长的过程，在高中时期除了面对高考的压力之外，还要面对如何去处理好友谊。

小学、初中的学生对一切事情都懵懵懂懂的，而到了高中就会发现心态有了变化。比如，他们会有选择地去结交朋友，会跟一些相处得来的人交流，也就是择优。比如，在和朋友发生矛盾时，会变得异常敏感，伴随而来很多想法，也会因为身边亲近的朋友跟别人走近一点而变得不平衡。这些是绝大多数高中生都会经历的事情。

慢慢地，他们会意识到有些人出现就是陪自己一段的，到了站他就该下车了。成长就是这样，一路走一路失去，没有人会停留在原地，会离开的人早晚会离开，会留下的人怎么都不会离开。不是整天在一起打打闹闹的就是友谊，在高中，每个人都拼命努力的环境下，朋友就是在你颓废时捞你上岸，陪伴着你，即使你们不经常联系，但都明白彼此都还在，这就是幸福。

慢慢地，他们就会认识到高中就应该有个坚定、明确的目标，并开始埋头学习，跌跌撞撞中依然坚定地去追求卓越，做到了便是成长。高中真挚的友谊就是互相鼓励，互相帮助，互相成就，这就是幸福。

(3) 学业进步：高中生通常将学习成绩和个人成长看作幸福的关键因素，因此他们可能会把取得好成绩和实现个人目标视为幸福的表现。拥有较高学习动机的高中生，由于自身主动学习的意识不断增强，往往会让他们大幅提升自己的主观幸福感。当高中生整体上对于“学习新知识”保持一种并不厌恶的态度，对于“学习是一件有趣的事情”并不反对，对于“尝试有挑战性的任务”并不排斥，同时对于“学习目的”没有误解时，他们才可能体会到主动学习所带来的幸福感的提升。反之，如果高中生的主动学习的动力保持在一个较低的水平，例如依然讨厌学习，对于学习没有形成积极的认识，那么学生可能无法体会到学习动机的提升所带来的幸福感受。此时虽然学生的学习动机可能会在低水平上小幅提高，但是学习动机水平不高的高中生，其主观幸福感可能不会受到学习动机提升的影响，也就是说学习动机的增高是在量变中积累，而并没有对幸福感产生质变的影响。

(4) 身心健康：随着健康意识的提高，越来越多的高中生开始关注身体健康和心理健康，认为保持良好的身心状态是幸福的基础。

(5) 兴趣爱好：拥有并追求自己的兴趣爱好也被高中生视为一种幸福，因为它能带来快乐和满足感。

(6) 社会参与：一些高中生还可能认为积极参与社会活动、为他人和社会作出贡献是一种幸福体验。

(7) 未来展望：对于未来的期待和规划也是影响高中生幸福感的重要因素，他们可能会将实现个人理想和职业目标视为幸福的方向。

每个高中生的具体想法可能会有所不同。此外，随着时间的推移和社会环境的变化，高中生对幸福的理解也可能发生变化。

5. 新时代背景下，河北无极中学如何让学生感受到幸福

在“双新”背景下推进普通高中育人方式改革，我们应思考以下“三问”：一是时代之问——面对变革的世界，未来需要我们培养什么样的人才；二是发展之问——身处百舸争流的时代，学校发展如何找到新动能、打造新高地；三是责任之问——作为普通高中，如何结合国情、省情及校情实现学生核心素养的培养，让学生感受到学习的幸福。

面对当前教育领域仍旧广泛存在的唯分数论和内卷现象，一所好的高中首要关注的是学生身心健康和发展潜能；不仅要关注学生三年，更要为了学生未来发展的三十年奠基。尤其重要的是，在高中生人格发展的关键时期，推进普通高中育人方式改革真正的成功是让笑容洋溢在学生脸上。

重构顶层设计规划责任核心的全景育人体系。没有凝聚共识的变革是寸步难行的。为了统一育人方式改革理念，让学生的笑容在对未来的憧憬中绽放，作为普通高中新课程、新教材实施国家级示范校，江西师范大学附属中学(以下简称“附中”)结合校情构建了“一核六翼一体”的育人体系，强化立德树人意识；通过集体学习“第二曲线”等理论，明确学校发展方向，保持学校发展的危机感；推进学校符合时代发展趋势的微创新，学会在“天晴时修屋顶”；起草学校基本准则和行动纲要等文稿，提出既符合学校实际又着眼未来的发展愿景与行动规划，努力把附中建设成为全国一流学术高中、科技高中和模范高中。

深化立德树人架构全人成长的责任德育体系。德育的意义不仅仅是规范，更重要的是让学生幸福，这才是教育的真谛。德育的使命就是让核心素养落地，要给学生精神补钙、心理强基、实践铸魂，让学生具备安全感、归属感、成就感、使命感、幸福感。比如：开展系列专题讲座，讲好大思政课；通过融研学等实践活动，厚植家国情怀；通过构建成长共同体，拓宽成长空间；注重全人教育，形成大德育观，培养知行合一的具有责任担当、家国情怀的新时代卓越学生。

聚焦核心素养建设传承红色基因的责任课程体系。学校课程建设是普通高中育人方式改革的关键，一所好的高中，要依据学校办学理念、文化传统和自身基础，着眼于提升学生发展核心素养等需求，整体构建符合学校实际的课程体系。附中在“责任教育”理念的引领下，全力构建由基础课程、拓展课程、卓越课程构成的三维“雏鹰课程群”。核心课程是基于江西红土地红色基因的融研学课程体系和“三环四维五段”全生

态融通式拔尖人才培养体系。

因此，结合学校发展定位和顶层设计，还应积极探索基于教、学、考、评一体化的教学体系，探索智慧课堂实践，通过组建学习共同体等方式，开展以高阶思维为内核的教学；教师不断通过复杂情境设置、问题挑战、项目完成等方式引领学生进入深度学习；最后学生通过自主学习，提升能力与素养，形成以逻辑思维为基础，以分析、演绎、评价、综合、创新、创造等思维为核心的高阶思维，让学生的笑容在智慧课堂上绽放。

一所好的高中，不仅要交出一张张满意的大学录取通知书，更要走出一个个充满笑容、自信上进的鲜活好青年；一所好的高中，不仅要校园建筑精美、学生秩序井然，更要追求每个学生的生动、活力、阳光；一所好的高中，不仅要注重课堂和考试的规范高效，更要师生的共同成长、共融共创的人生体验。

6. 新时代下，河北无极中学幸福教育实现途径

(1) 加强班级文化建设，让集体温暖、积极、向上

一是取班名、定班规、定目标，抓养成教育。召开"班级文化"讨论会，逐条确定班级学生言行规范和《班级公约》，制定和"勤学、善思、拼搏、友爱"的阳光班级目标，配套"小组合作评比制"抓好落实。

二是营造优美教室，让环境育人。为了营造整洁、优美的学习环境，精心创设了班级文化软体墙，让孩子们尽情展示自己拼搏向上的"专属故事"。环境、氛围也是教育，是润物细无声的熏陶和感染。

三是开展多彩活动，让学生快乐成长。在重要节日会举办各种活动，增加学生的参与感和归属感。例如元旦的时候，让班里同学亲自写对联贴在教室门口，把同学们的剪纸作品贴在窗户上，让他们从视觉上感受到节日的喜庆；快到中秋时，师生一起在教室吃月饼，一起分享嫦娥奔月、吴刚伐桂的故事；通过活动调节学生的学习生活，使他们有集体自豪感和精神充实感，避免长期单调枯燥的学习给学生造成焦虑、烦躁、紧张等不良心境。

四是培养主人翁意识，让学生自主管理。瞅准时机，悄悄退出，放手让学生去组织活动，争做小主人。

(2) 关注个体需要，让每个孩子担当、自信、闪光

一是注重培养担当意识。想方设法把每一个学生都调动起来，让学生都能找到自己的价值，是育人的关键。首先，选出一批负责任、有担当、执行力强的班委，充分发挥他们的榜样作用。其次，尽可能多地设置岗位，给予学生更多展示自我、实现价值的机

会，让每个学生有事做、有事管，满足他们“被需要”的心理需求。比如设立了值日班长这一职位，全班同学都会轮流当值日班长，让每个孩子真正地成为班级的主人，参与管理班级事务；比如根据特长和个性组建不同类型的兴趣小组，让擅长绘画和书法的同学加入板报组，让运动强的同学加入班级足球队和篮球队，让做事细心的同学当关灯员等。

二是让学生自信自强。大家在活动参与和服务中，学会与人为善，锻炼了能力，培养了责任感，大家都格外珍惜集体荣誉。他们找到了自己的价值感，会越来越自信，越干越来劲儿。

三是找学生的闪光点。挖掘每个孩子的闪光点，多鼓励和认可孩子，调动孩子的内驱力。每周班会课上，让全班同学说出某个学生身上的10个优点。听着同学们表扬自己，孩子们既害羞又开心。渐渐地，优秀的品质在班里生根发芽，遍地开花。

四是用评语激励表扬学生。每次批改作业认真写评语，让满满的爱在作业本上跃动，这无形中也会激发学生无限的创作动力。

五是建学生成长励志档案。班级孩子人手一本“荣誉护照”，凡是被表扬的、作业优秀的、小测成绩好的，都可以在护照里盖印章。孩子们都特别珍视自己得到的印章，每一颗印章记录着孩子背后的努力，过程评价和增值评价不断督促他们前进。

(3) 注重家校联动，让家校同心、同行、共进

每一个学生，都是父母的宝贝。采取有效的办法，让家长们真正参与到教育管理中，才能取得“1＋1＞2”的育人效果。

一是关注每一个学生，及时掌握真实情况。作为班主任，关注孩子精神状态和行为变化是最重要的工作，也是能与家长有效互动的关键。

二是坚持让学生写周记，了解学生心理动态。要求学生每周都要写一篇周记，把在学校和家中发生的事写下来分享，便于及时发现学生的问题，捕捉到平时错漏的细节，在无声交流中解决学生的烦恼。每当在周记里读到孩子与父母在一起的一些美好时光时，可以把孩子的感受分享给孩子父母，让他们一起珍惜和呵护这份幸福。

三是开展活动，聚家校合力。结合学生年龄特点推荐家长阅读家庭教育类相关书籍和观看一些育人视频，并在家长会上开展读书分享活动一起探讨教育孩子经验。每学期组织开展1次亲子活动，增进家长与孩子的情感，让家长和孩子都感到对方满满的爱意，减少青春期孩子的叛逆，让孩子健康幸福成长。学生快乐，家长满意。

“教育是一棵树摇动另一棵树，一朵云推动另一朵云，一个灵魂唤醒另一个灵魂”，

只有幸福的教育，才能有幸福的学生；只有让青春期的学子感受到阳光的爱抚，他们才会更加阳光。

(二)“共生”的含义

1.“共生”的生物学意义

共生(mutualism)是指两种不同生物之间所形成的紧密互利关系。动物、植物、菌类以及三者中任意两者之间都存在“共生”。在共生关系中，一方为另一方提供有利于生存的帮助，同时也获得对方的帮助。有的共生生物紧密缠绕在一起，让人们很难将二者区分开来。如果分开，两方都会受到极大的影响，或一蹶不起，或死亡。在植物和动物共生的例子中，人们往往很难判断这些生物究竟是植物，还是动物。

共生生物不是一起生活、一起工作、和谐共处的卡通角色。大部分共生生物并不知道自己正在帮助另一种生物，它们只是选择了对自身最有利的生存方式，这是物种自然选择的本能行为。共生的传统定义是两种密切接触的不同生物之间形成的互利关系。大多数生物学家仍然认同这一定义。然而，有些生物学家认为凡是发生频繁密切接触的不同物种间的关系都属于共生关系，不管其中哪方受益。这其中包括偏利共生和寄生(parasitism)。前者指一方获益而另一方不受影响的共生关系；后者指一方获益而另一方受到损害的共生关系。本文所论述的共生更偏重第一种互利关系。

人类也是共生生物吗？当然是。人类最能表现出共生性质，如人类群体之间的社会共生、人与禽畜共生、人与植物共生(耕种)、人与微生物共生。没有共生现象，地球上可能就不会存在生命。也许正是共生关系推动了多细胞生物的进化。有的科学家认为整个地球就是个巨大的共生有机体。

2.“共生”的社会学意义

人类共生的概念是由芝加哥学派派克宗师提出来的。1920年他就在他的人文区位学(另解读为人类生态学)提出人类未来会有一个共生体系和共识体系的预言。经过费孝通先生的演绎，把人类共生体系分成三大组成部分，即客观上共生状态体系和主观上的共识体系以及道德体系。社会学领域引入“共生”概念后，对其进行了进一步的界定。

共生社会学解决一些什么问题呢？面对着信息联网社会，全球一村的局面，地球村民还在因历史旧账、现实利益、制度差异、民族感情、教派情绪、观念信仰等对立因素而相互猜忌、互防、纠结、压迫、屠杀，造成无休止的你死我活的斗争，以致人们空间距离日益接近，而心理距离却日益遥远，不能不用新的思维方式来代替从古至今只有自己的国、族、教、派各群体才能共生的思维方式。

在共生论者看来，人类文明的发展，已经从同己才能共生的自发共生时代进入到异己也能共生的时代。研究这种转变的条件而明辨之、践行之，则是共生社会学的时代使命。因而提倡思想方法上的共生理性，认识共生是人类社会生活的本质，共生是历史发展的主线，在实践上提倡异己共生。共生是目的，理性是遵循的思维原则，让天下人一反过去零和游戏规则的丛林法则，而为人性、宽容、和解、友好、互惠、共赢、救危扶贫只属于人类的文明法则所替代。为此，必须先解决东西方对立、民族对立、宗教信仰对立、和平与战争对立、世间的大是大非等问题。人类会因科技进步，经济全球化必将走向全球政治、法律、管理的一体化，世界必然进入一个共生理性，异己可以共生的自觉和谐共生的新时代。而这正是共生社会学为之努力的目标。

共生社会学的研究对象是人类社会的共生现象和与之相左与相反的非共生和反共生现象，并研究从异己不能共生向互惠共生演进的条件和途径，务使其对社会的共生文明，共生道德的进展有所贡献，也是宏观社会学、未来社会学的重要组成部分。它秉持的原则就是提倡"共生理性，异己共生"。

3. "共生"的哲学意义

共生其实不是新兴词汇，在世界各大文明早期，都有共生思想的萌芽，这方面尤以东方文化为最。"若我们上溯到人类哲学思想萌发之初，便会发现在古代东方各国的神话中，无不含有共生的思想。"在当今时代，"共生"得到深入的研究和广泛的应用。

在理论建设上，中国大陆哲学社会科学领域的共生意识有着较为自觉的表现。比如，费孝通在解释"各美其美、美人之美、美美与共、天下大同"十六字箴言时明确主张，人类学应当探讨文化的自我认识、相互理解、相互包容和世界多元文化之间的共生理念以及达到"天下大同"的途径。

共生概念是否可以参与中国哲学的现代生成，与诠释策略有重要关系。"共生"这个词，如果仅在日常生活中普遍使用，并不具备学术上的严格意义。然而以"共生"这一概念来诠释哲学或文化的根本议题时，就具有学术上的深刻意味了。那么，"共生"一词，能够发挥什么样的作用呢？这首先要回答——中国哲学的现代诠释需要什么样的语言。在古代生活世界，人们形容一个人博学多才时，常说"上知天文，下知地理，中知人事"。这个说法可以为考察中国哲学现代诠释所需的语言品质提供一定程度的启发。事实上，在全球化的今天，现代性的哲学语言也应该满足这三个条件。现在，以这三个条件来初步检验"共生"此一概念的语言品质。而"共生"概念在中国哲学现代诠释上的语言品质，实际上是共生哲学证成的表达要件。

所谓“上知天文”，意味着现代化的词汇应该能够满足哲学语言所需要的精神高度。

在古代中国，人们常用“天人之际”来代指高深的道理所在。现在人们常说，中国文化的最高境界，就是“天人合一”，或“天地同根，万物一体”。这些说法都是人们耳熟能详的了。

有道是“天地之大德曰生”。共生，亦可以代表中华文明的根本精神、核心价值。比较而言，中国文化，尤其强调天地人三者的一体共生。这是因为，中国人在解释世界起源时并不是诉诸某种超然的外在的原因，而是认为整个世界是自然而然产生的。其实早在西周末年，史伯就提出过“和实生物”的经典命题。中国文化的和谐共生精神具有源远流长、一以贯之的特点。战国时期的荀子曾这样刻画自然大化的壮丽图景：“列星随旋，日月递炤，四时代御，阴阳大化，风雨博施，万物各得其和以生，各得其养以成。不见其事而见其功，夫是之谓神。”事实上，在中国文化语境里，整个世界就是一个整体关联、动态平衡、自然合理的存在。因此，从共生角度诠释中华文明的根本精神、核心价值，是具有高度文化自觉的表达尝试。梳理可知，“共生”一词在中国文化语境下的意蕴确实十分丰富。应该指出的是，“共生”这一概念，其根本内涵首先是由“生”决定的。在此，牟宗三的论述颇富启发：“中国人了解‘存在’不从‘to be’讲，中国人从‘生之谓性’的‘生’讲存在。”事实确乎如此，整个中华文明，就是关于生命的文化；而生，也是中国哲学的核心关键字。儒家强调生生。尤其是宋明儒更是在“一体之仁”的基础上高扬了共生精神。道家则主张仙道贵生——“生”，甚至成为“道”的别名。至于《太平经》这样的经典，甚至提出了“三统共生”的命题。佛家则坚持众生本位，以不杀生为戒，充满了共生智慧。又，在存在论上，“共生”可以在新的时代重新回答人禽之辨，也即人之所以为人的生命观问题。人和动物究竟有什么不同？荀子曾言：“人有气有生有知亦且有义，故最为天下贵也。”可见，人类社会，是讲究扶贫济弱，同体共生的。再扩而言之，正如庄子所讲：“天地与我并生，而万物与我为一。”从某种角度来讲，在中国文化的语境里，整个世界就是一个和谐共生的存在体。由上可见，“共生”具有高度的哲理内涵和丰富的价值意蕴，并不能泛泛而论。

所谓“下知地理”，意味着现代化的语言，应该具有丰富而深刻的内涵，在茂密的文化生态乃至林立的学科体系中厘定自己存在的位置，满足对话的需要。若是将共生理解为一种倾向于合作、结合的创造精神，则可以发现，世界各大文明中都有丰富的共生思想。而从人类社会发展的底层逻辑来讲，在知识社会背景下，应特别强调学科文化之于现代社会发展的基础性支撑作用。可以这样说，学科文化，是当今世界最为重要的存在背景之一。从常见的三种文化（自然科学、社会科学、人文学科）进行观察可知，共生是可以经得起科学、实践、历史考验的时代关键字。

“共生”概念，沟通文理，连接东西，还具有大众哲学的特征，容易为人们所接受，形成群体性社会实践力量。当今学界，对于底线伦理、终极关怀的讨论非常之多。在这种情况下，“共生”，可以作为一种“中度伦理（moderate ethics）”提出来，处于道德底线和终极关怀之间。“共”字本身有公共、共同、相与、兼容等诸多意思，而“生”则与生活、生命、生态相联系，两者结合起来能够涵盖当今社会主要的生活内容。

哲学层面理解的“共生”是指一种广泛而深刻的理念，强调任何事物或单元都不是绝对孤立的，而是存在一种相互依存、相互促进的关系。这种关系可以存在于不同的单元体之间，也可以存在于共同体之间，或者存在于人与自然生命和宇宙生命之间。在哲学层面，“共生”状态所表现的特征有本原性、自组织性、共进性、开放性以及可塑性。“共生”状态表现出的“共进性”“可塑性”特征使得“共生”有可能成为我们发展的路径。

“共生”不仅是一种哲学理念，也是一种理想的社会状态，即人们所追求的天下大同、共同发展的状态。

4. 河北无极中学对于“共生”的解读

高中生对“共生”的理解涉及多个方面。

(1) 与家人共生：高中生可能认为与家人共同度过美好时光，相互关心和支持，是幸福共生的体现。

初中到高中是一个量变到质变的过程，高中整体呈现的是知识量增大、理论性增强、系统性增强、综合性增强、能力要求增加的“5增”趋势，而高中又是数学、物理、化学学科难点最集中的阶段，同时为了学生更好地、更全面地持续发展奠定良好基础，很多学校还开设了一些发展特长、拓宽知识面的校本选修课程，教学进度比初中明显加快。很多同学在面对高中阶段这种高难度、大容量的学习时，难免会出现学习上的困难。同时，高中阶段对学生的学习能力提出了更高的要求，学生要在观察能力、阅读能力、记忆能力、思维能力、想象能力、操作能力、表达能力、非智力因素、学习的自我管理能力等方面都要有所发展和提升。高中生不再是一个同龄人的自然群体，而是经过了中考筛选的非自然群体，整体的学习水平较高，再加上学习目标涉及高考，升学的压力，会使得同学间的竞争会更激烈。

家长要多和孩子沟通交流，做孩子理性而坚定的学习上的支持者，要学会倾听孩子的心声，理解孩子的困难。教育的前提是理解，被理解的孩子才能走出情绪的困扰，静下心来思考自己目前遇到的问题。

家长要理解孩子，要正确解读孩子的成绩和实力。家长要清醒的认识到，高中的名次是在一个新的参照系中重新定位的，不能拿孩子在初中的名次和现在作比较，那样预估和评判孩子的学习实力是不客观的。家长要用成人的智慧引导孩子通过成绩看实力，孩子有了对实力和潜力的信心，才有继续学习的动力。

家长要尊重孩子学习的主体地位。孩子成绩下滑、学习不适应时是最考验家长家庭教育、智慧的时候，家长所做的，应该是在尊重孩子意愿的前提下，给孩子适当的引导，要避免过度管教引发的超限效应。对于孩子的学习，孩子才是第一责任人，家长要做好孩子坚实而温暖的后盾，为孩子加油鼓劲、收集信息，做好一日三餐……越俎代庖，只会出力不讨好。智慧的父母会在孩子学习成绩升降中稳定自己的情绪，不急于在学习的具体问题上替孩子出主意，在激发孩子的学习动力时，要注意多关注过程，少关注结果。这样家长和孩子才能做到“共生”、互长。

(2) 与朋友共生：高中生可能认为与朋友共享欢乐、分担困难，彼此之间建立深厚的友谊，也是幸福共生的重要组成部分。

高中生要学会利用同伴资源。高中集合了同龄人中的学习优秀者，有着广泛的相互学习的范本。家长老师应鼓励高中生与同学多交流，能使学生在学习内容、学习方法上有收获。在交流的过程中，思维的激发、观念的碰撞、人情的温暖、心理的支持、交往的经验无不会对学生的学习产生促进，优秀的同学群体将会是促进孩子成长的优质资源。高中生要相信自己的心智不断成熟，学习成绩会渐渐提升上来，真心的付出、诚挚的信任和耐心的期待才能做到与朋友“共生”。

(3) 与自然共生：随着环保意识的提升，一些高中生可能认为保护环境、与自然和谐相处，是实现幸福共生的关键。

高中生与自然的共生首先体现在对待校园环境上。法国学者培根曾言：“习惯为人生之主导，世人应致力于培养优良习惯。”无疑，行为习惯犹如我们体内的指南针，为每个人的行动提供指引。“清洁仅次于圣洁。”我们每一个人都希望在一个清洁美丽的环境中学习、生活、健康地成长，然而美丽的环境则需要我们共同营造。高中生更应该养成良好的卫生习惯，共同创建美丽的校园。“箐箐校园，因你而美。”作为学校的一分子，保持校园的干净整洁是每一个人不可推卸的责任。做到这些才能逐渐培养高中生由“观己”转向“观物”，实现与自然共生。

(4) 与社区共生：高中生可能认为积极参与社区服务，为社区作出贡献，与他人共同创造美好的社区环境，也是幸福共生的表现。

(5) 与自己共生：高中生可能认为了解自己、接纳自己、不断自我提升，实现个人的成长和发展，是幸福共生的内在要求。据埃里克森的观点，高中生正处于自我认同与角色混乱的阶段，该阶段的主要任务是达成自我认同感，形成稳定且积极的职业认同感，使人生有方向感。

正确地认识自我对于个体的身心发展起着重要作用。正确地认识自己能够使我们充分发挥自己的潜能，确立合理目标，选择正确的人生道路，更好地发展自我。相反地，错误地看待自己会看不到自我的优点，觉得处处不如别人，进而产生自卑感，丧失信心，做事畏缩不前。可见，如何正确地认识自我是一个值得高中生思考的问题。

首先，可以通过回顾以前成功或者受挫的经历，总结在成功与失败中的经验，无论是成功的经验还是受挫的经验，这些都是自己个性发展和能力发展的受益因素。以往的经验或多或少可以让其挖掘出自己的个性特点，也让高中生看到自身存在的优点和不足。同时在这些经历中，也提升了自己应对挑战的能力，在这种情况下，就能更好地反省自己，扬长避短，不断提升自己。其次，反省是一面镜子，它能帮你找出自己的不足，不断鼓舞自己前进。可以在实际生活和学习中，通过反思和自我批判认识自己的个性特长、能力以及自己的优缺点。自我反省实质上也是一个认识新我、发现新我、促进自我发展的过程。学会自省，学会总结，就会减少不必要的损耗，少走很多弯路。最后，可以通过与同龄伙伴在个性、能力、与人交往的态度、情感表达方式等方面进行比较，找出自己的特点，确定自己在同龄群体中的位置，进一步认识自己。比较中要注意比较对象的选择，要寻找适合自己实际情况的，和自己多方面条件相近的人进行比较，才能比较客观、公正地认识自己。通过以上方式，就可以进一步全面地分析对比，采纳正确的观点，剔除错误的看法，客观地评价自己，既不高估自己，也不贬低自己，正确认识自己的优势、劣势、自己的与众不同和发展潜能，做到与自己共生。

(三) “幸福”与“共生”的关系

在河北无极中学，“幸福”与“共生”是和谐统一的，“幸福”是河北无极中学师生发展过程中追求的终极目标，也是河北无极中学追求“幸福”过程中的体验；“共生”则是河北无极中学师生追求“幸福”目标的发展路径与发展方式。换句话说，“幸福”与“共生"和谐统一在河北无极中学师生的教与学过程中、统一在河北无极中学师生的每日生活之中，河北无极中学全体教师与学生相互依赖、相互促进、互为条件、互为手段、和谐统一、共生共长、一起走向幸福。

文以载道，道以化人。校园文化就担负着用文字、画面、语言、精神来化育莘莘学子的使命。河北无极中学校园文化围绕"立德铸魂、幸福共生"展开。

学校发展目标：幸福充盈、校社共生

学校与家庭、社会紧密合作，共同打造一个幸福充盈的教育环境。家、校、社三方互相促进，彼此影响，齐抓共管，不但从不同维度培育学生的学业提升幸福感、身心健康幸福感、全面发展幸福感，而且在家、校、社不同空间，学习、职业等不同阶段给学生提供饱满而持续的幸福体验！

教师发展目标：敦品励学、德艺双馨的大先生

教师不但要有扎实的专业知识与技能，还要有高尚的品德情操。既要做学生的良师，又要做学生的益友。既要以自己出色的专业素养，全力培养学生的学习兴趣、学习习惯、学习能力，为他们的终身学习奠基；又要以自己优秀的师者魅力，引导他们树立正确的世界观、人生观、价值观，充分体验作为教师因专业成长和职业成就带来的幸福感。同时教师也要追求作为生命个体、家庭角色、社会角色的幸福，从而实现个人价值和职业价值的圆满统一。

学生发展目标：厚植乡土，心怀家国的幸福青年

学生既要关注个人成长，也要关注家乡建设和国家的发展。学生要立足乡土，了解并传承乡土文化基因，从乡土历史、乡土地缘中汲取个体成长的无穷力量。同时也要放眼天下，关注国家大事，培养家国情怀，在更高的境界，以更宽广的心胸把自己锻造成有理想、有本领、有担当的幸福青年。

学校愿景：追求职业价值和生命价值的统一

"追求职业价值和生命价值的统一"所体现的无中精神，是一种全面而深入的价值追求。它鼓励无中教师不仅关注专业知识的学习和技能的提升，以达成职业上的成就和满足，获得职业幸福感，同时也引导大家深入探索生活的意义，追求个人的全面发展和精神成长，实现人生幸福。这为无中教师成为幸福教师提供了宝贵的启示和指导，帮助教师在职业与生命之间找到平衡点，实现个人价值的最大化。

通过师生的努力让河北无极中学成为教师的精神家园、学生的成长乐园、家校共育的和谐校园，最终实现幸福共生。

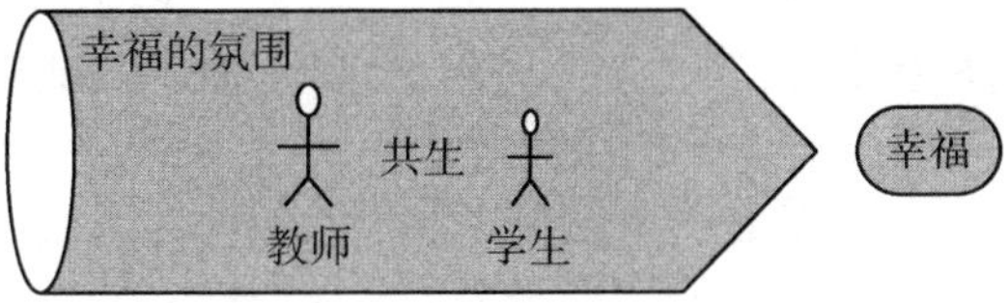

图3-1 “幸福”与“共生”关系图

二、“共生教育体系”的构建

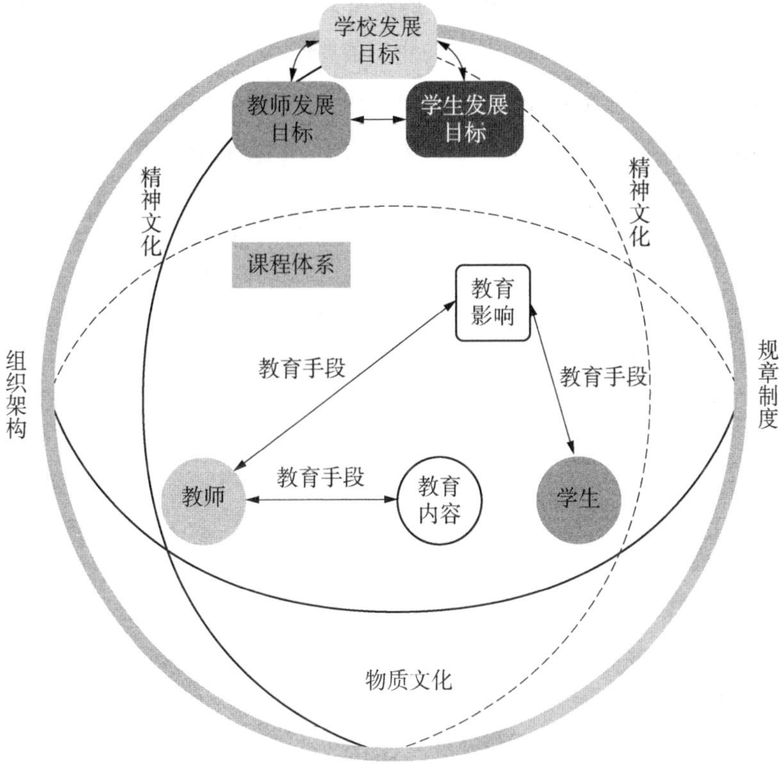

图3-2 河北无极中学“共生教育体系”

将作为社会子系统的河北无极中学表征为一个球体。

1. 河北无极中学作为一个系统，其核心是学校的课程体系，表征为球体中部的横向椭圆，课程体系建设为教师的教、学生的学提供了发展的平台。

在课程体系平台上，展现的是教育的四要素——教师、学生、教育内容、教育手段——及其之间的关系：教师通过教育手段与教育内容相互作用（教师学习、理解、吸收、同化教育内容），再通过教育手段（在教室内）提供教育影响（教师的教），学生通过教育手段与教育影响相互作用（学生学习、理解、吸收、同化），完成学的过程。

教师的教与学生的学是河北无极中学“共生体系”的核心。

2. 课程体系平台的上半部分，是以学生发展目标、教师发展目标和学校发展目标为主要构成的河北无极中学的精神文化体系。三个发展目标引领着河北无极中学及全体师生的发展方向，我们还进一步构建了河北无极中学的校风、教风、学风和校训，指导师生教与学的方式方法与路径。

3. 课程体系平台的下部主要指学校的物质文化，即校园建设与布局，学校的物质文化建设为师生发展提供了设施、设备与物质条件保障。

4. 学校系统的灰色外圈是学校的组织架构与学校的规章制度，学校的组织架构与规章制度约制了师生的行为，是学校作为社会子系统存在的边界。

第四章　幸福共生教育体系的校内践行

一、协调教与学，促进师生共生共荣

（一）三位一体，构筑共生的平台——幸福课程

1. 幸福共生课程规划指导思想

以习近平新时代中国特色社会主义思想为指导，全面贯彻党的教育方针，认真落实《国务院关于深化教育改革全面推进素质教育的决定》、教育部《基础教育课程改革纲要（试行）》精神、《河北省普通高中新课程方案》，立足我校实际，大力推进教育创新，努力构建特色鲜明、充满活力的高中新课程体系，以全面提高素质教育水平，实现我校教育教学质量的跨越式发展，为党育人，为国育才。

2. 幸福共生课程设计理念与思路

（1）课程设计理念

确立“以生为本、自主选择和突出特色”的教育价值取向，依据国务院关于深化教育改革全面推进素质教育的决定》、教育部《基础教育课程改革纲要（试行）》精神、《河北省普通高中新课程方案》、学生的课程需求和家长的课程期待来整体规划各类课程。注重实践与创新，以促进学生核心素养的发展，整合基础型课程、拓展型课程和研究型课程等各类课程，构建课程的层次性、多样性和选择性，满足学生对现代生活和人性完善的需求，使不同的学生在共同基础上术有专攻。为学生成长提供思想引领、人格引领、文化引领、实践引领和择业方向引领。

（2）课程设计思路

坚持在实践中探索、在实践中创新、在实践中完善的课程建设理念。做好“三个结合”：继承与创新相结合，学校培养目标和学生自主发展相结合，全面素质培养与术有专攻相结合。构建以面向全体、促进学生个性发展和能力提升为宗旨，培养学科素养

的立体化课程体系，打造精品课程、丰富各类课程。各类课程从低到高分为三个层次，阶梯式推进，分年级按能力分层落实。尊重学生的学习兴趣，使学生的选课更好地体现方向性和结构性，享受学习的乐趣。

3. 幸福共生课程结构

2017年以省规划课题为抓手，对国家、地方、学校三级课程进行整合，建构了以“基础型”“综合型”“拓展型”课程组成的三型五共课程体系。2019年提出共向、共健、共艺、共行、共和综合学科共同体，形成以育人为核心的，融合体、美、劳、心、综合实践等的立体化综合型课程结构。2020年，形成三环三精三化幸福课堂模式。

(1) 基础型课程：以国家课程为主，用好教材，以各学科课程标准为指导，在培养核心价值、学科素养、必备知识、关键能力上向课堂要质量，将立德树人贯穿于课程始终。

(2) 综合型课程：是以五育融合为抓手，依据学生身心状态和学习状况，综合学科前沿、实践运用与技能培养的更高层级的课程，这一类课程聚焦于“培养什么人，怎样培养人，为谁培养人”教育的根本问题，同时进一步开阔学生的知识眼界，开阔学生的思维视野，培养了学生的核心素养。

2019年提出共向、共健、共艺、共行、共和“五共”课程体系，体现五育融合。共向是德育上以培养学生的家国情怀为主，形成年年有方向、月月有主题、周周有展示、天天有成长的立体化德育机制，培养“根植乡土，心怀天下”的时代新人，落实为党育人的根本问题。共健主要是促成学生的身心健康，在家校和谐育人上达成共健，不仅是建设，更是健全。共艺主要是对学生在艺术方面的培养，音乐、舞蹈、剪纸、美术、二胡等社团活动，丰富并陶冶了学生的艺术情操。共行主要是在社会实践和研学活动中走进自然，走进职场，走进社区、企业、单位，让学生在实践中共行，促进学生树立正确的价值观，锻炼学生的实践力。共和主要是家校育人的同向，效果的和谐与价值观的一致，形成家校的育人共同体。

(3) 拓展型课程：主要面向那些能够较好完成基础类、综合类课程学习后仍然学有余力的学生，包括学科类拓展课程、科技创客课程、生涯规划课程、心理干预课程、逻辑课程、乡土文化课程等。这类课程旨在满足学生多样化的学习需求，有助于学生在学术、技能、情感和社会交往等方面全面发展，从而培养出更加幸福和满足的学生。

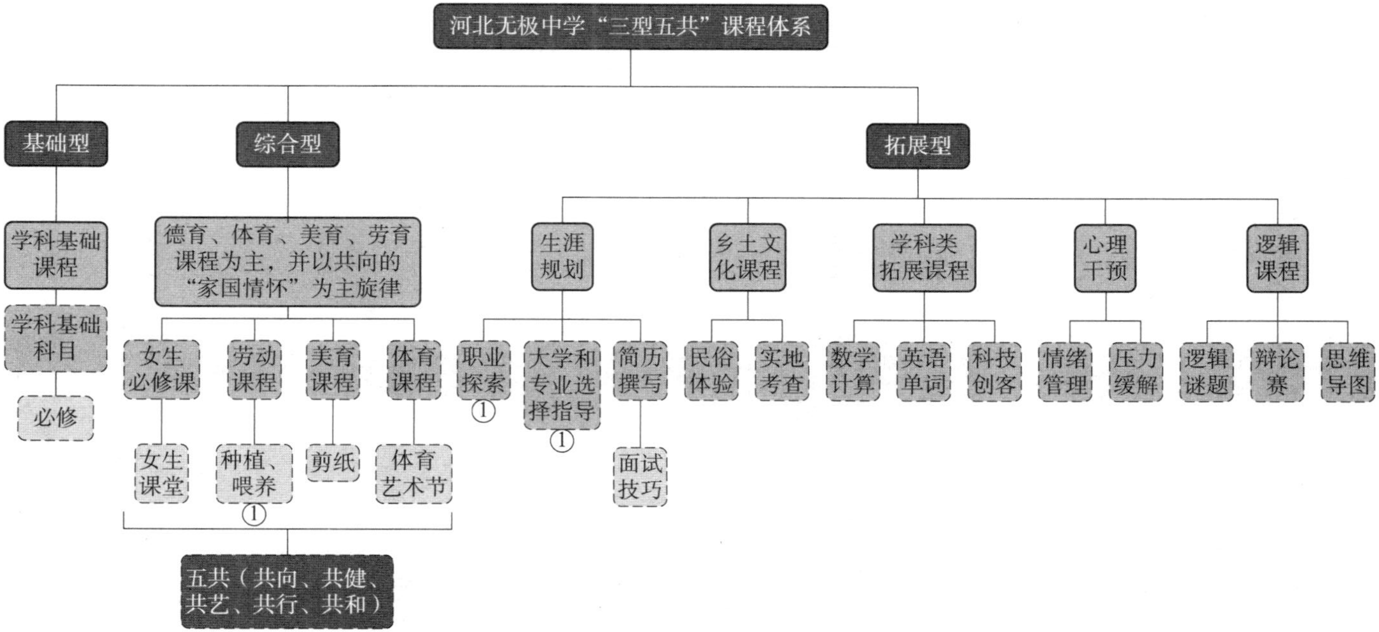

图 4-1　幸福共生课程结构下构建的“三型五共”课程体系

说明：

(1) 学科类拓展课程指基础型课程科目知识与技能、过程与方法、情感态度与价值观的拓展，为选修课程。劳动课程包括学校高一、二年级学生实践活动等。

(2) 职业生涯规划是指个人和组织相结合，在对一个人职业生涯的主客观条件进行测试、分析、总结研究的基础上，对自己的兴趣、爱好、能力、特长、经历及不足等各方面进行综合分析与权衡，结合时代特点，根据自己的职业倾向，确定其最佳的职业奋斗目标，并为实现这一奋斗目标做出行之有效的安排。生涯规划课的内容主要包含四大主题：自我探索、职业探索、职业素养与职业能力。教学方法以体验式学习的方法为主，教师作为引导者。组织形式以采用教师引导，学生讨论，以小组的形式参与课堂教学，小组交流作为重点，更多地让关注学生每次活动之后的感悟与收获。

(3) 女生课堂课程指德育素养的拓展课程，教师主导学校女生主体参与的主题教育活动，由学校统一开发，学校女生必修，每学期对应有课时、专题内容。

(4) 研究型课程指乡土文化研究课程，培养学生家国情怀，借助本土文化资源，进行综合实践，提升学生素养。

在实施拓展课程时注重以下几点：

① 个性化教学：根据学生的兴趣和特长，提供差异化的教学内容和方法。

② 实践导向：强调理论与实践相结合，鼓励学生参与实际操作和社会实践。

③ 综合素质培养：不仅关注知识的传授，更重视学生创新能力、团队协作和社会责任感的培养。

④ 持续评估与反馈：定期对学生的学习成果进行评估，并根据反馈调整教学计划和方法。

4. 幸福共生课程设置

表 4-1　河北无极中学课程结构总表

<table>
<tr><td>课程</td><td rowspan="2">基础型</td><td colspan="3">拓展型课程</td><td colspan="2" rowspan="2">综合型</td></tr>
<tr><td>学习领域</td><td>学科拓展</td><td colspan="2">领域拓展</td></tr>
<tr><td rowspan="2">语言文学学习领域</td><td>语文</td><td>阅读与写作</td><td>诗词新唱、古诗文赏析、小说阅读、趣味语文、话剧课程</td><td rowspan="14">社团及社会实践活动</td><td rowspan="14">基础知识培训</td><td rowspan="14">综合课题</td></tr>
<tr><td>英语</td><td>阅读与听力</td><td>学唱英语歌曲、英语短剧表演、英语小品与课本剧、英语拓展阅读</td></tr>
<tr><td>数学学习领域</td><td>数学</td><td>数学思维方法</td><td>趣味数学、数学兴趣拓展、数学基础辅导</td></tr>
<tr><td rowspan="3">自然科学学习领域</td><td>物理</td><td rowspan="3">物理、化学、生物等自选课程</td><td rowspan="3">拼装、身边的天文探秘、科技之窗、物理拓展、化学拓展、生物拓展、学科文化节</td></tr>
<tr><td>化学</td></tr>
<tr><td>生物</td></tr>
<tr><td rowspan="3">社会科学学习领域</td><td>地理</td><td rowspan="3">历史、政治等自选课程</td><td rowspan="3">影视中的地理印象、心有千千结、团体心理辅导、心灵有约、历史知识拓展、地理知识拓展</td></tr>
<tr><td>思想政治</td></tr>
<tr><td>历史</td></tr>
<tr><td rowspan="2">技术学习领域</td><td>通用技术</td><td rowspan="2"></td><td rowspan="2">手工、木工、剪纸</td></tr>
<tr><td>信息技术</td></tr>
<tr><td>艺术学习领域</td><td>美术、音乐</td><td></td><td>合唱队、舞蹈队、彩色铅笔画</td></tr>
<tr><td>体育与健身学习领域</td><td>体育</td><td></td><td>篮球、足球、乒乓球、跆拳道、太极拳、啦啦操等</td></tr>
<tr><td>综合实践学习领域</td><td></td><td></td><td>社会志愿者服务、乡土文化参与(民俗公园的调研报告、郭庄红旗民兵营精神内涵解读、校园公益广告征集、话剧《刘琨》)</td></tr>
</table>

5. 幸福共生课程学时安排

按国家规定开设必修学科:语文、数学、英语、思想政治、历史、地理、物理、化学、生物学、技术(含信息技术和通用技术)、艺术(或音乐、美术)、体育与健康科目、劳动等13个科目以及和综合实践活动等国家课程,以及关于这些模块的选择性必修学分及在此基础上设计的学科拓展、提高类课程之外的关于选修的校本课程。具体分为必修学分、选择性必修学分和选修学分。其中必修学分为88学分,选择性必修学分不低于42学分,选修学分不低于14学分。

其具体领域、科目和学时等安排见表4-2。语数英必修课及技术艺术体育综合实践活动课按统一要求;理化生政史地必修课在第一学年内完成;第一学年完成48学分;第二学年理化生政史地全面进入选修,语数英完成必修进入选择性必修,完成56学分;第三学年按统一要求。

表4-2 河北无极中学幸福共生课程学时安排

年级 课时 科目	高一		高二		高三	
	第一学期	第二学期	第一学期	第二学期	第一学期	第二学期
语数英	5×20	5×16	5×20	5×16	6×20	5×16
理史	4×20	4×16	4×20	4×16	4×20	4×16
化生政地	3×20	3×16	3×20	3×16	3×20	3×16
艺术	2×20	2×16	2×20	2×16		
体育与健康	3×20	3×16	3×20	3×16	1×20	1×14
综合实践活动	2×20	2×16	2×20	2×16		
劳动课	2×20	2×16	1×20	1×16		
班会	1×20	1×16	1×20	1×16	1×20	1×16
科技课程	2×10	2×8	2×10	2×8	2×10	
女生课堂	2×10	2×8	2×10	2×8	2×10	2×2
生涯规划	1×20					

注:高中科技课周四8、9节,两周一次,女生课堂周四8、9节,两周一次,两个课程间隔周次上。组长会周三第三节,班主任会周日第晚1、2节,班会课周日晚3、4节。干部会周一第6节,艺术,综合实践和劳动课分别安排在高一二,选修科技课安排在高一二和高三第一学期,女生课堂安排在高一二、高三第一学期,高三第二学期准备两次女生课堂。作息时间:每天9节正课,每节课40分钟,上午5节课,下午4节课,晚上4节晚自习。

分班:高一平行分班,高二按选科分班,高三按学校规定课表上课。

6. 幸福共生课程的实施

(1) 国家课程校本化的实践

国家课程是国家课程政策规定必须完成的课程，这些课程是让学生能够适应未来社会发展所应该学习基础性的课程，也是一线学校必须落实的课程。为了保证国家课程在实施过程中更加符合我们学校学生的特点，进而促进学生更好地发展，我们通过整合课程、调整内容、层次化设计课程内容、拓展必修课程、变革课堂教学方式等方式积极探索国家必修课程的校本化实施路径。

(2) 校本特色课程实施

一是选修模块课程的实施。主要流程为：宣讲(介绍每个课程模块的结构、内容、教学形式和任课教师)——选择(学生结合自身特点选择模块)——调整(根据各个模块的选课人数与师资配备进行适当调整)——实施——评价(课程评价与学分认定)。二是女生课堂实施。这类课程的实施采用如下策略。申报：学期末负责德育教学的领导老师申报下学期拟开设女生课程的名称，教务科研协调汇总填写一学期所有课程；汇总：教务处初审女生课程的课程资料，汇总制作下学期拟开设学校课程的目录；审核：教务处会同学校课程改革校本教材指导小组与实施指导小组讨论下学期拟开设课程的名单，并初步确定各门课的课时、学分、可开设节数、人数限定、上课地点等；公布：由班主任、导师等组织女生学习，明确开设课程及每个学生必须修满的学分；确认：教务处根据统计情况，对达到规定开课人数(≥50)的课程确认开设；开课：教务处与政教处协调后排定课表，学生根据课程安排按要求参加学习；评价：课程实施情况评价与学生学分认定；完善：根据评价完善课程方案与教学形式。

7. 幸福共生课程评价

将学生综合素质评价与传统的学业评价方式相结合，帮助学生积累成长经历，丰富学生对生活的感悟，体现自律与他律并行、激励与约束同在，促进学生综合素质评价中的评与育的结合与统一。

(1) 基础型课程的评价

模块修习评价的实施：语言文学、数学、社会科学、自然科学四大领域科目的模块考试，实行闭卷考试。重点考查本模块的基础知识、基本技能，与其他相关模块的知识联系，以及应用知识解决实际问题的能力。试卷难度为：容易题、中档题、难题的比例大约为 5∶3∶2，难度系数 0.7 左右。分值：语文数学英语 150 分，其他科目 100 分。语文考试时间 150 分钟，数学、英语(含听力)考试时间 120 分钟；思想政治、历史、地理、物理、化学、生物考试时间各 75 分钟。实验、艺术、体育与健康参加省学业水平考试。

利用学业水平考试进行终结性评价:学业水平考试可以替代模块考试成绩,学业水平考试等第可以替代模块考试等第(不重新计算等第比例)。

(2) 校本特色课程的评价

采取表现性评价方式,授课教师可以根据课程的特点,采取过程性评价和终结性评价相结合,过程性评价包括出勤、课堂表现等,终结性评价可以采用笔试、口试、论文、小组活动、项目设计等多种形式进行评价;评价主体可以是学生自评、学生互评、教师评价等。学生成绩评定实行等第制,分 A(优秀)、B(良好)、C(合格)、D(需努力)四等,获得 C 等及以上的,可以获得相应学分。

表 4-3 河北无极中学幸福共生课程评价标准

评价维度	评价内容	得分
政策性、方向性	符合党的教育方针(8 分)	
	符合教育根本任务(8 分)	
	体现时代性(4 分)	
五育广度、育人高度	德育课程(4 分)	
	学科基础课程(4 分)	
	体育课程(2 分)	
	美育课程(2 分)	
	劳育课程(2 分)	
	心育课程(2 分)	
	育人成效(4 分)	
教师的课程实施	课程目标(3 分)	
	课程内容(3 分)	
	教学设计与管理(3 分)	
	教学过程与方法(3 分)	
	教学生成与效果(3 分)	
	教师的职业道德(5 分)	
学生的学习地位	学生为中心的主体地位(8 分)	
	启迪智慧,引导与发现(3 分)	
	自主学习,互动与共生(3 分)	

续 表

评价维度	评价内容	得分
	复盘思悟，反思与超越（3 分）	
	学生的创新能力，实践能力（3 分）	
课程价值	学生的核心价值观（8 分）	
	学生的生命价值观（4 分）	
	学生的学习观（4 分）	
	学生的成绩观（4 分）	

8．幸福共生课程的保障

（1）机构保障

建立学校课程实施的组织管理机构。学校成立课程管理工作小组。校长作为学校课程开发第一责任人，从宏观上提出课程设置、开发与实施的总体要求；教务处、科研处、政教、安全处、办公室等共同承担设计、开发学校课程，监管课程实施中的各项具体工作；女生课堂负责人，教研组长负责具体的课程实施，确保学校课程的顺利开展与实施。

成立"学校课程发展委员会"。主要由校级领导、中层领导、教研组长、家委会代表组成。主要负责学校课程的开发、实施与建设，充分发挥学校优势，并利用校内资源、及家长资源等开发校本课程，不断完善学校课程的主要内容，落实课程计划要求。

设立"学校课程评估委员会"。主要由学校领导、教研组长、学生代表、家委会代表等组成。主要负责开发学校课程评估工具，并负责对学校课程的实施质量进行评价，提出建设性意见。

（2）制度保障

行政负责制。学校实行课程实施"第一责任人系列"，谁分管谁负责，重在服务、协调、指导和管理。每学期结束，各部门对照本部门的工作，认真梳理出本部门目前的优势、弱点、可发展点，并一一对应地作出相应的战略规划，在此基础上，精心制定出本部门下学期的发展计划和管理要求。每周召开干部会议，重点研讨课程管理中的问题和解决办法。

教研组长负责制。实施教研组长负责制，将考评的管理权下放到教研组，引导在教研组长的主导下，采用自主、互动、民主的教研和管理方式，追求拓展型课程的组本化。教研组长定期考评组员的教研态度和教研能力。

常规随检制。严格执行教学常规管理制度，保证课程教学按计划运行和实施。完善每周听评课与备课作业检查制。坚持诊断性听课与教师间常态听课相结合。定期教案检查，每周备课组集体备课活动检查，学生和家长参与评教等。对检查进行考评、跟进，保证教学工作质量。对教学常规检查监控过程中形成的相关资料做好档案积累工作。

课程管理制度。进一步完善基础型课程的校本化制度、基础型课程的教学质量评价反馈制度，对学生在基础型课程中的学业表现实施多元评价制度等，有效地保障课程教学质量。对拓展型课程与教材的设置、开发、选科、考核、评价等进行具体规定。完善研究型课程评价机制，激发学生的研究意识，提升学生的研究能力。

教师奖励制度。拓展型课程、探究型（研究型）课程的任教教师，享受与基础型课程相同的课时津贴。学校每学年组织教学评比，对获奖教师、学生给予一定的奖励。

（3）程序保障

课程开发程序。学校课程开发程序包括“学校课程发展委员会”进行学校课程开发方案的前期设计，由学校校务会讨论通过；各教研组长根据学校课程方案自主开发校本课程并撰写课程计划，由“学校课程发展委员会”审查通过；“学校课程评估委员会”对学校课程的实施进程及结果进行评价；“学校课程发展委员会”总结经验、问题，修订、完善学校课程计划。

课程管理程序。学校课程管理程序包括：在学校课程实施过程中，由教务处负责学校课程之间的整体协调，同时做好监控工作；教师根据各类课程计划制定教学（活动）计划、进度和实施方案，实施课程教学；教师及时整理、保存教学（活动）的相关资料及取得的成绩证明；教师撰写课程实施的教学案例、论文。及时总结反思；学校每学期举办教师论坛，交流、分享课程实施经验，总结学校课程的实施情况；“学校课程开发小组”参与课程实施的全过程指导，了解具体情况，及时梳理问题，研究解决方案；“学校课程评估小组”随机参与教学（活动），了解教学状况，每学期结束时对学校课程的实施情况进行评价。

（4）资源保障

在硬件建设上，学校完成了教室的多媒体设施建设，为教师配备了手提电脑，完善了校园网，为网络化教育教学活动提供了保障，有效推动了教育信息化进程。

每学期学校选购教育书籍赠送给教师，组织教师自主选购教育教学类书籍，编印《魅力无中》杂志，发表老师的教育经验论文等一系列有关问题，组织教师走出学校学习取经等，努力为教师的专业发展搭建平台。

（二）三环三精三化，建构共生的场域——幸福课堂

1. 三环跟进

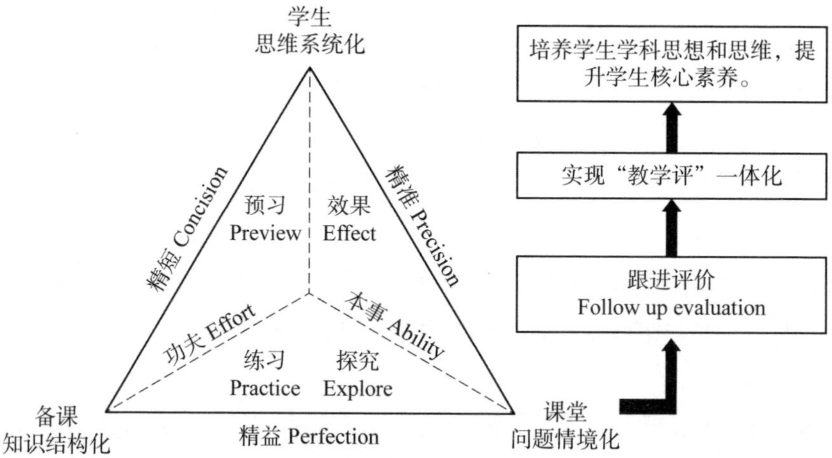

图 4－2　三环三精三化课堂模型

这种课堂模式旨在优化教学流程，提高学生的学习效率。以下是这一教学模式的基本原则：

（1）预习：预习是学生在正式上课前对即将学习的内容进行预先了解和学习的过程。这一环节的目的是激发学生的学习兴趣，为课堂教学打下基础。预习可以通过阅读教材、观看相关视频资料或完成特定的预习任务来进行。

（2）探究：探究是在教师的引导下，学生主动探索和研究学习内容，通过提问、实验、小组讨论等方式深入理解知识点。这一环节鼓励学生积极思考，培养他们的批判性思维和解决问题的能力。

（3）练习：练习是指学生在课堂上通过练习、参与测试或其他形式的复习来巩固和应用所学知识。这一环节帮助学生强化记忆，提高技能水平，并为教师提供反馈，以便调整教学策略。

（4）跟进：跟进是指教师对学生学习过程的持续监督和支持，包括对预习、探究和练习三个环节的评价和反馈。教师需要根据学生的表现在教学内容、方法和进度上进行个性化调整，确保每个学生都能获得最大程度的学习效果。

学校重视打造"三环节一跟进"的高效幸福共生课堂模式，"三环节"包括预习、探究、练习,“一跟进”即跟进自己的教学目的、教学要求、课堂智慧生成的问题,跟进学生的学习情绪、学习效果、习题质量,跟踪典型题、好题、错题。“三环节一跟进”课堂模式可用下面的公式来简单表示:课前预习+学生反馈+针对性教+及时训练+题后反思+落实跟进=高效课堂。突出了学生学习的主体地位和教师的主导作用,让学习真正在学生身上发生,让教师成为学生学习的参与者、引导者、共享者。实现“教学评”一体化,注重学生学科思维品质的培养,向40分钟要质量,向24小时要成长。

2. 三精课堂

“三精课堂”旨在提升课堂教学的效率和质量。以下是这一教学模式的基本原则。

(1) 精短时间:指优化课堂时间管理,确保每一分钟都被高效利用。教师需要精心设计教学流程,避免时间浪费在非学习活动上。这意味着课程安排要紧凑,同时留有足够的时间进行互动和思考。

(2) 精准内容:教师根据学生的学习需求和课程目标精心挑选与组织教学内容。这要求教师深入理解课程标准和学生的实际情况,以确保教学内容既不超出学生的理解范围,也能有效地推动学生向更高的认知水平发展。

(3) 精益收效:这一原则强调对教学效果的持续改进。通过定期评估学生的学习成果和反馈,教师们可以调整教学方法和策略,以提高教学质量。这要求教师注重结果导向,同时也关注过程中的每一步,确保每个环节都能为最终的学习目标作出贡献。

我校主要有以下方式支持教师:

A. 提供专业发展培训,帮助教师掌握时间管理、内容选择和效果评估的技能。

B. 鼓励教师之间的交流和合作,分享成功案例和经验,共同提升教学效率。

C. 确保教师能够获得必要的资源和支持,包括教学工具和技术,以便他们能够有效地实施“三精课堂”原则。

D. 建立反馈和改进机制,通过赛课等形式,定期检查教学效果,并根据反馈进行调整,以实现持续的教学改进。

3. 三化课堂

课堂的三化,即知识结构化、过程情景化和思维系统化,是现代教育理念中关于如何有效利用科技手段提升教学质量的核心概念。提出的课堂三化原则(知识结构化、过程情景化和思维系统化)旨在提升教学质量和学生的学习效果。以下是这一原则的详细解释。

(1) 知识结构化:将教学内容按照逻辑性和层次性进行组织,使之形成清晰的结构，便于学生理解和记忆。教师需要对教材进行深入分析，将复杂的知识点分解成小的单元，并明确它们之间的联系。通过使用图表、概念图、流程图等工具，帮助学生构建起知识的框架，从而促进深层次的学习和理解。

(2) 过程情景化：指在教学过程中，将学习内容与学生的实际生活经验和现实世界的情境相结合，提高学习的实际应用价值。利用多媒体、虚拟现实、案例研究等手段，创造生动的学习场景，让学生在接近真实的情境中进行学习。这样不仅能够提高学生的参与度和兴趣，还能帮助他们更好地理解和应用所学知识。

(3) 思维系统化：是培养学生系统性思考的能力，使其能够整合不同知识点，运用批判性和创造性思维解决问题。通过计算机编程、数据分析、实验设计等活动，鼓励学生练习系统化思考。教师应提供机会让学生分析信息、建立逻辑链条、进行假设测试和创新解决方案，从而在面对复杂问题时能够有条不紊地进行分析和解决。

我们学校会鼓励和支持教师们运用这些科技手段来实现课堂科技的三化，从而提高教学效果，促进学生的全面发展。同时，也会确保教师们得到必要的培训和资源，以便他们能够有效地利用这些科技工具，并将其融入日常的教学实践中。

4. 三一工程

我校的三个一工程——"每日一问、每日一题、每日一得"，不仅突出了学生主体地位，还是"三环三精三化"课堂的有效助推。

(1) 每日一问。受《论语》中"敏而好学，不耻下问"的启发，问，是学习之始，知道怎么问，问什么，为什么问。问之初，我们也在探索，在实践中，我们认为第一个目的是让学生不断保持思考，尽力避开"用身体的勤奋来掩盖思维的懒惰"的现象，坚持让每个同学每天至少问一个问题，可以问同学，也可以问老师，并认真填写记录表。第二个目的是让学生与同学一起探讨对问题的思考，通过学生共同体交流提高学生的思维力，拓展学生的视野，从某种意义上说，学习进阶的本质就是"提问"，每日一问，旨在帮助学生突破面子关，脸皮关，培养提问意识，提问习惯，提问能力，进而增强学生提出问题能力，为分析问题、解决问题打下基础，为学生的终身学习奠基。

(2) 每日一题。问题是学习的滑轮，会问、能讲是我们对学生的期望和要求。利用课前 3 分钟的时间，我们让学生自己选一道小题到黑板上讲给同学，这名学生课前要做足功课，请教老师，咨询同学，清晰表达自己的解题思想和思维，我们老师让学生每日做一道题，限时，批阅，跟进。每日一题的组织形式注重锻炼学生的表达能力，培养学生的学习信心。我们在课堂上经常遇到这种情况，某些学生会做某一道题，但是对解题过程却表述不清，通过“每日一题”活动，每个学生都有机会展示自己的知识运用和逻辑组织过程，这样长期积累，学生的表达能力得到锻炼，自信心得到增强。学生们充分利用课前三分钟，结合不同学科特点，到黑板上或利用投影进行典型问题的讲解，知识点的展示，积少成多，集腋成裘，既可以及时巩固新进所学，又体现了学习的高阶要求——输出，实现了“兵教兵”的教学策略，也彰显了“费曼学习法”的要义。看似“一题”小举措，实则教学大智慧。

每日一题活动让学生学会感恩，学生充当老师站在讲台上，在准备——讲题——解答这一过程中充分体会老师的辛苦，学会换位思考。比如高二文科班有一个男孩子很聪明，但是学习习惯不好，学习上不主动，有时作业都不能按时交，也不太听老师的话。但是轮到他讲每日一题时，为了讲好这道题，他翻看了好几本课外书，研究了许多题，最后选择了自己比较擅长的历史问题，并向历史老师求助，老师耐心地对他进行指导。那次的讲题他讲得非常透彻清晰，学生听得津津有味，讲完后学生报以热烈的掌声。打那以后，这个学生学习比以前主动自觉，没事的时候经常看书，而且老师的要求都能做到，各科作业都能按时交。

(3) 每日一得。曾子说“吾日三省吾身”，荀子认为“君子博学而日参省乎己，则知明而行无过矣”。而“复盘”源于棋类术语，在《中国高考评价体系》中明确指出，反对学生的“死记硬背”和“机械刷题”，我们的学生在很多时候是在进行天真的练习，即漫无目的地、机械地练习，所以，我校提出每日一得的学习观点。

我们要求学生每天在晚自习第三节、第四节，对当日学习知识、学习过程进行反省和解题的“复盘”，可以是对完成任务及未完成任务的一种反思总结记录，也可以是对某重点知识建构梳理，形成思维导图，还可以是对解题思维的精耕细作的复盘，提升学生高阶思维的能力。这样的反思学习行为，会优化学生的学科思想、学科思维，改进学生的学习习惯，最终使学生学习目标更加明确，学习效率更高，探索出的学习方法更适合自己，学习的悦感更及时，从而促进学生养成良好的学习习惯，使学习更精进高效。

5. 生成式人工智能在教学中的应用

课堂教学，过去、现在和将来很长一段历史时期都是学校教育的主战场。教师和学生生命历程的主要时光都在课堂度过，这是建设教育强国和教育数字化转型的重要阵地。随着生成式人工智能在中国社会各行业应用的迅速普及，我们学校也紧跟教育改革潮流，对老师们进行了一系列的培训。把生成式人工智能应用到课堂教学，利用生成式人工智能来辅助完成我们的“三环三精三化”课堂的进行。以下给大家举几个案例。

案例一：一节英语示范课教学设计（教师：刘伟）

教学基本信息

学科：高中英语　**授课年级：**高一

课型：读写课　　**时　　长：**40 分钟

教材名称、册次：新人教版必修三 Unit 3 Diverse Cultures

教学内容：Welcome to Chinatown —— Reading for Writing

语篇分析：此教学计划是本单元教学中的第四部分读写课

主题语境：人与社会——文化的多样性

语篇类型：旅游宣传类说明文

文本分析：

文章的标题为 Welcome to Chinatown，结合龙门的插图，学生可以事先预判这是一篇带有旅游宣传性质的介绍性语篇，介绍了唐人街的历史演变和如今的发展，也体现了唐人街是海外华人的精神家园和传播中国文化的重要窗口。文章客观而全面地描述了旧金山唐人街的历史和现状，并呼吁那些还没有机会去中国的人前往唐人街，亲身体验中国传统文化。该语篇采用"总——分——总"的写作结构，共有六个段落，分为三个部分，分别为唐人街的特征、唐人街的方方面面和唐人街的价值。第一段作为开篇之段，主要介绍了旧金山唐人街作为一个规模最大、历史最悠久的景点，气候温和，备受人们欢迎。第二段从唐人街历史角度出发，得知唐人街形成的原因、当地人群和语言。第三段特别提到了唐人街的重建信息和主要景点人物。第四段介绍了唐人街的各类店铺，包括货品、衣服、中草药和茶叶等，具有鲜明的中国文化特色。第五段提及了美食，将中国的传统美食向世界进行展示。最后一段升华主题，唐人街将中国元素淋漓尽致地体现了出来，激发了学生的文化认同和文化自信，成为文化传播的主角。

学情分析：

授课对象是高一学生，多数学生没有去过唐人街，所以对唐人街的了解很少。但是通过之前的英语学习，学生具备了一定获取信息和理解文本的能力，在 Reading and Thinking 部分也学习了一些文化词汇的表达，有一定的词汇积累和文化意识。学生对于如何上读写课也有所了解，对于读写课中出现的一些基本语言表达和写作框架也能及时把握。学生也掌握了一定的阅读与写作策略，在有效的阅读后，能够提取关键信息，分析语篇，迁移于写作中。这节课的目的是提高学生通过快速阅读获取、处理文本信息框架的能力，教师为学生搭建写作的结构和语言框架，并且让学生及时进行语言输出，完成相关话题的写作任务。

教学目标：

By the end of the class, students will be able to

1. Analyze the structure of the text.
2. Master some good expressions of introducing a place.
3. Write a short introduction to a place.
4. Form critical thinking by competing with AI.

教学重点：

1. 整理文章有用的信息，包括内容要点、语言风格等，为写作打下基础。
2. 分析并掌握文本结构，为写作搭好框架。

教学难点：

学生能够写一篇短文，全面、准确、有条理地介绍自己居住的城市或小镇，包括当地的文化特色。

教学资源：

教材、多媒体课件、希沃白板、讯飞星火等国内免费认知大模型、学案、黑板、粉笔和树图小程序等。

教学过程：

教学过程			
教学环节	教学活动	设计意图	核心素养提升点
Step 1 Lead in (4 min)	Activity 1: Presentation about Chinatown: before class, each study group was asked to compose a short introduction to Chinatown with the help of AI under the instruction. Each group writes down a short passage according to requirements and then share their composition.	引出主题，形成阅读期待，激活学生背景知识。	语言能力：通过结合 AI，获取信息的能力。 文化意识：对唐人街有初步的了解。

续 表

教学过程			
教学环节	教学活动	设计意图	核心素养提升点
Step 2 Read for Structure (5 min)	Activity 2: Finish the table and try to analyze the structure of the passage. Teacher guides students to scan the passage and students try to divide the whole passage into three parts, then they comprehend the main idea of each part.	关注文章体裁,深入文章结构,提取和归纳基本信息。	语言能力:获取概括信息的能力。 思维品质:利用结构图分析概括信息的能力。
Step 3 Read for Details (5 min) Step 4 Write an introduction (20 min)	Activity 3: Students in groups underline the key elements that are used to describe a place to prepare for their writing. Students share the useful expressions and the teacher sort them with a mind map on the blackboard. Activity 4: Teacher presents the process of writing. Students cooperate in groups and write an introduction to Shijiazhuang by using what you have learnt. Use the checklist to give feedback.	学生在合作中学习,启迪思维,搭建写作支架。 通过整合并应用所学语言和内容,达到描述一个具体地方的目的。	语言能力:学生提取所需信息的能力。 学习能力:合作学习、自主学习。 语言能力:整合运用语言进行表达,描述阐释意义。 文化意识:在学习了解唐人街的基础上,描述家乡,增强家国情怀,坚定文化自信。
Step 5 Compete against AI (5 min)	Activity 5: Compete against AI to see whose composition is better, yours of AI's. Exchange your group's draft with another. Activity 6: Teacher invites students to summarize what they have learned in this class. Assignment:	深化主题意义,加强德育浸润,迁移创新。 梳理和总结课上所学,拓展话题内容。	学习能力:拓宽英语学习渠道,提升英语学习效率。 思维品质:分析论证和推理判断。 学习能力:梳理所学知识,并应用于解决实际问题。
Step 6 Summarize and Assign (1 min)	Compulsory: With the knowledge learned during the lesson and the help of AI, students try to write a more complicated introduction to Shijiazhuang in about 80 words. Optional: Change your passage into a poster and put it up in our classroom.		思维品质:提升学生分析、总结和解决问题的能力,从跨文化视角观察和认识世界。

板书设计：

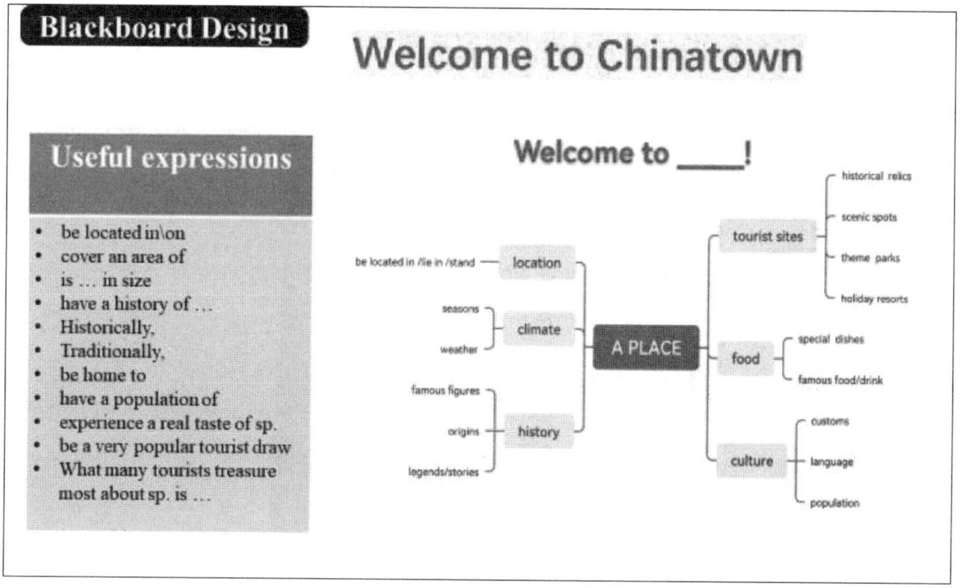

本节教学案例说明：

本节课教学设计是基于大观念的单元整体教学设计中的一个子主题的教学设计。本节读写课紧密围绕单元主题“Diverse Cultures”展开，在深入解读、分析、整合和重组教材等教学资源后，结合学生的具体学习需求，设计了一个由单元大主题统领的读写课教学设计。

根据新课标提出的六要素整合的英语学习活动观理念，关注学生学习参与的实际获得，创设与主题意义密切相关的语境，引导学生对文本主题意义的探究。本节课依据英语学科能力要素及表现指征框架进行学习理解类、应用实践类和迁移创新类活动，在解决问题过程中培养学生的家国情怀，坚定文化自信，实现学科育人价值。

“教—学—评一体化”在本节课中的教学活动中也得到充分体现。

“教—学—评一致性”指向有效教学，强调教学目标、评价任务、教学活动三者内在的一致性，是以目标为导向，旨在促进学生核心素养的发展。持续性评价贯穿在本节课学习前、中、后，是教学评一体化的保障。与此同时，本节课充分运用了生成式人工智能技术支持。生成式人工智能是一种能够自主学习和创造的智能系统，它可以根据输入的信息生成新的内容。在英语教学中，生成式人工智能可以帮助教师解决很多实际问题，提高教学效果。

1. 在引入环节，呈现学生在AI的辅助下完成的介绍唐人街的小作文。在上课之前，辅导学生在电脑搜索引擎中搜索国内免费认知大模型，例如讯飞星火、文心一言、通义千问、豆包等均可。以讯飞星火为例，学生在sparkdesk页面对话框里输入类似内容“假如你是一名普通的高一学生，请用英语写一篇80字左右的介绍唐人街的英语文章，内容包括唐人街的地理位置，历史，景观，美食等。”随即生成相关文章。学生下载打印下来即可。

2. 在Competition with AI教学活动中，数字人播报AI生成的作文。教师在备课环节用到了认知模型通义千问。在生成页面输入提示语：“假如你是一名普通的高一学生，想写一篇120字左右的关于石家庄的英文介绍，内容包括地理位置，占地面积，人口，历史，景点，当地美食。”获得文本。接下来在微信腾讯智影小程序中选择数字人播报板块，选择恰当的人物形象，导入文本，生成数字人播报视频，并插入到PPT中。

3. 在选取介绍石家庄的短视频制作过程中，使用到了抖音APP，以及腾讯智影小程序去水印的功能。在板书环节，利用微信树图小程序生成介绍性文章的框架。

案例二：一节语文课的教学学案案例（教师：苗磊磊）

《装在套子里的人》学案

主讲：苗磊磊　指导：李采薇、信利霞、杨秀娥、贾兰娜　时间：2024年4月

【素养目标】：

[**审美鉴赏与创造**]综合运用多种媒介获取并恰当筛选利用媒介信息，辨识套中人形象。

[**思维发展与提升**]思考小说主题，深层探究别里科夫悲剧命运的原因。

[**文化传承与理解**]结合历史文化，理解个人与社会的关系，形成健康的人格和高尚的情怀。

【学习方法】：情境探究法、合作探究法、讲授法。

【学习课时】：1课时。

【课前预习】：利用全文版资料、三维设计和课堂学案完成课前预习。

【课堂学习】：

〈**课堂导引**〉

最近，我校文学社准备开展一期“我为课本配插画”的活动，要求设计一张主题为

"恋爱中的别里科夫"的漫画。让我们一起设计一张漫画来参与活动吧!

任务一:一幅画开启的活动——设计主题漫画,辨识套中人形象

利用信息技术设计主题漫画,在设计漫画的过程中加深对别里科夫形象的认识。(主线任务)

〈**知识链接**〉

漫画:以夸张、比喻、象征等表现手法和形式简练的笔法,直接表露事物本质、特征的绘画。有较强的讽刺、歌颂、抒情、娱乐等方面的功能,并善于表达作者对世事人情的看法,尤以讽刺与幽默见长。一般包括标题、画面、寓意三部分,其中标题、画面是显性信息,而寓意则是隐性信息。

〈**任务分解**〉

1. 利用AI设计漫画。

活动:拟写指令语。(图像描述)(关注主体人物的形象特点)

指令示例:叹息声一声接着一声,木兰正对着门织布。她紧皱眉头,眼神忧伤,满是对家人的担忧与惆怅。(木兰诗)

我的指令:________________________________

____

优化指令:________________________________

____

2. 你认为恋爱漫画中的场景是真实发生过的,还是"促狭鬼"的虚构?

(破疑提示:文本中的别里科夫和恋爱漫画场景中的别里科夫有何异同?)

① 文中的别里科夫表现:__________________________

____

② 漫画中别里科夫表现:__________________________

____

③ 两种表现是否相同,谁更真实:____________________

____

④ 我的最终观点是:____________________________

____

⑤ 概括其形象特点:____________________________

____

〈**任务小结**〉

别里科夫的形象：____

____

任务二：一幅画引发的探索——深层探究别里科夫的悲剧命运

别里科夫婚姻的悲剧，是偶然现象，还是必然结果？（主线任务）

〈**任务分解**〉（课堂探究流程）

1. 漫画中的另一主角华连卡是一个怎样的女子？

全文版中找表现：____

____

概括其形象特点：____

____

2. 华连卡这一形象有何象征意义？

____

3. 华连卡这一形象出现后，为何加速了别里科夫的死亡？

① 两人对漫画和骑车的态度有何不同：________________________________

____

② 造成这种不同态度的原因是什么：__________________________________

____

③ 二者冲突的最终结果是什么：______________________________________

____

④ 二者冲突的最终结果有何寓意：____________________________________

____

〈**任务小结**〉

别里科夫悲剧命运的原因：____

____

任务三：一幅画引发的思考——深度思考套中人的启示意义

深刻思考套中人的启示意义。（主线任务）

〈**任务分解**〉

1. 对比朗读课本结尾和全文版末尾，你读出了作者怎样的情感态度？

教材结尾：我们高高兴兴地从墓园回家。可是一个礼拜还没有过完，生活又恢复旧样子，跟先前一样郁闷、无聊、乱糟糟了。局面并没有好一点。实在，虽然我们埋葬了别里科夫，可是这种装在套子里的人，却还有许多，将来也还不知道有多少呢！

原著末尾：你看着人们做假，听着人们说假话。人们却因为你容忍他们的虚伪而骂你傻瓜。你忍受侮辱和委屈，不敢公开说你跟正直和自由的人站在一边，你自己也做假，还微微地笑，你这样做无非是为了混一口饭吃，得到一个温暖的角落，做个一钱不值的小官儿罢了。不成，不能再照这样生活下去了！

____

2. 联系中国历史，请你想想该如何“破套”？做一个怎样的青年？（思考角度：个人与社会的关系）

____

3. 观看视频，感受先辈精神，宣读青年誓言。

誓词：以青春之我，创建青春之家庭，青春之国家，青春之民族，青春之人类，青春之地球，青春之宇宙，资以乐/其无涯之生。

〈任务小结〉

如何破套：______________________________

【课堂小结】______________________________

【跟进任务】

根据本节课学习，请你写几句你想对别里科夫说的话。

【课后练习】完成三维设计练习案。

总之，未来以来，支持生成式探究学习是一项重要的技术创新，我们一线教师反映，生成式 AI 在课堂教学中的难题是 AI 大模型会“一本正经地胡说八道”，在教学中无法使用；所以就要求我们教师在教学应用中配合我们课堂教学模式使课堂更高效。

（三）四维视角，强化共生的条件——幸福教师

1. 讲好无中故事，唤醒教育情怀

河北无极中学有很多教师毕业于无中，有教师的父母曾于此执教，他们有很多无中记忆，身上有很多无中故事，这些记忆和故事中渗透着教师对无中的认同感、归属感、责任感和荣誉感，蕴含着无中的灵魂，是无中的宝贵财富。

于是我们通过讲“无中故事”，用前辈们的爱岗敬业、荣誉使命，感动教师，唤醒他们对教育的热爱；用学校的传承让老师体会师者的尊严、人生的价值，形成教育的敬畏

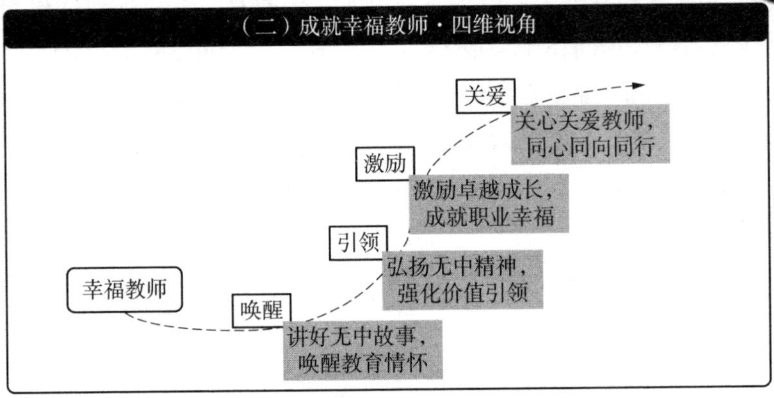

图 4-3　四维视角，成就幸福教师

和热爱。

忆母校谈恩师

——记袁秀敏老师

付君丽

岁月荏苒，转眼之间我从母校河北无极中学毕业已经 20 年了。午夜梦回，母校的一草一木，一砖一瓦，还清晰地浮现在眼前，当然最难忘记的是和蔼可亲的老师们，其中对我影响最深远的是我的班主任——袁秀敏老师。

袁秀敏老师于 1987 年 8 月大学毕业参加工作，从教 30 多年，兢兢业业，不忘初心，以校为家，爱生如子。担任班主任期间，所带班级年年被评为先进班集体，曾荣获“省级先进班集体”称号。

袁秀敏老师担任班主任数十年，工作细致入微，关心学生的学习和生活。1995 年夏季，我县下了一场罕见的大暴雨，学生们都在学校上课，而袁秀敏老师当时在休假，看到暴雨，她首先想到了学校的学生们，于是把孩子托付给邻居，拿起一把雨伞，就蹚着齐腰深的水冲向学校。路上风大雨急，雨伞和一只鞋都被冲走了，最后光着一只脚赶到学校，和学校领导们一起安置好了学生们。

作为班主任，袁秀敏老师每天早出晚归，学校的事再小也是大事，家里的事再大也是小事。舍小家为大家，学生病了陪学生去看病。有一次一个学生因病住院，她就去医院看望,并主动为该学生补上落下的功课。

初次近距离地接触袁老师,是在入学军训中。虽是初秋,似火的骄阳依然炙烤着大地,袁老师陪伴着我们,不时地为我们加油鼓劲:“同学们,坚持住,你们一定可以!”“有了健壮的身体,高中三年,我们才能在学习中奋力拼搏,争取考上理想的大学!”

军姿队列中,一个个稚嫩的肩膀挺直了,面容坚定了,汗水湿透了我们的衣服,但信念在心中悄悄地生根、发芽……

袁秀敏老师是一位严格的老师。每次上袁老师的英语课大家都打起十二分的精神,因为每一次的走神,袁老师都会洞察到;每一次的英语作业,我们都认真完成,因为每一次的马虎,袁秀敏老师都会细心地指出并责令改正。“严师出高徒”,我们班的英语成绩总是名列前茅。英语坚实的基础,给我后来的学习和工作带来了很多便利:大学里高分一次性通过英语四、六级考试,获得英语口语考试资格并取得口语证书;在大学校园的英语角,自由用英语和外教畅谈;工作后担任数学专业中的英语教学,流畅的阅读外文文献,论文发表到国际期刊。这一切,都源于袁秀敏老师谆谆的教导和严格的要求,衷心地感谢您,敬爱的袁老师!

袁秀敏老师是一位慈爱的老师。她告诉我们,一定要吃好饭,才能更好地投入到紧张的学习中。我清楚地记得,袁老师亲手做的炖土豆,那喷香的味道,多年来一直印在我的心里。感谢您生活中无微不至的呵护,让我们在高中三年刻苦的学习中充满了力量!

袁秀敏老师不仅严格和慈爱地管理班级,在业务上也精益求精,争做科研型教师。发表过十几篇论文,所带班级高考成绩都名列前茅,年年被评为“教学质量先进个人”。由于成绩突出,曾先后荣获“河北省劳动模范”“河北省模范教师”“石家庄市骨干教师”“石家庄市学科名师”等光荣称号。

时光流逝,袁老师的一批批学生走上了工作岗位,奋斗在祖国的大江南北。借此机会,让我们共同祝愿母校的明天更加辉煌,祝愿袁秀敏老师身体康健,笑口常开!

(作者简介:付君丽,河北无极中学 182 班。现工作于河北农业大学理学院。)

我的语文老师

——张敬芝老师

魏向颖

毕业十四载,母校曾经的一点一滴此刻仍如昨日,各位老师的举止笑貌仍在眼前。

记忆奔腾如川流，被时间裹挟，汇进生命的江海；感怀涨落如潮汐，被记忆牵引，留下生活的馈赠。何其有幸，能在河北无极中学读书，何其有幸，能遇到那么多好老师！感恩母校，感恩我的每一位恩师，谢谢你们承载了每一位学子青春的记忆。最不能忘怀的是我的语文老师张敬芝老师，真诚地向您说一声，谢谢您！

张敬芝老师的美有目共睹，身姿高挑，风姿绰约，透着被古典文化浸染的气质，浅笑轻颦，轻声慢语，自有一派平和恬然的风骨。面对这样一位气质脱俗的语文老师，在她的课上，你很难把注意力从她的讲述中挪开。作为第一届实验班的语文老师，能力毋庸置疑，张老师的课有口皆碑，上她的课，像是一场文学的洗礼。她读古文，抑扬顿挫，如临其境，意境悠远；讲文章，深入浅出，提纲挈领，清晰明了；讲国学，引经据典，旁征博引，信手拈来。她写一手好字，她的板书永远简约清晰，对学生的书写也要求端正美观。她善于发现每一个学生的优点，学生作文哪怕一个段落、一个句子甚至一个词语写得好，老师都给予表扬鼓励。老师善于引导，学生文章读不好，张老师就亲自示范，耐心提示。张老师又有偶尔的小幽默，讲到了汉字，说“女”是象形字，“古代的女子就是这样大门不出，二门不迈，盘腿卧脚、端端正正坐在床上”；讲“妇”的繁体“婦”，“每天早晨我拿起笤帚打扫院子就想起这个字，古人真是太会造字了”，引得大家哄堂大笑。张老师认真得可爱，她帮同学给家里打电话，手机高高举起，按完数字又认认真真读一遍电话号码，才按下通话键；我的作文拿了比赛一等奖，她替我鸣“不平”，说怎么红榜那么不结实，没能多挂几天。

我依然还记得那个明媚的早上，张老师和我倚在三楼教室的门口，晨曦从她背后越过教学楼的拐角洒下来，她笑着问我：“向颖，你想不想做语文课代表?”我的心里焰光四射，欣喜的烟花升起来，一时间惊喜万分。

那时的我，正经历着那个年纪看起来举步维艰的时刻，作为理科实验班的中等生，理科科目的力不从心是我面前横亘的阻碍，每年的末位淘汰制也让我日渐焦灼。那一天的邀请，成了我那段日子里最闪光的时刻，她告诉我，她认可我，相信我。

从那时起，文字成了我宣泄的方式，每次的作文更像是一次跟张老师的心灵交流。每周的作文作业，我有时候洋洋洒洒，下笔千言，却离题万里，不着边际，但批改后的作文发下来，满篇仍是圈圈点点，修改评价。也有时候灵光乍现，内容丰满，行文流畅，点评课上，张老师一定会不吝夸奖。张老师把大家的文章详尽讲评，评各家之所长，连平时不喜欢作文的同学也说大彻大悟，茅塞顿开，喜欢上了作文。

张老师的肯定，像是冬日的一抹阳光，给了绝望之中的心境一点温暖，更像是绝境中的一双有力的手，把我从日渐消沉的状态中拉了出来。高中三年，成绩似乎是唯一衡量的标尺，命运、前途、自信、自由似乎都由此决定。但张老师用她每天的课程告诉我，用她每次的点评告诉我，要坚持，别放弃。现在看来，当年高中生的烦恼心思，不过是过尽千帆后的一段笑谈，但我深深感激，在那段灰暗无助的日子里，老师给我的信任鼓励；在那个莽撞懵懂的年纪。她告诉我保持优雅和从容；在那段奔波追赶的日子，她教会我拥有发现美的敏锐和精细。

毕业十四载，而立之年的我已在医疗岗位经历过太多悲欢离合，生离死别，好多事情都看淡了。但我不会忘记，张老师教会我，一段文字，轻声慢读，沉淀为自己的生活；一首诗，慢慢品味，内化为自己的思想。我依然怀念当年晨读里朗朗的书声，怀念教学楼下那一排白杨，挺拔却摇曳，像鼓劲的呐喊，伟岸却亲和，像恩师的守望。

谨以此献给我的老师，献给母校七十周年庆。

（作者简介：魏向颖，河北无极中学256班学生。现工作于首都医科大学附属北京朝阳医院。）

2. 弘扬无中精神，强化价值引领

校长不是行政的领导，而是思想的领导，思想的领导就是价值领导。我们从传承和奉献中提炼无中精神——“奉献、团结、自强、超越”，并对努力践行无中精神的优秀教师进行多种形式的隆重表彰。

开学典礼，对优秀教师隆重表彰，让辛苦付出且硕果累累的老师们得到肯定。“每周一星”“十佳教师”“感动校园人物”“首席教师”“首席班主任”，传扬无中积极向上的良好风气。“班主任节”“巾帼标兵岗”“党员示范岗”“最美无中引路人”等活动从多方面树榜样，弘扬无中精神。各种隆重的仪式传递职业的神圣，鲜艳的花束表达对教师的认可与尊重，对奉献、团结、自强、超越精神的弘扬和礼赞。

3. 激励卓越成长，成就职业幸福

只有教师好好学习，教育才能天天向上，学生才能天天向上。对我们的教师队伍，应准确把握教师的需求，适度引导教师的追求，挖掘创造教师的价值，我们要给教师什么，而不是我们要教师必须怎么做。

一是规范铺就发展路，制度搭建成长梯。学校以制度建设为先导，用制度规范引领教师发展，做到引领有措施，管理有保障。制定《教师成长手册》，忠实记录每位教师的职业成长历程，让每一个教师心中有方向，脚下有路径，切实收获成长的幸福与快乐。

二是真字上面做文章，善于反思促成长。咬定青山不放松，一听两评三跟踪；走课抓实全局，抽课是焦个人；强化自我反思，课后微教研，周末大教研；实施青蓝工程，推行先导课制度。

三是搭建平台推名师，勇于展示亮风采。搭建平台，以比赛促发展；首席教师、首席班主任利用学科教师论坛、班主任论坛传经送宝；遴选学校省市骨干教师、学科名师成立学术委员会，推进“校内专家讲座沙龙”，推出学校自己的名师，倒逼着教师的专业成长。逐渐形成了“走出去学、请进来讲、沉下身研、坐下来读、扶上台赛、推出去讲”的成熟的教师专业发展体系。

我们期待教师有见识、有规划、有行动、有提高、有成就、有尊严，期待教师过有品质的教育生活，成就教师的职业幸福。专业上激励引领，搭建高视野平台，促进教师专业成长，熟岗精业，拥有过硬本领，就是学校给教师的最好福利。

4. 关心关爱教师，同心同向同行

学校就是“家”，每位教职工都是家庭的一分子，我们把老师当作家人，将“家”的文化和理念深植每一位教师的心间，形成学习、工作成长共同体，才能同心、同向、同行。我们提倡教师六要：要工作也要家庭，要学生也要孩子，要质量也要健康。全方位关注教师需求：情绪上理解，人格上尊重，管理上信任，专业上帮扶，生活上关心。每个月，学校为本月过生日的教职员工过一个集体生日，给他们送上生日的祝福，让教职员工体会得到“家”的温暖，亲人的生日祝福。端午节、庆祝日，全体教师一起包饺子，把对学校的期望，对未来的憧憬，对学校、同事的爱都包进了小小的饺子里，然后美美地品尝。教师趣味运动会召开，让老师重回学生时代，在和同伴的互动中感受到集体的温暖，体验团队的力量。我们对通过努力表现优异或进步明显的师生进行奖励，通过神圣的“仪式”，让每一束鲜花的背后都是对老师的认可，让老师得到尊重，让老师感到价值，让学生得到激励，让“幸福教育”在学校开花结果。我们让教育带着温度落地，在校园里，校长和教师相互感染，老师和学生彼此融入，共同打造无中大家庭，让学校成为教师的精神家园、学生的成长乐园。

（四）四维文化，促进共生的发展——幸福学生

思政引领：利用红色教育资源，开展立体思政课堂，为党育人，为国育才。帮助学生在成长过程中明辨是非、善恶、美丑，确立正确的世界观、人生观和价值观。通过对道德规范、法律法规等内容的学习，学生能够清楚地知道什么是应该做的，什么是不应

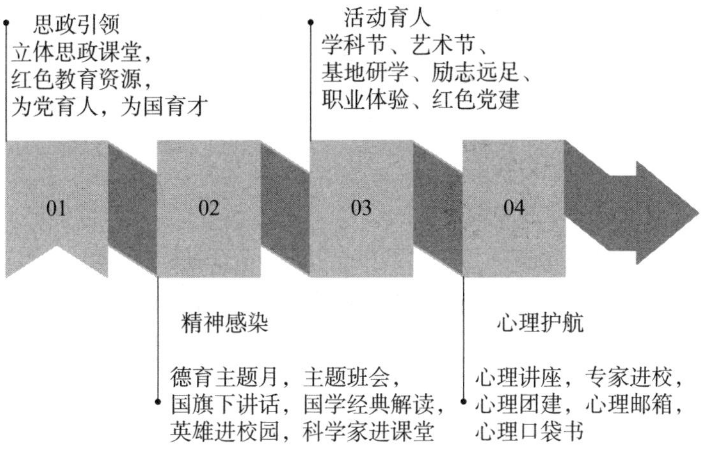

图 4-4　四维文化，培养幸福学生

该做的，从而在行为上做出正确的选择。例如，通过学习社会主义核心价值观，学生能够深刻理解爱国、敬业、诚信、友善等价值观念的内涵，并将其融入日常学习和生活中。增强学生社会责任感，使其关注社会问题，积极为社会做贡献。提升学生的爱国情怀，激发民族自豪感和使命感。

精神感染：通过德育主题月活动、升旗仪式、主题班会、尊亲爱师演讲、校友报告会等，点燃学生的学习热情，教育学生有目标、有方向、有动力、有追求。学校举办阅读活动，鼓励学生以书为友，进行丰富的课外阅读，养成良好的读书习惯，激发了学生的阅读兴趣，丰富了阅读体验，拓展了阅读视野，提升了核心素养。通过我们开展读书活动，在班中形成了爱读书、读好书的浓厚氛围。学生不仅阅读能力有了较大的提高，写作能力、口语交际能力也相应提高了，而且学生的思想也得到了净化，形成了积极向上的学风、班风。

活动育人：勤跑操，激情朗读，激情宣誓和励志歌曲，已成为学生每天的学习、生活环节，已是学校一道亮丽的校园文化风景线。激情远足，锻炼了学生的意志品质、拉近了师生的心理距离、培养了学生的集体主义意识、团队精神。

我校特色课程活动的开展，既让学生感受到不同教师的教学风格，培养了学生良好的兴趣爱好，又促进了学生知识能力的提升，丰富了校园文化生活。以后的工作任重而道远，相信我们在不断探索中，会更加完善我们的特色课程体系，会进一步落实素质教育，全面提高学生素质。

学校每个学年举办一届学科节。通过学科节活动，充分挖掘学生的内在潜力，培养学生的创新精神和实践能力，展示学生特长，从而促进学生全面发展。

用爱心温暖学生：学校是家园，不仅是教师的家，更是学生的家。幸福共生教育，不仅仅是严格管理、挖掘潜力、规划人生，更要有爱心，有温度，有温情，让学生的世界变得多彩。

暑期的消夏晚会，让学生在紧张的学习之余得到放松，并尽情展示自己的才艺。组织学生包饺子庆贺自己成为了一名高中生，既锻炼了动手能力，又培养了合作能力，还拉近了师生关系。开办女子讲堂，对女生进行礼仪纪律、早恋生理、自我保护、荣耻虚荣等教育，女生的自我保护能力、是非观念明显增强。

心理护航：心理讲座，专家进校，心理团建，心理邮箱，心理口袋书。

1. 德育为基，奠基学生幸福人生

本着"立德铸魂、幸福共生"的办学思想，我校把德育工作放在了所有工作的首位。上下一心，全校一体，狠抓德育，倾心打造独具"无中"特色的德育机制，并从六个方面逐步推进：三年抓成长，学年抓重点，学期抓活动，每月有主题，每周抓过程，每日抓常规。教育过程中联系生活实际，开展生活实践。

案例分析引导：高中思政教育选取当下社会热点问题，如脱贫攻坚成果、乡村振兴战略、生态环境保护等，进行深入分析。通过具体案例，让学生了解国家政策的制定背景、实施过程和取得的成效，从而增强对中国特色社会主义制度的认同感。例如，在讲解经济生活模块时，可以结合乡村振兴中的产业发展案例，分析市场经济规律和宏观调控的作用，让学生明白国家政策如何促进经济发展和人民生活水平提高。

社会实践体验：组织学生参与社会实践活动，如参观企业、社区调研、志愿者服务等。在实践中，学生可以亲身体验社会生活，了解不同群体的需求和利益，增强社会责任感。例如，组织学生到养老院进行志愿服务，让他们与老人交流互动，了解老年人的生活状况和需求，培养关爱他人的品质。

红色教育基地参观：带领学生参观爱国主义教育基地、革命纪念馆等，让学生亲身感受革命先辈的奋斗精神和爱国情怀。在参观过程中，可以邀请讲解员进行详细讲解，或者组织学生进行讨论交流，加深对历史事件和人物的理解。例如，参观井冈山革命根据地，让学生了解中国革命的艰苦历程，激发他们的爱国热情和奋斗精神。

模拟政治活动：组织学生模拟政治活动，如模拟联合国、模拟政协等。通过参与这些活动，学生可以了解国际政治和国内政治的运行机制，提高政治参与意识和能力。例如，在模拟联合国活动中，学生扮演不同国家的代表，就国际热点问题进行辩论和协商，锻炼他们的沟通能力、合作能力和解决问题能力。

具体步骤如下：

（1）三年抓成长

高中三年的德育不仅是对学生知识学习的补充，更是他们成为有理想、有道德、有文化的、有纪律的社会主义建设者和接班人的重要途径。

基于此，在高一年级，学校帮助学生们树立“我们是改变无中历史的一批人”的旗帜，让学生对学校产生认同感，对自己树立信心，认为自己有无限潜能，激发对学校、对社会的责任感与使命感，为高中三年甚至以后的人生打下坚实的基础。

良好的德育教育可以帮助学生树立正确的世界观、人生观和价值观，培养起良好的道德品质和行为习惯。高二年级在高一年级的基础上，笃行“我们是心怀家国的追梦人”的理念，引导学生由理论到实践过渡，由个人联系到社会、国家，为学生在实现个人理想的道路上增添光彩。

在高三深植“学校育我成才，我为学校添彩”的意识。学校与学生紧密相连，相互成就，这是学校德育教育最好的成果。学校培育学生健康成长，实现自己理想；学生积极参与各项活动，为学校带来更多荣誉和感动。长大成人后，学生将会铭记学校与老师的教诲，以学校的精神为指引，继续追寻自己的梦想，进而回馈社会与国家。

高中三年引导职业规划：

职业认知课程：开设职业认知课程，让学生了解不同职业的特点、需求和发展前景。可以邀请各行各业的人士到校举办讲座，介绍自己的职业经历和感悟，让学生对不同职业有更直观的认识。例如，邀请医生、律师、工程师等职业人士到校举办讲座，让学生了解这些职业的工作内容、技能要求和发展前景。

职业体验活动：组织学生参加职业体验活动，如企业参观、实习等，让学生亲身体验不同职业的工作环境和工作内容。通过职业体验，学生可以更好地了解自己的兴趣爱好和特长，为制定职业规划提供参考。例如，组织学生到企业进行实习，让他们了解企业的运营管理和工作流程，提高他们的职业素养和实践能力。

（2）学年抓重点

高一抓规范，从优秀起步，为卓越奠基，扣好第一粒扣子。高一阶段不仅是学科知识体系转变的重要时期，更是学生各方面规范养成的关键时期。学生在逐渐适应高中的学习方式和生活节奏，同时需要培养良好的规范意识，以适应未来的社会需求。

为培养学生的规范意识，学校首先制定了明确的规章制度，对学习生活作息时间、作业要求、学生行为等方面做出了针对性的规定以及奖惩措施，帮助学生形成良好的行为习惯。其次，教师通过运用课堂规则、表扬优秀学生等方式加强对课堂的管理，保持课堂纪律和秩序，激励学生形成良好的行为习惯。最后，学校加强了对学生的思想教育。教师通过每周主题班会、讲座等形式渗透，让学生了解社会规范和道德规范，引导树立正确价值观。最后，学校通过开展实践活动和家校共育的形式引导和帮助学生形成良好行为习惯和道德品质。

高二抓责任，倡议同学们深思笃行，专注笃学，夯基培元。作为高中生，学业无疑是学生最重要的责任，仅有优秀的学习成绩不足以成为一个人在社会上立足的基础，还需要培养对自己、对家人和社会的责任感。在校学生要对自己的学习，包括积极参与课堂活动、认真完成作业、积极思考、提高自己的学习效率和成绩。同时，还应该根据自己的兴趣和特长，选择适合自己的学科和方向，为未来的专业选择和职业规划做好准备。学生还应该对自己的行为负责，遵守校规校纪，尊重师长，团结同学，保持良好的品德修养和行为习惯。学校每学期组织值日班长、竞选动物饲养员等各种实践活动，积极鼓励学生参加“啄木鸟”、志愿者服务等各种社会实践活动，培养学生的社会责任感和公民意识。

高三抓励志，不断磨炼，不断激励，不断超越，日益精进，完美升华。高三是每个学生人生中最关键的一年，学生面临着巨大的压力和挑战，需要不断地努力和奋斗，才能够取得优异成绩，实现梦想。因此，高三抓住励志，不仅是一种教育手段，更是一种教育理念。通过励志教育，加强师生之间的沟通，激发学生的学习动力，培养学生信心，提高自我管理能力，促进学生的全面发展和个性化成长。

（3）学期抓活动

学校活动对学生成长发展的作用是多方面的：首先，可以拓宽学生知识面、提高学习水平，培养自学能力和创新思维；其次，可以建立良好的人际关系，培养包容性和合作精神；最后，能培养领导能力、组织能力和团队合作精神，提高责任感和自律能力。根据学生年龄和学习阶段特点，高一年级组织安排军训、远足活动：军训强化纪律性、专注力，远足磨练意志、锻炼韧性；高二年级举办成人礼、艺术节：充盈学生的情感精神世界，将成长与感恩、情怀与责任注入学生的血脉；高三年级处在关键时刻，策划实施高考誓师、毕业典礼：庄严肃穆的誓师活动，全情投入忘我拼搏；盛大隆重的毕业典礼，满满仪式感开启新征程。

河北无极中学德育建设体系

我校德育构建体系全面系统，兼顾学生成绩与品德培养。注重个性化教育，满足不同需求。强调实践，让学生践行价值观。与家庭、社会密切合作，不断创新完善。这套体系为学生德智体美劳全面发展和成功奠定基础，使其成为有道德、有责任感和有担当的新时代人才。下面从以下几个核心层面进行详细介绍：

1. 德育目标与理念：我们的使命是为党育人、为国育才，坚持立德树人，构建和谐共生的德育体系，培养幸福的无中学子。注重培养学生良好的行为习惯，培养学生的国家认同感、地域自豪感、艺术素养、体育能力和劳动意识，以及自我管理的能力。努力提高德育工作的实效与品质，不断提升学校德育水平，培养德智体美劳全面发展的新时代好少年，力争使学校德育工作每年上一个新台阶。

2. 德育课程体系：在国家课程大纲的基础上，我校将秉持思政一体化的理念，以系统性和立体化的方式全方位开展德育教学活动，具体措施如下：

(1) 优化思想政治课程：首先，我校严格按照国家课程大纲的要求，确保思想政治课程的教学内容与时俱进，涵盖国情教育、法治教育、公民道德教育等内容，引导学生树立正确的世界观、人生观和价值观。其次，教师采用案例分析、讨论辩论、情景模拟等多元化的教学方法，使理论知识与现实生活相结合，提升其思想觉悟和社会责任感。

(2) 主题班会设计：教师每周精心策划并使用实用网站上的优质课件，组织形式丰富、内容生动的主题班会，涉及爱国主义教育、心理健康、社会责任、生态文明、公民道德、法治教育等诸多领域，鼓励学生自主参与、主动思考，以达到寓教于乐、潜移默化的德育效果。

(3) 升旗仪式与致辞：我校充分利用每周一的升旗仪式，通过国旗下讲话渗透思政教育，选取贴近学生生活的主题，弘扬爱国主义精神，传播正能量，引导学生热爱祖国、关心社会、追求进步。

(4) 女生课堂：我校女生课堂是德育课程的重要组成部分，我们深知女生的发展影响三代人的发展，我们旨在培育新时代优雅知性、自尊自爱、独立自信的女性。理论与实践相结合，提升女生心理素质，增强自我保护意识，注重身心健康(如女生青春期问题、恋爱问题)、社交礼仪等领域，全方位助力女生全面发展，追求梦想，成就未来。

(5) 社会实践与志愿服务：我校定期组织学生走出课堂，参与社会实践和志愿服务活动，参观红色教育基地、进行志愿服务、社会调查、职业体验等，让学生在亲身实践中体悟思政理念，提升社会责任感和实践能力。

(6) 大思政教学体系构建：我们整合全校教育资源，构建全员全程全方位的大思政教学体系，让每一位教职员工都成为德育工作者，使每一门课程、每一个教育环节都成为德育的阵地，实现思政教育无处不在、无时不有。

(7) 心理健康教育：心理健康教育的实施刻不容缓，其核心在于以心养德、以心启智、以心健体、以心促劳、以心育美，实现与德智体美劳五育的紧密融合，构建全方位、一体化的育人机制。对于可能出现的心理困扰和不良行为习惯，教师应及时进行干预和调整。

为此，我们推行"三个一"工程：每日表扬一位学生，以激励他们的积极行为；每日发现并解决一个问题，旨在提升学生的问题解决能力；每日座谈一位学生，以便深入了解其内心世界，提供针对性帮助。同时，我们将优化一生一档，特别是针对有特殊问题的学生，要确保其档案资料的完整性和准确性。

通过定期举办主题班会和专题活动，我们可以更有效地解决学生面临的问题，从而促进全体学生的全面健康成长。

(8) 小组导师制：小组导师制是一种创新的教育模式，它将学生划分为小组，并为每个小组分配一位导师。导师不仅负责指导学生的学术学习，还关注学生的个人成长和发展，致力于通过个性化的指导和支持，帮助学生在学术、情感、职业规划等方面取得全面的进步。随着教育理念的不断更新，我们越来越认识到每个学生都是独一无二的个体，他们有着不同的学习需求和成长轨迹。小组导师制正是基于这样的认识而诞生的。它能够满足学生的个性化需求，提供更具针对性的指导，从而帮助每个学生都能够找到适合自己的学习路径和发展方向。同时，小组导师制也有助于加强师生之间的沟通和互动。导师与学生之间的紧密联系，不仅能够增进师生间的了解和信任，还能够激发学生的学习兴趣和积极性，提高他们的学习效果。

通过上述举措，我们旨在营造浓厚的德育氛围，形成学校、家庭、社会协同育人的强大合力，培养学生既有深厚的文化底蕴，又有坚定的理想信念，成为德智体美劳全面发展的社会主义建设者和接班人。

3. 校园文化与环境建设：校园文化是一种无形的力量，它深植于学校的每一个角落，对学生的世界观、人生观、价值观产生潜移默化的影响。

(1) 首先，"以真求学、以诚做人"的校训是校园文化的灵魂，是学校精神风貌的高度凝练，它不仅是师生共同遵守的行为准则，更是德育教育的重要指引。我们选择了富含深刻德育内涵的校训，并通过日常教育教学活动，使其内化为每位师生的精神追求，以此激发他们积极向上的人生态度和严谨求实的学习态度。

(2) 其次，优良的校风与学风则是校园文化的直观体现。我们将通过一系列规章制度建设和执行，培育“敬业、乐群、求实、创新”的良好校风；通过学术活动、学科竞赛、读书活动等，引导学生养成“求真、善思、乐学、敏行”的优良学风。

(3) 最后，我们充分利用校园环境和设施这一无声的教育媒介，营造浓厚的德育氛围。建设文化长廊，美化绿化校园环境，设置“日拱一卒　功不唐捐”“做事如山　做人如水”“让别人因为自己的存在而温暖”励志标语，使之成为寓教于乐、润物细无声的德育课堂。

我校致力于构建一种既有深厚文化底蕴，又能彰显时代特色，富有生命力的校园文化，使之成为德育工作的有力支撑，切实助力每一位学生成为德才兼备、全面发展的新时代青年。

4. 实践活动与养成教育：我深信学生的全面发展离不开丰富的实践活动。为了培养学生的道德素养和社会责任感，学校精心设计并实施了一系列涵盖志愿服务、公益活动、德育活动、社团活动及劳动实践在内的项目。

(1) 志愿服务：我们设立了常态化的志愿服务队，鼓励学生积极参与社区服务、敬老院关爱行动、环保公益宣传等活动。同时，每逢节假日或特殊时期（如清明、重阳节），都会组织“烈士陵园扫墓”“爱老关老”等特别志愿服务活动，让学生在帮助他人和服务社会的过程中，体会奉献的价值，增强公民意识和社会责任感。

(2) 公益活动：学校每年策划不同主题的公益活动，每年一次的“一元捐”、爱心捐赠衣物书籍等。同时，也会响应国家号召，开展节水节电、垃圾分类等绿色生活倡导活动，使学生在实际操作中理解社会责任的重要性。

(3) 德育活动：我校德育活动丰富有序，涵盖各年级关键节点：高一军训锤炼意志，秋季运动会凝聚团队精神，一元捐展现爱心，岁末长跑辞旧迎新，春季扫墓缅怀先烈；高二成人礼引导担当；高三百日及五十日誓师鼓舞士气，高三毕业典礼圆满谢幕，全程助力学生成长成才。

(4) 主题教育月活动：一年 12 个月，月月有主题，每月活动精彩纷呈。一月感恩月、二月励志月、三月文明月、四月成长月、五月爱国月、六月诚信月、七月安全月、八月自省月、九月规范月、十月责任月、十一月专注月、十二月合作月。通过全年系统教育，实现学生全面发展与素质提升。

(5) 社团活动:学校大力支持各类兴趣社团的发展,精心策划并组织了涵盖舞蹈、合唱、美术、手工、棋类及球类运动的多元社团活动。舞蹈社以韵律之美陶冶情操,增强体魄协调;合唱团借助集体演唱提升音乐素养,培育团队默契;美术与手工社团激发创意思维,磨炼细致耐心;棋类活动通过智慧博弈启迪思维深度,培养决策能力;球类运动则注重体质锻炼与团队精神塑造,全面发展学生身心素质。这些活动各具特色,共同助力学生成长为德智体美劳全面发展的新时代青少年。

(6) 劳动实践:我们重视劳动教育,我校建有 20 亩地的耕读园,让同学们切身体验劳动的艰辛与光荣,明白尊重劳动成果的意义。此外,还组织学生进行蔬菜义卖活动,同时进行了职业体验,积攒了劳动创造美好生活的力量。

总之,我们学校致力于构建一个立体化、多元化的实践育人平台,让学生在真实的场景下亲身体验和践行道德规范,从而培养出具有高尚情操、良好道德品质和社会责任感的新时代高中生。

5. 家庭教育与社会协同:我深知家庭教育对于学生德育发展的重要性,以及社区等社会力量的支持作用。因此,我校积极开展多种方式与家庭、社区紧密合作,共同促进学生的德育成长。

(1) 首先,针对家长学校,我校定期举办专题讲座、家长培训班等活动,我校领导亲自为家长授课,内容涵盖家庭教育理念、青春期心理特点、亲子沟通技巧、德育教育方法等方面,旨在提升家长的家庭教育水平,形成与学校教育同步、互补的德育格局。

(2) 其次,我们实行家校共育制度,通过定期的家长会、家访、电话、微信群等多种形式保持与家长的密切沟通,及时反馈学生在校表现,了解学生在家情况,共同探讨解决学生成长过程中的问题,制定针对性的教育方案。同时,鼓励家长参与到学校的各项活动中来,如家长义工、家长委员会等,增进家校间的理解和信任,合力推进学生德育教育。

(3) 最后,我校主动对接社区资源,与社区携手开展系列德育实践活动,如社区志愿服务、法治宣传教育、传统文化节日庆祝等,让学生在社区的大环境中接受德育熏陶,增强社会责任感和公民意识。

通过上述措施,我校致力于构建起家庭、学校、社区、三位一体的德育教育网络,以期在全社会的共同努力下,培养出具有良好道德品质和社会责任感的未来公民。

6. 德育评价机制:

(1) 个体德育评价:我校制定全面的个体德育评价体系,包括但不限于学生的公民道德素质、行为规范、社会责任感、团队协作能力、诚信守法意识、志愿服务精神等多维度指标。通过日常行为观察、教师评价、同伴互评、自我评价以及参与各类德育实践活动的情况记录等多种方式进行综合评估，并定期进行反馈和指导，让每个学生明确自身德育成长的方向与路径。

(2) 集体德育评价：我校设立班级德育评价项目，主要考察班级整体的道德风貌、团队凝聚力、活动参与度、班级荣誉感等方面。设立“优秀班集体”“文明班级”等奖项，对在德育工作中表现突出的班级给予表彰。同时，也鼓励班级内部开展自我管理、互相监督，形成良好的德育氛围。

(3) 公正公平评价原则：我们确保所有评价过程公开透明，每位学生或班级都有平等的展示和被评价机会。评价结果应充分反映学生的真实德育状况，避免“一刀切”的评价方式，尊重学生的个性差异和发展阶段特点。

(4) 激励机制建设：我校建立健全德育激励机制，对于在德育评价中表现优秀的学生和班级，不仅要在精神上予以表扬和鼓励，还通过设立奖学金、荣誉证书、推荐入团等方式予以实质性的奖励。同时，对于需要改进的学生或班级，要提供针对性的帮助和指导，引导他们逐步提升德育水平。

(5) 持续优化与改进：我校定期对德育评价制度进行反思和完善，根据实施效果和社会发展的新要求，适时调整评价内容和标准，使德育评价制度始终保持鲜活的生命力和时代适应性。

总的来说，我校建立科学合理的德育评价制度，旨在培养具有高尚道德情操、良好行为习惯、强烈社会责任感的新时代高中生，促进学校德育工作全面提升。

7. 德育队伍建设：班主任是学校德育工作的主力军，他们在塑造学生品格、引导学生健康成长过程中发挥着至关重要的作用。为此，我们将采取以下具体措施强化班主任队伍的建设，提升德育能力：

(1) 周日班主任例会制度：我校每周日召开班主任例会，这不仅是总结本周工作、布置下周任务的重要平台，更是分享教育心得、研讨德育案例的有效途径。会议内容将涵盖政策解读、德育理论学习、问题解决策略等多个方面，确保班主任们紧跟时代步伐，不断提高德育实践的科学性和有效性。

(2) 定期班主任经验交流：我校组织定期的班主任工作经验交流活动，鼓励班主任分享成功案例、剖析存在问题，相互学习、共同进步。这样既能增进班主任之间的互动交流，也能推动德育方法和理念的创新。

(3) 设计班主任奖励机制：我校针对班主任的工作业绩、创新能力、学生满意度等因素，设立多元化的奖励机制。如设立“优秀班主任”“德育创新奖”等奖项，对表现突出的班主任给予物质和精神上的双重激励，激发班主任队伍的工作积极性和创造性。

(4) 年度班主任节庆祝活动：我校举办一年一度的班主任节，借此机会表彰优秀班主任，展示他们的辛勤付出和卓越贡献，增强班主任的职业荣誉感和归属感，同时让学生懂得对班主任的感恩之情。同时，通过一系列主题活动，进一步提升全体教职工对德育工作的重视程度和投入力度。

(5) 加强德育队伍培训：我校定期组织德育专题培训、研讨会和外出观摩学习等活动，邀请专家、学者为班主任进行授课指导，更新德育观念，提升德育技巧，帮助班主任掌握更加科学、系统的德育方法论。

(6) 实施班主任个人发展规划：我校根据每位班主任的特点和需求，协助他们制定个人专业发展计划，提供定制化的职业成长支持，包括参加高级研修班、考取相关资格证书等，全方位提高班主任队伍的专业素养和德育能力。

总之，我们将致力于打造一支敬业乐群、专业精进、富有爱心的班主任队伍，使其成为推动学校德育工作不断迈上新台阶的核心力量。

8. 德育科研与创新：深入理解并积极倡导德育工作必须与教育教学科研相结合，这不仅是新时代教育改革的要求，也是培养全面发展的人才的关键所在。以下是我校在这一理念指导下，推动德育工作持续改进与创新发展的几个重要方向：

(1) 融合式德育课程开发：我校结合各学科教学内容，挖掘其中蕴含的德育元素，将德育渗透到各个教学环节中，实现知识传授与价值观引领的有机统一。例如，在历史课中融入爱国主义教育，在生物课中强化生命伦理教育等。

(2) 课题研究驱动德育创新：我校鼓励教师结合教育教学实际，申报德育相关的科研课题，通过对德育工作难点、热点问题的研究，探索和提炼出更具针对性与实效性的德育模式和方法，推动德育工作的理论与实践创新。

(3) 生活情境德育实践：我校组织丰富多彩的社会实践活动，让学生在实践中体验、感悟和内化德育理念，如志愿者服务、社区公益、校园文化活动等，通过真实的生活情境提升学生的道德认知与行为实践能力。

(4) 个性化德育评价体系：我校建立一套既关注学生个体道德素养提升，又注重集体德育成果的多元化评价体系，采用定性与定量相结合的方式，充分展现每个学生的道德成长轨迹，并以此为依据，不断调整和优化德育工作策略。

(5) 家校社协同育人机制：我校积极构建家校社三位一体的德育网络，通过定期家长会、家访、家长学校等形式，搭建起家庭、学校和社会共享德育资源、共担德育责任的平台，共同为学生的品德成长护航。

(6) 德育信息化建设：我校利用现代信息技术手段，创建德育信息平台，推广德育微课、德育 APP 等新型德育载体，使德育工作更贴近学生的生活和学习实际，提升德育工作的吸引力和影响力。

(7) 通过以上措施，我们力求打破传统德育工作的边界，让德育真正活起来、动起来，与时代同频共振，与学生心灵共鸣，从而有效推进我校德育工作的高质量发展。

(8) 倡导德育工作与教育教学科研相结合，探索适应时代要求和学生特点的德育新模式、新方法，推动德育工作的持续改进与创新发展。

以上八个方面是我校德育体系的主要组成部分，旨在全方位、全过程、全员育人，为培养德智体美劳全面发展的社会主义建设者和接班人提供坚实保障。

远足案例：

河北无极中学 2023 年春季远足活动实施方案

为丰富学生们的校园生活，锻炼学生社会实践活动能力，磨练学生吃苦耐劳的意志，让同学们在"远足"活动中收获成功、收获友情、收获自信、磨砺心志。培养学生的团队意识及合作精神，使他们互帮互助、互相鼓励、互相支持、团结协作、团结友爱，激发学生学习斗志、树立战胜困难的勇气。

一、河北无极中学红色教育远足活动——踔厉奋发，勇毅前行

二、活动口号：读万卷书　行万里路

三、领导小组：

组　长：刘军祥

副组长：李全军

成　员：政教处、安全处全体、总务处、高一、高二年级主任、高一高二年级全体班主任和任课教师

班主任包班安排：

高一年级主任：魏立军　刘伟

高二年级主任：张同茂

宣传报道：于霞

医疗保障：杨战民（校医）

四、活动安排：

1. 活动时间：2023 年 3 月 24 日（周五）全天

2. 活动对象：高一、高二年级全体师生

3. 行程安排：

7:25 在学校集合

7:30 开动员大会、师生宣誓；7:58 校长宣布出发

全程分为 2 个阶段：(1) 出发——11:00 到达目的地后，各班清点人数、自行准备午餐、表演节目，并收拾在网红桥周围产生的垃圾；(2) 整队并清点人数返回。

返程时间安排：13:00 午餐，然后整队，13:30 整队返回；16:00—16:30 返回学校。

4. 准备工作

(1) 路线考察：校长带领工作人员进行“远足”沿途路线考察，确保行进安全。

(2) 家校联系：班主任做好学生家长的宣传教育工作，组织家长做好学生“远足”活动的午餐准备。

(3) 宣传报道：做好校旗、条幅、口号、宣传品、相机摄影、扩音器等，做好宣传准备。

(4) 医护保障：医药箱（备齐所需的药品）。

(5) 安全保障：班主任、任课教师包班；班干部、组长包组，负责活动行进中学生的安全。

(6) 后勤保障：后勤组提供活动所需物品等。

5. 宣传发动

(1) 活动前召开班主任会议，讲清活动目的、意义、要求、纪律、准备工作及注意事项等问题。

(2) 活动前一天晚上各班召开班会，对学生宣传鼓动，鼓励学生坚持完成该项活动，并对具体事项进行布置、安排。

(3) 做好因身体原因不能参加该项活动的学生在校学习的安排工作。

6. 活动总结

(1) 活动结束后，各班组织好对远足活动进行全面总结。弘扬正气、树立典型、凝聚人心。让学生懂得：一个有生命价值的人，他的精神力量是不可战胜的。

(2) 学生根据自己的体验写出自己的感想，班级评选优秀作品进行校内展览。

(3) 学校通过网站、广播站、宣传栏对各班的优秀典型进行报道宣传。

五、纪律要求：

1. 交通安全：每班3路纵队行进，队伍靠右行走，每到十字路口由交警、带队教师在路口指挥学生通过，确保安全通过。

2. 队伍整齐、打着班旗、口号响亮(各班自定、要有本班特色)、精神饱满、情绪高涨，力求做到一路歌声一路口号。

3. 所有学生必须服从班干部、带队教师管理。

4. 途中不搭车，不抄近路，不擅自离队，谨防掉队，严禁单独行动。

5. 不得乱扔垃圾，保护生态环境，各班准备好环保垃圾袋，垃圾按要求统一处理。

6. 行进途中不追逐打闹，注意交通安全。

7. 在规定地点休整、吃午餐；远离水域，确保安全。

8. 统一着装(要求统一校服)。

9. 严禁野外用火；不能到陡坡、危险处游玩，不做危险性游戏：不攀折树苗树枝，不踏入花草绿地。

10. 因身体原因不能参加“远足”活动的学生，班主任要登记上报年级组，年级组做好统一安排——专人负责组织学生在校学习。

11. 家长车辆一律在休整点等候，不随队行进，如遇突发事件需使用车辆时，家长车辆要及时提供帮助。

六、注意事项：

1. 严禁骑车(学校有安排的除外)，一律穿运动鞋、校服。

2. 请各班认真核实是否有心脏病、癫痫、哮喘等因身体原因不适宜参加远足拉练活动的同学，动员劝阻这些学生不要参加此次活动，并做好这些留校学生的监管工作。

3. 整个拉练过程，请随队老师做好协调组织工作，确保班级队伍整齐，精神饱满，行为文明，仪容规范整洁。

4. 拉练活动中，如遇突发事件，及时上报随行领导。医护人员要及时、正确处理病号。

5. 突发事件上报程序：随队小组长或老师上报班主任——上报年级主任——上报学校领导。

河北无极中学

2023.3.20

远足总结

走东西南北路，做顶天立地人

春风十里，远足踏青；共赴花海，品读自然；少年同游，拥抱青春。

3月24日，河北无极中学举行了2023年春季红色教育远足活动，高一高二全体学生参加，李全军校长、王敏娟主任和各年级主任负责带队组织，班主任跟班，学校副书记梁守中等领导干部和任课教师参与其中，部分家长志愿者也参加了本次活动。

2023年春季河北无极中学远足路线

（全长 24.8 km）

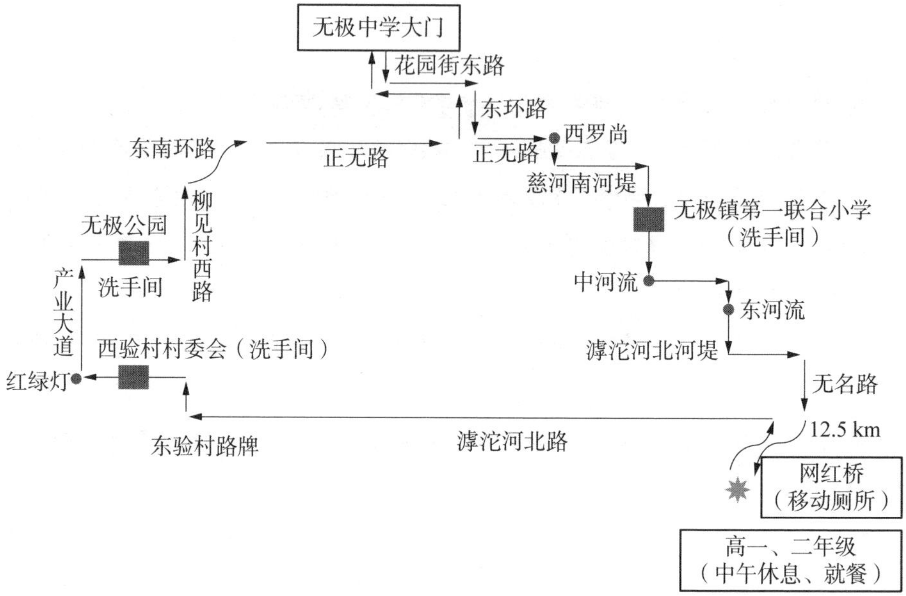

24日早上6时30分，高一高二师生齐聚敬业楼前，举行远足出征仪式。仪式上，李全军校长授发校旗，然后学生进行宣誓，随着李全军校长“无中的勇士们，出征！”的指令，远足队伍高擎旗帜，手拉横幅，昂首挺胸地走出无中校门，拉开了此次远足活动的序幕。

参与活动的学校领导在整个远足行程中全程陪同，一路伴随。蜿蜒数里的远足队伍中，时刻闪现着他们的身影。队前向导，指引行程路线；队中穿梭，观察学生动态；队尾殿后，做好安全保障。

在老师的陪同下，远足的队伍秩序井然，一路平安；在老师的陪伴下，远足的学生欢声笑语，一路笙歌。远足路上，师生相伴，领略自然风景，开阔胸怀；人生路上，师生相伴，磨砺坚强意志，增强勇气。

远足，牵挂着家长的心。有的家长陪伴孩子一路同行，给学生带来温馨的鼓励；有的家长提供车辆全程跟随，帮学生减轻行装的负重；有的家长准备食物一应俱全，让学生忘却旅途的疲惫。谢谢家长的精心筹备和悉心照料，你们辛苦了！

漫长的远足路途中，处处有交警为我们指挥交通，疏通车辆，确保行程顺畅无阻，学生安全无虞。真心感谢交警一路同行，保驾护航，你们辛苦了！

路在脚下，志在前方。用脚步去丈量大地，大地会见证我们的毅力；用信念去欣赏沿路的风景，风景会铭记我们的魅力。

一路上的欢声笑语，洋溢着属于这个年纪的活力，这是“青春”该有的姿态。不惧路途的遥远，不畏道路的坎坷，不惮天气的寒冷，只有行走的快乐，只有逐梦的步伐，只有坚定的信念。无中学子，你们真棒！

14时40分，远足队伍浩浩荡荡归来，再次齐聚敬业楼前。年级代表将无中校旗归还，王敏娟主任现场总结讲话。王主任盛赞本次远足活动中学生的表现。

希望这次远足活动能成为学生鲜活的成长印记，带给他们宝贵的成长经验。

远足，锻炼的是学生体力，燃烧的是学生激情，考验的是学生意志，积累的是感悟和经验。50华里不仅仅是一个数字，更是一段实实在在的路程，一段用自己的双脚一步一步去丈量的人生里程。河北无极中学2023春季远足活动已落下帷幕，但它将注定被无中学子永远铭记于心，伴随他们一生成长。

(4) 每月有主题

学校定期组织安排德育活动，每年十二个月，每月一个德育主题活动(1 月“感恩”、2 月“励志”、3 月“文明”、4 月“成长”、5 月“爱国”、6 月“诚信”、7 月“安全”、8 月“自省”、9 月“规范”、10 月“责任”、11 月“专注”、12 月“合作”)。同时辅以常规活动：创建“主题教育”资源库；每周进行主题“升旗致辞”，学生国旗下演讲；每周语文教师进行主题“国学经典解读”，带领全体同学诵读；学期组织主题征文、演讲、朗诵等竞赛活动。学生在活动中进行锤炼，在活动中受到潜移默化的熏陶，综合素质得到提升。结合德育工作要求，各年级实施学生“自主管理”方案。让学生的德育教育，由被动管理化为主动管理，变他律为自律，实现自我服务，自我教育，学会责任与担当，从而实现学校四自管理：学习自主、行为自律、生活自理、成长自信。

(5) 每周抓过程

学校教育教学工作必须注重和强化过程管理，狠抓落实。学校每周日召开班主任例会，加强班主任之间的交流与合作，提升班级管理水平，分享教育心得、交流班级管理技巧；贯彻学校各项工作，收集学生各种情况，研究学生的思想、学习状况，提出合理的解决方法。每周一次主题班会，及时发现问题，暴露问题，解决问题，及时上传下达，纠偏矫正。

心理咨询案例

求助者：女性，18 岁，河北无极中学高三 XX 班学生。

该学生常常感到疲劳、焦虑，进入高中学习后，变得更加严重，甚至孤僻，并伴有记忆力下降的现象，学习成绩也退步了。最怕考试，最怕将成绩给别人看。但凡考前都会食欲不振，睡眠不足，坐卧不安，心情慌乱，不能集中注意，记忆效果不佳，缺乏克服困难的信心，智力活动效果下降。随着焦虑反应的持续往往引起生理的心悸，多汗，呼吸急促，肌肉紧张，头昏，恶心，食欲不振，手脚发冷等症状。而生理上的症状又可导致健忘，失去学习兴趣和生活情趣，进而更加焦虑起来。

诊断分析：

考试焦虑是一种固定性焦虑，在学生中极为常见，有调查表明，超过 1/3 的学生在高考前患有不同程度的焦虑症，它是学生在考试前预料到威胁性刺激而又无力去应付的痛苦反应，是处于失助状态下或处于阻断威胁中而不能采取变式行为去对付的时候产生的情绪。

专业心理教师对该生进行了心理疏导后回到了正常的学习备考中。

2022.10.10

(6) 每日抓常规

为进一步规范学生言行，培养学生良好学习生活习惯，学校积极抓好学生一日常规工作。在每天的学习活动中，各年级各班积极培养学生养成习惯，引导学生践行一日常规，推行值日班长制度，促使学生自我管理、自我约束。学校制定方案严格要求，班主任、值日教师、学生会成员、班干部共同督促，确保工作落到实处。学校中层以上领导实行三轮值班制度，领导组、年级组、监控组全方位、全天候、无死角第一时间掌握学生动态。尤其是在课余时间，进行查漏补缺。学生的每日常规由专人汇总通报，立即反馈，及时整改。

六个层级，从大到小，环环相扣，又互补支撑，形成“年年有方向、月月有主题、周周有展示、天天有成长”的立体化德育机制。

2. 五育共生，提升学生幸福品质

德育，铸魂强信念；智育，提智长本领；体育，锻炼强体魄；美育，熏陶塑品格；劳育，奉献促担当。五育并举，融合育人是育人系统中的必备要素，是育人的一个完整体系，通过五育融合，建立五育融合的机制，做到价值归一、同向而行、统筹兼顾，实现五育共生，呈现出五育相互渗透、相互滋养、相互成全的积极功能作用，形成幸福共生的命运共同体，回归教育的本质规律，回答并解决教育究竟“培养什么人”和“如何培养人”这个根本问题。坚持心理与五育融合来培养人的模式。

以德育心：

品德教育与心理健康教育结合：在德育活动中融入心理健康教育内容，培养学生良好的品德和心理素质。例如，在开展感恩教育活动时，我们可以引导学生思考感恩的意义和价值，同时让学生分享自己的感恩故事，培养学生的感恩之心和积极情绪。

主题班会与心理辅导结合：以主题班会的形式开展心理健康教育活动，邀请心理辅导老师进行指导。例如，通过开展“如何应对压力”主题班会，让学生分享自己在学习和生活中遇到的压力，心理辅导老师对其进行分析和指导，帮助学生掌握应对压力的方法和技巧。

以体强心：

体育课程与心理健康教育结合：在体育课程中融入心理健康教育内容，培养学生的坚强意志和竞争意识。例如，在体育教学中，教师可以通过组织体育比赛、团队活动等形式，让学生体验竞争与合作的乐趣，培养学生的团队精神和竞争意识。

课外体育活动与心理健康教育结合：组织丰富多彩的课外体育活动，如运动会、篮球赛、足球赛等，让学生在活动中释放压力、增强体质、培养良好的心理素质。例如，组织学生参加运动会，让学生在比赛中体验成功与失败的滋味，培养学生的挫折承受能力和积极心态。

以美润心：

艺术课程与心理健康教育结合：在艺术课程中融入心理健康教育内容，提高学生的审美能力和创造力，缓解焦虑情绪。例如，在美术课上，教师可以引导学生通过绘画表达自己的情感和想法，培养学生的创造力和情感表达能力。

校园文化活动与心理健康教育结合：开展丰富多彩的校园文化活动，如艺术展览、音乐会、舞蹈比赛等，让学生在活动中感受艺术的魅力，提高审美能力和心理健康水平。例如，组织学生参加艺术展览，让学生欣赏优秀的艺术作品，培养学生的审美情趣和艺术修养。

以劳健心：

劳动教育与心理健康教育结合：在劳动教育中融入心理健康教育内容，培养学生的自理能力、责任感和坚韧精神。例如，组织学生参加校园劳动实践活动，如植树造林、打扫校园卫生等，让学生在劳动中体验付出与收获的快乐，培养学生的责任感和坚韧精神。

社会实践活动与心理健康教育结合：组织学生参加社会实践活动，如社区服务、农村支教等，让学生在实践中了解社会、关爱他人、提高自己的综合素质和心理健康水平。例如，组织学生到社区进行志愿服务，让学生在服务中体验帮助他人的快乐，培养学生的社会责任感和爱心。

德育和智育在前面已经涉及下面主要阐述下其余几个方面。

（1）艺体课程，着眼学生“健”“美”的塑造

首先按照国家课程标准开齐开全音体美课程，尤其是体育课，学生首先应该拥有一个强健的体魄，其次才是品格和学识。

跑步是展现学生精神面貌的一项运动方式，不仅能增强学生体质，而且可以锻炼

意志，鼓舞士气，放松心情，为学生学习保驾护航。学校每日坚持进行两操（早操、晚操），要求学生每天跑够 2 000 米。

结合学生身体素质，开设有体育特长班，发展特长，增强体质，健康体魄，发扬体育运动精神。开设艺术修养课，专业教师教授艺术欣赏和鉴别，根据学生需要开设学生社团，如雕塑、舞蹈、演讲、合唱、电影赏析、服装设计、建筑审美等，学生参与其中，学习美，欣赏美，艺术素养、感性思维大大提升，助力学生全面发展的同时，为学生高考和步入社会提供了多条途径。

还开展丰富多彩的游学研学活动，走进博物馆，了解历史，让思接千载，视通万里；在艺术中心体验高雅文化带来的视听盛宴，让人对高雅的艺术有了更高层次的理解和认识；走进自然，热爱自然，融于自然，感受自然风光的瑰丽；走进名胜古迹，感受中华文化的博大精深……

(2) 劳动课程，着眼学生“勤”“劳”的培养

最新公布的普通高中课程方案提到：“培养德智体美劳全面发展的社会主义建设者和接班人”，“劳动”重新回到教育目标之中。普通高中课程方案和学科课程标准（2017 年版 2020 年修订）都明确规定，普通高中应增设劳动课程，共 6 个学分，为必修，其中志愿服务 2 学分，在课外时间进行，三年不少于 40 小时；其余 4 学分内容与通用技术的选择性必修内容以及校本课程内容统筹。

首先，劳动技术教育课要对学生进行劳动观点的教育，使他们认识到劳动是人类生存的第一个基本条件，劳动人民是物质文明和精神文明的创造者，从而让他们把劳动看成是光荣的事，养成劳动习惯，热爱劳动，热爱劳动人民。同时还要教育学生增强集体观念，培养他们自觉遵守纪律、爱护公共财物、珍惜劳动成果、勤劳俭朴、艰苦奋斗等优良品质。

其次，劳动技术教育课还要对学生进行一定的基本生产技术知识和劳动技能的教育，掌握劳动技能，理解劳动真正的意义。高一年级学会简单的烹饪，具有常规烹饪常识；高二年级开设植物栽培课，在学校绿化带圈定各班级管理试验田，学生分组，自己播种、自己管理、自己收获，校园卫生、花草树木的修剪浇灌、宿舍保洁都由学生自己完成；高三年级的男生学会简单的电工（照明线路安装及维修）技能，女生则学会简单的缝纫技术。

再次，要对学生进行劳动品质的教育，教育学生热爱劳动，热爱劳动人民；增强集体观念，珍惜劳动成果；勤劳俭朴，艰苦奋斗。学校开辟劳动实践基地，面向学生招募

动物饲养员，每天喂养动物；各班承包班级实践土地，种植蔬菜，并组织学生进行“实践基地蔬菜义卖活动”。同时，每年有计划地组织学生参加公益劳动和志愿服务活动，培养学生劳动习惯和劳动品质。坚持有计划、有目的地组织学生到工厂、农村参观，走进城乡社区、福利院，参加公园广场的志愿服务，参与创建文明县城的活动，发出“我的校园我建设”“我的班级我管理”“我的宿舍我清洁”的号召，对于培养学生工作不讲条件，劳动不计报酬，为集体服务的思想和风格有很好的作用。

室雅兰香书声朗，佳肴美馔手儿勤

——河北无极中学高一年级“最美书桌”“我爱劳动”活动

为了增强网课的仪式感，提高学生的学习效率，增强学生的家庭主人翁意识，河北无极中学高一年级进行了线上“最美书桌”“我爱劳动”活动。同学们以提交照片和小视频的方式积极参与。

《弟子规》云：“房室清，墙壁净，几案洁，笔砚正。”房间要整洁，墙壁要干净；桌面擦亮洁，文具放端正。放眼望去，几净窗明、错落有致、布置巧妙、清幽雅致，在此读书，清心、舒心、安心、净心。一净，一切净；一正，一切正。

“列典籍，有定处，读看毕，还原处。”书有定位，取的时候，心不纷乱。读看完毕，放的时候，回归原处。书桌井井有条，书生历历心明。伏案习字，圣贤教导“字不敬，心先病”，如果心不在焉，浮躁不安，写出来的字就会歪歪斜斜，参参差差。所以心正则字正，字正，则学正，学正，则为正。

“最美书桌”不只是为了评比，书桌亮洁、文具整齐，更是培养无中学子的恭敬心。如果我们主敬存诚，内外整洁，敬事敬物，学有不成乎？德有不进乎？

“茅檐长扫净无苔，花木成畦手自栽。”清幽整洁的环境，需要学生在家有一双勤劳的手。扫地，扫地，扫心地。扫除房间的尘，净扫内心的垢。

“饮食约而精，园蔬逾珍馐”，粗茶淡饭，精心烹饪，胜过山珍玉馐；勤劳持家，劳而不怨，长养廉俭美德。

“一粥一饭，当思来处不易；半丝半缕，恒念物力维艰。”习劳知感恩，感恩生智慧。望我无中学子，能够勤勤恳恳，兢兢业业，修其身，齐其家，治其国，平天下。

我是小管家——高中生家务决策参与案例

在家庭教育中，让孩子参与到家务决策中来，不仅可以培养他们的责任感，还可以提升他们的生活技能以及幸福指数。以下是一个关于高中生在家务决策中发挥作用的案例：

［案例背景］

李姿颖是一名高中518班学生，她的父母都是全职工作，因此家庭中的许多事务都需要她来帮忙处理。李姿颖的父母意识到，让李姿颖参与到家务决策中来，不仅能让她学会独立，还能帮助她在日常生活中建立良好的时间管理和组织能力。

［案例描述］

李姿颖的父母制定了一个每周的家务计划表，其中包括清洁、烹饪、购物和其他必要的家庭维护活动。他们邀请李姿颖一起讨论这个计划，并允许她根据自己的时间表和个人偏好来调整。

计划如下：

1. 内务整理：做到分类摆放物品，床铺干净整齐，书橱摆放有序。

2. 收拾书桌：依次收拾各种学习用品，准确放到指定位置，简洁、有序摆放书桌用品，桌面及时清理干净。家里的东西要经常整理收纳，这样可以让家里更加整洁，也可以减少找东西的时间。

3. 洗涤缝补：能够按照洗涤标识正确洗涤衣物，掌握几种手缝针法，灵活运用于日常衣物的修补。衣服要勤洗勤晒，这样可以保持衣服的干净和整洁，也可以减少细菌滋生。

4. 烹调烹饪：灵活取用食材，独立创作拿手菜品，做到健康科学养生。

5. 维修维护：了解安全用电、节约用电常识，掌握常用家用电器的使用与保养方法。

6. 每学期参加一次敬老、助残、扶弱等社区服务。

家务事情需要时间，需要合理规划时间。可以制定家庭日程表，安排好每个人的时间，这样可以避免家务事情堆积。

做家务虽然有些烦琐，但是也可以成为一种锻炼身体和心情的方式。可以在做家务的时候听听音乐，或者和家人一起做，这样可以让心情更加愉悦。

总之，做家务是家庭生活中必不可少的一部分，每个人都应该尽自己的努力来参与其中，让家庭更加和谐美满。

［李姿颖的角色］

作为家庭中的“小管家”，李姿颖负责监督和执行家务计划。她确保所有任务都能按时完成，并在必要时做出调整。她还负责协调家庭成员之间的工作分配，以确保每个人都承担起自己的责任。

［成果与影响］

通过参与家务决策，李姿颖学会了如何有效地管理时间，并且提高了她的组织和规划能力以及幸福指数。她也学会了如何与人协作、如何解决冲突和问题。这些技能不仅对她的学业有所帮助，也为她未来的职业生涯奠定了基础。

［结论］

这个案例展示了让学生参与家务决策的重要性。通过这种方式，学生不仅能够学习到实用的生活技能以及幸福指数，还能培养他们的责任感和领导能力。此外，这也是一种有效的方式，帮助学生在繁忙的学习生活中找到平衡，并成为更有能力的成年人。

(3) 走班课程，着眼学生兴趣特长发挥

选课走班是高中新课程的一大特点，也是新一轮高中课程改革的一个亮点。特色课程是为适应社会对多样化人才的需求，满足不同学生的发展需要。在保证每个学生达到共同基础的前提下，各学科分类别、分层次设计了多样的、可供不同发展潜能学生选择的课程内容，以满足学生对课程的不同需求。学校教师根据学科特点及学生需求准备特色课程，填写课程认定表，利用周末开展课程，课后组织学生进行评价反馈。学校在课程育人的过程中，针对学生的爱好，激发兴趣，发掘智力。这些举措，既拓展了学生的知识与技能，发展了学生的兴趣和特长，培养了学生的个性；又促进了教师的专业成长，让教师不断地反思自己的教育实践，最大限度地发挥了自己的专业自主性和创造潜能，发挥自己的优势和特长，获得专业的自主成长和持续发展。同时还促进了学校特色的形成与办学模式的多样化，使学校课程生机勃勃，充满活力，走出了有特色、可持续发展之路。

(4) 生涯课程，着眼学生未来人生方向

国务院办公厅《关于新时代推进普通高中育人方式改革的指导意见》明确提出要重点加强对学生理想、心理、学习、生活、生涯规划等方面指导，帮助学生树立正确理想信念、正确认识自我，更好适应高中学习生活，处理好个人兴趣特长与国家和社会需要的关系，切实提高学业规划和生涯规划能力。

一个有目标、有理想、有方向的人才真正懂得如何去走自己的路。我校通过有针对性的生涯规划教育，逐渐引领学生认清个人特质，培养个人兴趣特长，形成规划意识，及早谋划个人的生涯，使得广大高中生终身受益，从而推动他们生涯的高质量发展。我校的生涯规划课采用专兼职教师结合的形式，专职教师集体讲座、阶段规划和辅导，兼职教师（班主任）动态跟踪和针对性指导。引领学生认清个人特质，培养个人兴趣特长，形成规划意识，找准人生航标，奔着目标前进，心无旁骛，力无虚发，推动生涯的高质量发展。

(5) 以评促学，及时对学生情况正向反馈

学生综合评价是一个多维度、全面性的评估体系，旨在全面衡量和反映一个学生在学术成就、技能掌握、个性发展、社会适应能力以及其他相关方面的表现和进步。这种评价方法不仅仅关注学生的考试成绩或者单一的学术表现，还试图通过一系列量化和定性的指标来描绘学生的全面发展轮廓。

学生综合评价的主要目标是促进学生全面发展、激发潜能、提高教学质量和培养终身学习能力，其意义在于实现个性化教育、建立公平的评价体系、促进社会适应能力和引导教育改革。

综合评价作为一种全面考量学生各方面能力和潜力的评估方式，对学生个人发展的影响是多方面的。它不仅能够促进学生能力的全面提升，还能够增强学生的自信心，促进学生间的合作，并为学生的未来规划提供指导。因此，综合评价是一种对学生长远发展极为有益的评价方式。

学生综合评价的组成要素主要包括：

1. 学业成绩：评价学生掌握知识和技能的基础，包括平时成绩、考试成绩等。

2. 德育表现：评价学生的品德行为和社会责任感，如诚实守信、尊敬师长等。

3. 体育健康：评价学生的身体素质和运动能力，以及参与体育活动的积极性。

4. 艺术素养：评价学生在音乐、美术、舞蹈等艺术领域的参与度和创造力。

5. 社会实践：评价学生参与社会服务、志愿活动的能力和社会适应性。

6. 创新能力：评价学生的思维活跃度、创新思维和解决问题的能力。

7. 学习态度：评价学生的学习积极性、自主学习能力和持续学习的意愿。

采用多元化的评价方法：

1. 项目式学习评价：通过让学生参与具体的项目，评估他们在实际操作中的解决问题能力和创新能力。

2. 小组合作任务：评估学生的团队协作精神和领导能力。

3. 社区服务和志愿活动：考察学生的社会责任感和公民意识。

4. 艺术作品和创意作品：评估学生的创造力和审美能力。

河北无极中学学生综合素质评价方案

为全面推进素质教育，建立健全与普通高中课程改革相适应的学生综合素质评价机制，根据教育部《关于积极推进中小学评价与考试制度改革的通知》《普通高中课程方案（实验）》和《河北省普通高中课程改革实施意见》等文件精神，结合我校实际，制定本方案。

一、指导思想

改革学生评价的内容和方法，建立以促进学生发展为目标的评价体系，促进学生综合素质的提高和身心健康发展；适应新课程要求，落实普通高中课程方案，为实施素质教育提供保障；全面、真实地反映高中学生在校期间的表现，为高中生的毕业提供依据，为高校招生提供参考信息。

二、基本原则

1. 全面性原则。从基础性发展目标的七个维度及其基本含义评价学生，既要关注基础性发展目标，又要关注学科学习目标。既要重视学生的学业成绩，又要重视学生的思想品德以及多方面素质与潜能的发展和创新精神及实践能力的培养。

2. 客观性原则。关注获取信息的真实性与可靠性，关注评价结果的客观性、准确性、有效性，使评价切实起到促进学生成长的作用。

3. 公正性原则。注重学生在评价中的主体地位，让学生、同伴、家长、教师等多主体参与到评价中，改变将考试成绩作为唯一评价手段的倾向，提高评价的科学性。

4. 操作性原则。评价的操作要简便易行，评价的指标体系要合理全面，有较强的可操作性，要充分利用现代信息技术手段，努力实现评价的信息化。

5. 过程性原则。突出评价对学生全面发展的促进作用。对学生的评价既要注重结果，更要注重发展和变化的过程，坚持过程评价与终结性评价相结合的原则，发挥评价的激励、发展功能。

6. 延续性原则。注意在评价内容、评价方式等方面与九年义务教育阶段学生评价的有机衔接。

三、评价内容

评价内容主要包括：模块修习评价、学业水平评价、综合实践活动评价、基础素质发展评价四个部分。

1. 模块修习评价。内容涉及8大学习领域13个学习科目的必修和选修模块，用学分描述模块修习的状况。详见《学分认定办法》。

2. 学业水平评价。学生参加由河北省组织实施的普通高中学业水平终结性考试，全面反映学生完成本学段学业水平情况的评价。

3. 综合实践活动评价。反映学生参加研究性学习、社会实践、社区服务活动的内容、学时、学分，综合实践活动的体验与收获、教师对学生在活动中表现的评价等情况。

4. 基础素质发展评价。主要涉及"道德品质、公民素养、学习能力、交流与合作、创新与发现、运动与健康、审美与表现"七个维度及相关内容。评价具体内容详见附表。

四、评价方法

1. 模块修习评价。以学期为单位，用学分来描述学生模块学习的情况。在必修课程和选修课程的每一个模块教学结束之后，根据学校学分管理规定给学生认定学分，并负责填写"河北省普通高中学生学分认定表"。

2. 学业水平评价。按照《河北省普通高中学业水平考试办法》规定，组织学生参加学业水平考试，并由授权考试机构发布学业水平考试成绩并颁发学业水平成绩证书。

3. 综合实践活动评价。以学期为单位，每次综合实践活动结束后，由辅导教师或班主任组织填写"河北省普通高中学生综合实践活动记录表"，其中"体验与收获"栏由学生本人用描述性的语言填写。在学生自评的基础上，进行小组评价、辅导教师评价、服务对象评价，由班主任或辅导教师认定学分。

4. 基础素质发展评价。以学期为单位，在学期末采取学生个人自评，同学间互评、家长评价、教师评价相结合的方式进行。学生基础素质发展评价一般以A、B、C、D等第方式呈现，同时，辅之以写实性评语，用描述性语言，把学生在某一维度内的突出表现用简明扼要的文字加以写实性描述，记入"河北省普通高中学生综合素质评价表（学期表）"，并把学生的突出表现如实记录在该表的"突出表现栏"。在基础素质发展评价中，"道德品质、公民素养"两个维度给予"D"等第评价时要十分慎重，须报经学校综合素质评价工作领导小组审核。

高中学生学业期满，由学校汇总各方面的评价结果，并填写"河北省普通高中学生综合素质评价表（总表）"。

五、组织实施

1. 普通高中学生综合素质评价工作由学校组织实施。学校应建立和完善评价工作的公示、诚信、监督、申诉等制度，确保综合素质评价工作公开、公正、公平、有序地进行。

2. 主管教育行政部门对学校综合素质评价工作负有监督管理的责任。

3. 学校成立普通高中学生综合素质评价工作领导小组，校长任领导小组组长，负责制定本校学生综合素质评价实施细则，组织实施评价工作，审定评价结果。实施细则应主要包括明确的评价标准、清晰的评价程序以及相关责任人等内容。

4. 建立学生成长记录袋。成长记录袋中包括每学期的综合素质评价表（学期表）、综合素质评价总表、综合实践活动记录表，道德品质、公民素养、学习能力、交流与合作、创新与发现、运动与健康、审美与表现等七个方面突出表现的实证材料，以及其他有价值的材料。

5. 在每学年末和毕业前，学校应以书面形式将综合素质评价表通知学生本人及其家长。学生及其家长对评价结果有异议，应以书面形式向学校综合素质评价工作领导小组提出申诉或复议，学校综合素质评价工作领导小组应在收到申诉或复议之日起7个工作日内给予书面答复。

六、结果的应用

“河北省普通高中学生综合素质评价表（汇总表）”作为学生高中毕业和高校招生的重要参考信息。附表：

一、河北省普通高中学生综合素质评价表（学期表）

二、河北省普通高中学生综合素质评价表（汇总表）

三、河北省普通高中学生基础素质评价参考量表

四、河北省普通高中学生综合实践活动记录表

二、强化精神引领，保证共生方向正确

结合传统文化，挖掘传统思想内涵：中国传统文化中蕴含着丰富的理想教育资源，如儒家的“修身、齐家、治国、平天下”思想，强调个人修养与社会责任的统一；道家的“无为而治”思想，倡导顺应自然、追求内心的宁静；墨家的“兼爱”“非攻”思想，主张平等、友爱、反对战争等。教师可以通过讲解这些传统思想，引导学生树立正确的人生观、价值观和世界观。例如，在讲解人生价值模块时，可以结合儒家的“修身、齐家、治

国、平天下”思想，让学生思考个人价值与社会价值的关系，明确自己的人生目标和责任。

讲述古代名人故事：教师通过讲述古代仁人志士的故事，如屈原的爱国精神、苏武的坚守气节、岳飞的精忠报国等，激励学生树立远大理想。通过这些故事，让学生了解古代名人的高尚品质和伟大精神，激发他们的爱国热情和奋斗精神。例如，在讲解爱国主义教育模块时，可以讲述屈原的故事，让学生了解屈原的爱国情怀和不屈不挠的精神，激发他们的民族自豪感和爱国热情。

坚持红色育人目标：在教育领域，精神引领和物质保障被普遍认为是实现师生之间和谐共生关系的关键前提条件。精神引领指的是通过教育理念、价值观念和思想文化的灌输，激发学生的内在潜能，引导他们形成正确的世界观、人生观和价值观；而物质保障则涉及为师生提供必要的教育资源、教学设施和生活条件，确保他们在良好的物质环境中学习和成长。

在这样的背景下，红色育人的幸福党建成为了一个重要的关注点。所谓红色育人，是指以中国共产党的革命传统和优良作风为基础，通过红色资源的挖掘和利用，对学生进行爱国主义教育和革命传统教育，培养他们的社会责任感和历史使命感。幸福党建则是在红色育人的基础上，进一步关注师生的幸福感和满足感，通过建立健全的党建工作机制，提升师生的精神福祉，营造一个积极向上、健康和谐的学习环境。

在实践中，精神引领与物质保障相辅相成，共同作用于师生的成长过程。精神引领为师生提供了方向和动力，而物质保障则为他们的发展提供了基础和条件。只有当两者都得到充分的重视和实施，才能真正实现师生之间的共生共荣，促进教育事业的健康发展。

因此，关注红色育人的幸福党建，不仅是对师生精神文化生活的一种关怀，也是对教育质量和教育公平的追求。通过加强党建工作，可以更好地传承红色基因，培育学生的家国情怀，同时也能够提升教育系统的整体效能，为师生创造一个更加幸福和谐的教育环境。

（一）红色育人的内涵

红色育人是一种教育理念，它源自中国共产党的革命传统和社会主义建设的实践。这一概念强调在教育过程中，要传承和弘扬革命先辈的光荣传统和崇高精神，通过各种形式的教育活动，培养学生的爱国情怀、集体主义精神和社会责任感。

在当代教育中，红色育人的意义尤为突出。首先，它有助于加强青少年的爱国主义教育，使他们深刻理解国家的发展历程和革命先烈的伟大牺牲，从而增强国家认同感和民族自豪感。其次，红色育人能够促进学生的道德修养，通过对革命历史的学习，让学生明白诚信、勇敢、坚韧、奉献等美德的重要性，为他们将来成为社会的有用之才打下坚实的基础。

此外，红色育人还强调实践和体验的重要性。通过组织学生参与红色教育基地的参观学习、红色故事的讲述、红色文化的创造等活动，让学生亲身体验历史，感受红色精神的力量，从而更加深刻地理解和领悟红色育人的内涵。

图 4－5 “红色育人”游学

红色育人不仅是一种教育方法，更是一种文化传承和精神塑造的过程。在当代教育中，它对于培养学生的全面发展、增强民族凝聚力、推动社会主义核心价值观的建设等方面都具有不可替代的重要作用。

(二) 红色育人的重要性

在教育领域，师生之间的关系是教学过程中不可或缺的一部分。这种关系不仅仅是简单的知识传递，更是一种深层次的互动和影响。在这种互动中，红色育人起着至关重要的作用。它不仅能够激发学生的学习热情，还能够引导学生形成正确的价值观和人生观。

红色育人在师生共生关系中的核心作用体现在它能够为学生提供一个积极向上的学习环境。教师通过自身的言行举止，传递出对知识的热爱和对生活的热情，这种积极的态度能够感染学生，激发他们学习的兴趣和动力。当学生在一个充满正能量的环境中学习时，他们的潜能更容易被激发出来，从而取得更好的学习成果。

此外，红色育人还能够促进师生之间的情感交流，建立起一种深厚的师生情谊。在教育过程中，教师对学生的关心和支持不仅能够帮助学生解决学习上的困难，更能够在情感上给予学生支持，帮助他们建立自信，克服生活中的挑战。这种情感上的共鸣和理解，能够使得师生之间的关系更加紧密，形成一种互相支持、共同成长的共生关系。

综上所述，红色育人在师生共生关系中扮演着核心的角色。它不仅能够提升学生的学习热情，还能够在人格塑造、价值观建设以及情感交流等方面发挥重要作用。因此，教师应当充分认识到精神引领的重要性，努力成为学生的精神导师，以促进师生关系的和谐发展，共同创造一个积极向上的教育环境。

1. 红色育人激发学生的爱国情怀和社会责任感

在当今社会，培养学生的爱国情怀和社会责任感成为了教育工作者面临的重要任务。为了实现这一目标，教育者可以采取多种策略，通过精神引领的方式，激发学生内心深处对国家的热爱以及对社会的责任感。

首先，教育者可以通过讲述国家的历史和文化，让学生了解国家的发展历程和民族的精神传承。通过组织学生参观历史博物馆、纪念馆等场所，使他们亲身感受到历史的厚重感和民族的伟大成就。这样的活动不仅能够增强学生对国家历史的认知，还能够在无形中培养他们的爱国情感。

图 4-6　学生参观西柏坡革命纪念馆

其次，教育者可以通过开展形式多样的爱国主义教育活动，如国旗下的讲话、爱国主义主题演讲比赛、爱国主义歌曲合唱等，让学生在参与中感悟爱国情怀。这些活动能够让学生在集体的氛围中感受到团结的力量，从而更加深刻地理解到个人的命运与国家的命运是紧密相连的。

图 4－7 “感党恩跟党走复兴强国有我”主题演讲比赛

再者，教育者应当鼓励学生参与社会实践，通过志愿服务、社区帮扶等活动，让学生在实践中体会到社会责任的重要性。通过这些实践活动，学生不仅能够学会关心他人、服务社会，还能够在实际行动中培养解决问题的能力，增强社会责任感。

图 4－8 “铭记光辉历史，传承红色基因”主题教育活动

最后，教育者还应当在日常教学中融入爱国主义和社会责任感的教育元素，如在

语文课上分析爱国主义文学作品，在历史课上讨论历史人物的爱国行为，在道德与法治课上强调公民的责任和义务。通过这样的课程设计，学生可以在不断学习和思考的过程中，逐渐形成自己的爱国情怀和社会责任感。

教育者通过讲述历史、开展活动、鼓励实践和课程融合等多种方式，共同作用，才能有效地培养学生的爱国情感和社会责任意识，使他们成为对社会有用的人才。

图 4－9　学生调查讲解郭庄民兵营

图 4－10　“致敬英雄李狄三”活动

2. 红色育人培养学生正确价值观和人生观

红色育人在教育过程中扮演着至关重要的角色，它对于培养学生的正确价值观和人生观具有深远的影响。通过有效的红色育人，教育者能够向学生灌输积极向上的思想，引导他们形成正确的世界观和道德观，这对于学生的成长和发展至关重要。

首先，红色育人能够帮助学生建立正确的价值观念。在成长的过程中，学生会遇到各种各样的信息和诱惑，如果没有正确的价值观念作为指导，他们很容易迷失方向。教育者通过精神引领，可以向学生传授社会公认的核心价值观，如诚信、尊重、责任等，帮助学生区分是非，培养他们的道德判断力和责任感。

其次，红色育人对于塑造学生的人生观同样不可或缺。人生观是一个人看待生活和人生目标的根本态度和看法。通过积极的精神引领，教育者可以激发学生的内在潜能，引导他们树立远大的理想和抱负，鼓励他们为社会的进步和个人的发展而不懈努力。这种积极的人生观能够激励学生在面对困难和挑战时保持坚韧不拔的毅力，不断追求卓越。

此外，红色育人还能够促进学生的全面发展。在知识传授的同时，教育者通过精神引领，关注学生的情感、意志和个性发展，帮助他们建立自信，培养独立思考和创新的能力。这种全面的培养方式有助于学生形成健全的人格，为他们未来的社会生活和职业发展打下坚实的基础。

红色育人对于培养学生的正确价值观和人生观具有不可替代的作用。它不仅能够帮助学生建立正确的价值观念，塑造积极的人生观，还能够促进学生的全面发展，为他们成长为有责任感、有理想、有能力的社会人提供了重要的支持。因此，教育者应当重视精神引领在教育过程中的重要性，努力营造一个有利于学生精神和道德成长的教育环境。

3. 红色育人增强了学生民族自豪感和文化自信

红色育人是指通过教育和实践活动，传承和弘扬革命传统和红色文化，以此来培养学生的民族自豪感和文化自信。这一教育方式在当代中国的学校教育中占有重要地位，它不仅仅是对历史知识的传授，更是一种精神财富的传递和价值观的塑造。

首先，红色育人通过教师讲述革命先烈的英勇事迹和革命历史的艰苦卓绝，使学生深刻理解到今天的和平与发展是无数革命先烈用鲜血和生命换来的。这种认识能够激发学生对于民族历史的尊重和敬仰，从而增强他们的民族自豪感。学生们会意识到，自己是一个有着光辉历史和伟大传统的民族的一员，这种认同感会使他们更加珍视和维护国家的荣誉与尊严。

其次，红色育人还通过让学生对红色文化的学习和体验，使其深入了解中华民族的优秀传统文化和革命文化。这些文化元素蕴含着深厚的历史底蕴和丰富的精神内涵，它们代表了中华民族的智慧和创造力。通过学习这些文化，学生能够认识到中华文化的独特价值和魅力，从而增强文化自信。他们会明白，自己的文化根基是坚实的，自己的文化传统是值得骄傲的，这种自信会转化为推动个人成长和社会发展的强大动力。

最后，红色育人还能够通过开展各种形式的教育活动，如参观红色教育基地、开展红色主题社会实践等，让学生亲身体验和感悟红色精神。这种亲身的经历会更加深刻地影响学生的情感和认知，使他们在感性上更加贴近历史，理性上更加理解历史。这种深入骨髓的教育效果，能够让学生在成长的道路上树立正确的历史观、民族观和国家观，为成为有责任感、有担当的公民打下坚实的基础。

红色育人对于增强学生民族自豪感和文化自信具有不可替代的作用。它不仅帮助学生了解历史，更重要的是培养了学生的民族情怀和文化自觉，为他们的成长和发展提供了强大的精神支撑。

图 4－11 “祭英烈知党恩赓续红色血脉”主题活动

(三) 幸福党建的目标

1. 党建工作提升师生的幸福感和归属感

在当今社会，党建工作不仅仅是政治任务的简单执行，更是关乎到每个人的幸福感和归属感的重要工作。因此，我们需要明确幸福党建的目标，这个目标就是通过党建工作的提升，来增强师生的幸福感和归属感。

首先，我们要明确，幸福党建的目标并不是简单的物质满足，而是精神层面的满足。这种满足来自对党的认同，对党的信任，对党的依赖。因此，我们要通过党建工作，让师生们更加深入地了解党，更加深入地理解党，更加深入地信任党。

其次，我们还要通过党建工作，提升师生的归属感。归属感是一种心理需求，是人们对一个群体的认同和依赖。我们要通过党建工作，让师生们感受到自己是党的一员，是党的一分子。

最后，我们要通过党建工作，提升师生的幸福感。幸福感是一种主观的感受，是人们对生活的满意度和幸福感。我们要通过党建工作，让师生们感受到生活的美好，感受到生活的幸福，感受到生活的快乐。

总的来说，明确幸福党建的目标，就是通过党建工作，提升师生的幸福感和归属感。这是我们党建工作的最终目标，也是我们党建工作的最终追求。

2. 党建工作与学校管理、教学活动和学生发展紧密结合

在当今社会，党建工作作为加强组织纪律性和提升集体凝聚力的重要手段，对于

学校这一特殊群体而言，其重要性不言而喻。

首先，从学校管理的角度来看，党建工作可以与学校的日常管理工作深度融合。通过建立健全党组织领导下的管理体制，可以将党的理论和路线方针政策贯彻到学校管理的各个方面，确保学校工作的正确政治方向。此外，通过党建活动，可以培养和选拔一支政治素质高、业务能力强的管理团队，为学校的发展提供坚强的组织保障。

其次，在教学活动中，党建工作同样可以发挥重要作用。教师作为传道授业解惑的重要角色，其政治素养和专业能力直接影响到教学质量和学生的价值观形成。因此，通过加强教师队伍的党性教育和业务培训，可以提升教师的整体素质，进而提高教学质量。同时，党建工作还可以通过开展形式多样的教学竞赛和研讨活动，激发教师的创新精神和教学热情，促进教育教学改革的深入进行。

最后，对于学生发展而言，党建工作可以通过多种途径与学生的成长紧密相连。例如，可以在学生中开展形式多样的思想政治教育活动，引导学生树立正确的世界观、人生观和价值观。同时，通过党员教师的示范带动作用，可以鼓励学生积极参与社会实践和志愿服务活动，培养学生的社会责任感和集体荣誉感。此外，党建工作还可以为学生提供学习交流的平台，帮助学生在学习、科研等方面取得更好的成绩，促进学生全面发展。

党建工作与学校管理、教学活动和学生发展紧密结合，不仅能够提升学校的整体运行效率和教育教学质量，还能够促进学生的全面成长，为社会培养出更多优秀的人才。因此，探索党建工作与学校各个方面的有效结合，对于推动学校教育事业的发展具有重要的现实意义和深远的历史意义。

（四）幸福党建的具体实施

为了实施幸福党建，我们采取了一系列具体而有效的措施，旨在增强党组织的凝聚力和战斗力，同时提升党员的幸福感和归属感。

1. 开展主题党日活动

我们定期组织主题党日活动，通过这些活动，党员们可以集中学习党的理论和政策，讨论时事政治，分享工作经验，以及参与志愿服务等。这些活动不仅增强了党员的政治意识和责任感，而且增进了党员之间的相互了解和团结协作。

2. 建立党员服务队伍

我们成立了由党员组成的服务队伍，这些队伍负责在社区内外开展各种服务活动，如帮助困难群众、开展文化宣传、环境保护等。通过这些服务活动，党员们能够将

图 4－12　党总支召开深入学习贯彻习近平新时代中国特色社会主义思想主题教育部署动员会

党的宗旨落到实处，同时也提升了自身的社会价值感。

图 4－13　党员同志参加志愿服务“铲冰除雪”活动

3. 强化党员教育培训

我们注重对党员进行系统的教育和培训，包括党的基本知识、社会主义核心价值观、党风廉政建设等内容。通过不断的学习和培训，党员们的思想政治素质得到提高，为党的事业贡献更多的智慧和力量。

图 4－14　全体党员重温入党誓词

4. 促进党内民主生活

我们鼓励党员积极参与党内民主生活，通过民主评议党员、民主生活会等形式，让党员们有机会表达自己的意见和建议，增强党内的民主意识和自我监督能力。

图 4 - 15　党支部召开组织生活会

5. 关心党员生活福祉

我们关注党员的生活状况，为党员提供必要的帮助和支持，如在党员生病、遇到困难时提供慰问和援助，确保党员在生活上感受到组织的温暖和关怀。

通过这些具体措施的实施，我们的党建工作更加贴近党员的实际需求，有效提升了党员的幸福感和满意度，为构建和谐社区、推动社会主义现代化建设提供了坚强的组织保证。

(五) 红色育人的学生实践

在教育教学中融入红色文化和革命传统，可以通过多种方式来实现。

首先，教师可以在课程设置中增加与红色文化和革命传统相关的内容。例如，在历史课程中，可以详细讲述中国共产党的发展历程，以及革命先烈的英勇事迹，让学生了解革命历史的艰辛与伟大。

其次，教师可以在课堂上运用多媒体教学资源，如播放红色经典电影、纪录片，或者展示革命历史图片，使抽象的历史知识变得生动具体，提高学生的学习兴趣。

此外，学校还可以举办红色主题的演讲比赛、征文比赛等活动，鼓励学生主动学习和研究红色文化和革命传统，培养学生的思辨能力和表达能力。在语文教学中，可以选取一些反映革命精神和红色文化的经典文学作品，如《红岩》《钢铁是怎样炼成的》等，通过阅读和分析这些作品，让学生深刻理解革命传统的内在价值。

图 4－16　观看电影《长津湖》

图 4－17　“传承红色基因争做时代新人”文艺汇演

最后，学校可以邀请经历过革命战争的老红军、老党员来校开展讲座，分享他们的亲身经历和感悟，使学生能够从亲历者的角度更加真切地感受到红色文化和革命传统的深远影响。

通过这些具体的方法和活动，教育教学中的红色文化和革命传统不仅能够得到有效传承，还能激发学生的爱国情感，培养他们的责任感和使命感，为培养有理想、有担当的新时代青年打下坚实的基础。

三、建设学校文化，为共生提供保障

（一）强调育人无形的幸福精神

开展“三风一训”及各种校园文化设计。

1. 校风:敬业,乐群,求实,创新

“敬业,乐群,求实,创新”集中体现了无中的办学理念和育人目标,是无中师生共同遵循的行为准则和价值追求。“敬业”是核心,是对职业的一种热爱和投入,更是一种基于道德和灵魂深处的追求和奉献。在无中,教师不仅要在职业上追求卓越,更要在道德品质上树立榜样,进而实现师生校“幸福共生”。“乐群”强调了团队合作和集体精神的重要性。在无中,师生相互尊重、相互支持,共同营造了一个和谐、融洽的校园氛围。“求实”和“创新”则是校风的动力和源泉。无中注重培养师生的求实精神,鼓励大家追求真理、探索未知;同时,也鼓励师生勇于创新、敢于突破,不断推动学校的教育教学改革和科研创新。

2. 教风:修德,正己,博学,善导

“修德,正己,博学,善导”既是无中教师职业精神的体现,也是实现“立德铸魂,幸福共生”教育目标的关键所在。“修德正己”是对教师的素质要求。教师要修炼自己的品德,还要不断反思自己的行为,用自己的言行去影响学生,让学生在潜移默化中形成良好的道德品质。“博学善导”是对教师的教学能力要求。教师要不断学习新知识、更新教育观念、掌握先进的教学方法,以满足学生日益增长的求知欲。同时,教师还应善于引导学生学习,激发学生的学习兴趣和潜能,帮助学生掌握有效的学习方法和策略,从而提高学生的综合素质和能力。

3. 学风:求真,善思,乐学,敏行

“求真,善思,乐学,敏行”旨在通过这一学风的培养和实践,使学生具有求真精神、善思品质、乐学态度和敏行能力,实现个人品德的提升和综合素质的全面发展。“求真”是基础,学生具备探求真理、追求真实的精神,在学习中,保持对知识的敬畏和好奇,同时具有辨别能力,勇于质疑、敢于探索。“善思”是核心,学生要善于独立思考、具备创新思维和批判性思维,敢于提出新观点、新见解,不断推动知识的创新和发展。“乐学”是动力,学生保持对学习的热爱和兴趣,注重培养自己的学习能力和学习方法。“敏行”是实践要求,强调学生要具备实践能力和动手能力,能将所学知识迅速转化为实际应用。

4. 校训:以真求学,以诚做人

“以真求学,以诚做人”这一校训蕴含了儒家思想中的“格物致知”和“仁爱诚信”理念,以及现代教育中的“求真务实”精神和现代社会对公民道德的要求。这些经典理念共同构成了这一校训的丰富内涵,深刻地诠释了学习和做人的双重标准,体现了对知识和品格的双重追求。“以真求学”强调了求学的态度和方法。“真”字包含了真实、真诚、认真等多重含义。“诚”字包含了诚实、守信、真诚等品质。它提醒无中师生，在追求知识的道路上，要保持真实、真诚、认真的态度；在与人交往中，要诚实守信、真诚待人。这校训，不仅是对无中师生的期望和要求，也是对整个教育理念的体现和诠释。它激励我们在学习和做人的道路上不断前行，追求卓越，实现自己的人生价值。

5. 校徽

6. 校旗

7. 校歌

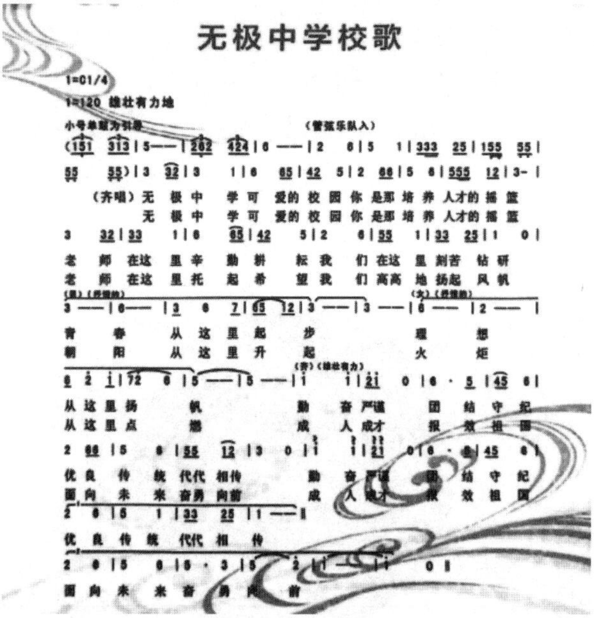

8. 吉祥物——无中福贝贝

河北无极中学吉祥物是一只小凤凰的卡通造型——无中福贝贝。吉祥物头上有三支凤凰羽毛，寓意着美好的德行；耳朵上的火焰寓意着浴火重生后不屈不挠的奋斗精神和坚强的意志；小凤凰寓意着河北无极中学梧桐枝叶茂，招引凤凰来；还寓意无中学子鸾雏初出世，金羽炫光彩。立德同铸魂，福辈共成才。

9. 楼宇设计

高一楼设计侧重品德和习惯的养成，高二楼侧重传统文化和乡土文化的弘扬，高三楼侧重于信仰建构和榜样引领。

楼宇名称：楼宇文化浸润着校领导对学生的谆谆嘱托和殷殷期盼：立德同铸魂，凝心共福生。

明德楼。“明德”一词出自儒家经典《大学》：“大学之道，在明明德，在亲民，在止于至善。”“大学”是内成大人，外化大众之学。“明德”是最高尚、最光明的品德。“明明德”是弘扬光明正大的品德。“亲民”是对百姓无私、无我的慈悲仁义。“止于至善”是教育学生安住于无私无我的善行。明德楼作为高一教学楼，其实是在学生入学的时候就给学生树立了为学的最高境界，就是“明明德”。

笃学楼。“笃学”一词出自《论语》。子曰：“笃信好学，守死善道。”孔夫子告诉我们，君子治学要坚定信念，并勤奋好学，紧守仁道。我们教育学生在初步治学的时候，要守住善道，多亲近善知识，这是治学的必经过程。笃学楼作为高二楼，意在让学生有了修学的方向后，笃学为进。

致远楼。“致远”一词出自诸葛亮为儿子诸葛瞻写的《诫子书》：“非淡泊无以明志，非宁静无以致远。”不把浮华的名利看淡，就不会有明确的志向；不能心境安宁清静，就不能实现远大的理想。致远楼作为高三楼，这是教育学生想要志存高远学得真知，必须使身心在宁静中研究探讨。

慎思楼。“慎思”一词出自《中庸》：“博学之，审问之，慎思之，明辨之，笃行之。”这是关于治学的名句，意在教育学生要博学多才，就要对学问详细地询问，要慎重地思考，要明白地辨别，更要切实地力行。《菜根谭》有言：“青天白日的节义，自暗室屋漏中培来；旋乾转坤的经纶，自临深履薄处得力。”这教育学生，光明正大的气节，从独处时培来；扭转乾坤的能力从恭敬谨慎中积累而来。慎思楼作为教学楼，是教育学生光明正大，恭敬谨慎，慎思，更要慎行。

博望楼。“博望”是古代山名，出自《文选》：“乃假天阙於牛头，托远图於博望。”博望楼作为男生公寓，是学校期盼学子要博学望远，高瞻远瞩，怀抱家国。

树蕙楼。“树蕙”一词出自屈原《离骚》：“余既滋兰之九畹兮，又树蕙之百亩。”意思是我已经种下了九畹地的春兰，又栽种了百亩园的秋蕙。树蕙楼作为女生公寓，意在明示：师者当辛勤培养贤才，以蕙兰仁德之芳，香泽学子；学子更需勤勉耕耘学习，有兰心蕙质之德，回报师长。

毓秀楼。唐·柳宗元《马退山茅亭记》云:“盖天钟秀于是,不限于遐裔也。”毓乃养育也,秀乃优秀也。毓秀楼作为学生公寓,意为学校乃凝聚天地灵气,孕育优秀人物也。

10. 楼宇标语

标语	理　　念
“做事如山,做人如水”（博望楼、树蕙楼）	一沙一石堆积万仞高山,意在教育无中学子做事要有山的稳重;“上善若水,水善利万物而不争”,教育无中学子温和待人,包容万物。
“让别人因为自己的存在而温暖”（敬业楼）	学校全面贯彻党的教育方针,坚持把立德树人融入教育各环节。“让别人因为自己的存在而温暖”这一理念蕴含了儒家思想中的“仁爱”精神、现代社会中的“人文关怀”精神以及人与人之间的“互助互爱”精神,富含深厚的人文关怀与崇高的道德理念。这句话为无中师生提供了宝贵的道德指引和行动准则,是对师生个人品格和社会责任的双重要求。它提醒我们,要时刻关注自己的言行对他人的影响,用积极、温暖的态度去影响他人,让更多的人因为我们的存在而感到幸福和温暖。这种理念不仅有助于学生的成长和发展,也有助于构建“幸福共生”的校园,进而构建和谐、美好的社会。
“日拱一卒,功不唐捐”（科技楼）	它时刻提醒无中学子每天像卒子一样前进一点点,努力实现自我完善与超越。
“教天地人事,育生命自觉”（笃学楼）	这是叶澜教授的教育理念。教育是最体现生命关怀的一种事业。教育通过提升人的生命质量,为社会提供各种人才。
“大其心,容天下之物;虚其心,受天下之善;平其心,论天下之事;潜其心,观天下之理;定其心,应天下之变”（毓秀楼）	意在教育学生,放宽心胸,容纳天下事物;谦虚谨慎,接受天下仁善;平心静气,分析天下事情;潜心钻研,纵观天下事理;坚定信念,应对天下变化。

11. 廊道文化主题

教学楼文化墙是校园文化建设的重要组成部分,是全面提高教育质量的需要,也是优化育人环境的需要。

以“让一面墙说话”为根本目的,在“立德铸魂、幸福共生”的指导原则下,高一年级设计了以“规范”为主题的设计方案;即以“规范”理念为主题,在“学习规范”“行为规范”“仪表规范”“文明规范”的具化内容中,通过“目之所及”的熏陶,将规范意识“内化于心”,促进学生良好行为习惯的养成,从而营造一个“人人规范、事事规范”的学习、生活环境,为幸福人生奠基。

高二楼廊道文化墙整体的设计理念是“立德铸魂,幸福共生”。我们把全楼做成了一个弘扬传统文化的摇篮。整体的色调是蓝绿色，寓意兰花的品质。兰乃花中之君子，“兰之猗猗，扬扬其香”，象征着河北无极中学的学子们追求气若幽兰的君子本色。整体的蓝绿色也是青春之色，给人以生机勃发之感。蓝绿色还寓意着“青出于蓝而胜于蓝”，这也是教育的最高境界——教出让老师仰慕的学生。

用得最多的花型是莲花。青莲乃清廉也，寓意是：不管学生们将来在何岗位，都要为官清廉，洁身自好，“出淤泥而不染，濯清涟而不妖”。图形的设计选取中国元素中象征万福万寿不断头的万寿花格，象征寒窗苦读的碎冰花格，象征善意善行的扇形花格，象征平安幸福的花瓶图案，象征吉祥福瑞的祥云纹图案等等。图形变化中有不变，不变中又有变。

古人说：文以载道，汇以兴邦。图案上要承载文化，整体的设计才有灵魂。在教学楼主体部分，我们在图案上穿插古圣先贤的文化。

一楼配图文字摘选自《论语》《弟子规》，如：“士不可以不弘毅，任重而道远”“德不孤，必有邻”“亲有疾，药先尝；昼夜侍，不离床”等。

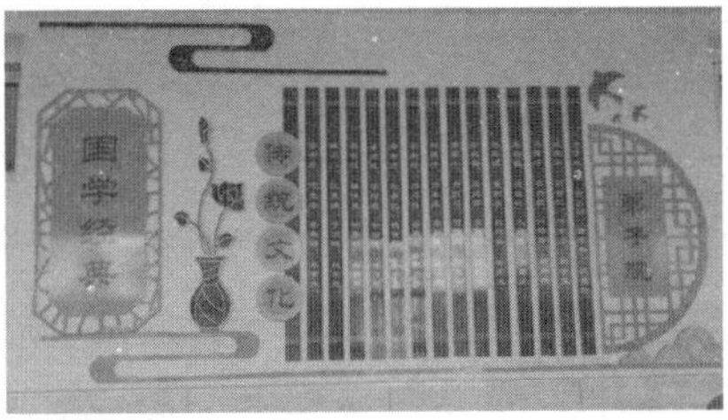

图 4-18　一楼配图

二楼配图文字摘选自《大学》，如：“大学之道，在明明德，在亲民，在止于至善”“为人君，止于仁；为人臣，止于敬；为人子，止于孝；为人父，止于慈”等。

三楼配图文字摘选自《孟子》，如：“尊贤使能，以仁存心，以礼存心，仁者爱人，有礼者敬人”“不以规矩，不成方圆”等。

四楼配图文字摘选自《中庸》，如：“君子慎独”“致中和”“爱人者，人恒爱之；敬人者，人恒敬之”等。

五楼配图文字摘选自《老子》《庄子》，如：“上善若水，水善利万物而不争”“原天地之美而达万物之理”等。

一至四楼是儒家文化。因为我们求学和工作需要有儒家的修身、齐家、治国、平天下的责任担当。而在业余时间，我们又需要道家的静观天地，悠游洒脱的超越。这需要穿越四层的时空去五楼享受精神的逍遥游了。

在楼道的立柱上，继续沿用青莲图案，并配以美好寓意的四字成语：温恭自虚、逸韵高致、笔酣墨饱、德昭邻壑、百福具臻、德门积庆、室雅人和、气若幽兰、韬光养晦、瑞启德门等共三十组，每层六组，分列于五层。立柱如大楼的脊梁，是关键的支撑。在关要之处用三十组祝福表达学校对学生们的美好的祈愿。

我们在东楼梯侧墙又加入了无极乡土文化：无极的历史演变，无极的历史名人故事，以此作为激励学生做人求学的榜样。

一楼楼梯侧墙是刘琨系列。刘琨是西汉中山靖王刘胜的后裔，中山魏昌（今河北无极县）人，晋朝政治家、文学家、音乐家和军事家。我们耳熟能详的成语“闻鸡起舞”“先吾着鞭”“枕戈待旦”“多难兴邦”都是出自刘琨的故事。这一楼层的主题定为大德。“大德必得其位，必得其禄，必得其名，必得其寿。”

二楼楼梯侧墙是县令郭允礼系列。他为官清廉，修养正身。他在官箴石上写道：“吏不畏吾严而畏吾廉，民不服吾能而服吾公；廉则吏不敢慢，公则民不敢欺；公生明，廉生威。”所以这一楼层的主题是：公正廉明。

三楼楼梯侧墙是无极贤女甄洛系列。甄洛是曹操的儿媳、曹丕的妻子、曹植的嫂子，无极人。曹植的《洛神赋》就是以嫂子甄洛为原型的。荒灾之年，百姓食不果腹，童年甄洛求母亲开自家粮仓以赈灾民，举家称赞。配曹丕后对婆婆武宣卞皇后极为体贴，婆婆夸其“真孝妇也”。选取两个故事，意在展示甄洛的知情达理，贤淑睿智。所以这一楼层的主题是：宜室宜家的女子的教育。女子能“孝翁姑，和妯娌，相夫教子等，以能孝友温恭，则宜家；能辅助丈夫，令其德业日进，过愆日减，则宜室”。学校培养了贤女就会有贤妻，有贤妻就会有贤母，有贤母就会世世子孙皆成贤善。所以我们就能明白云南的张桂梅老师，费尽千辛万苦要建华坪女子中学的初心了——治国平天下之本，教女尤为重要。

四楼楼梯侧墙是数学家甄鸾、诗豪刘禹锡、师者典范何体仁、刚毅知县安嘉士系列。这一楼层的主题是：一谦四益。学生们不管将来进入什么职业，都要事事从实处着脚，谦卑内敛，不落尘俗。

西楼梯侧墙继续沿用无极乡土文化，定的主题是“寻根无极”。一楼楼梯侧墙展示的是唐代忠义文士甄济和以身殉国的知县杨子风的故事。二楼楼梯侧墙展示的是一心为民的知县黄可润和中医县令王中枚的故事。三楼楼梯侧墙展示的是勇力勤明总兵耿金钊，博洽淹贯之儒崔苓瑞的故事。四楼楼梯侧墙展示的是书法良才高洛言和忧民知县李荣绅的故事。

这些无极志士，曾经在这方热土上躬行正道，尽瘁事国，留名于县志，留福于乡梓。我们设计“寻根无极”主题就是慎终追远，饮水思源，不忘血脉传承，不忘祖宗先人。吾辈仰慕先人之盛德，为承前启后，薪火相传，德泽后代子孙。脉旺则山峻，源远则流长，根深则叶茂。诚望后人能缅怀先祖伟业、再造故里辉煌，留得住乡音，记得住乡愁。

纵观整座楼，中间部分是为国家：用儒家文化教育学生要有修身、齐家、治国、平天下的责任担当，两边侧梯是为家乡造福，合起来就是满满的家国情怀。希望广大学子，在古圣先贤文化的熏染下，能够立德铸魂，提升品行，开启智慧，走出光明大道，幸福共生。

致远楼的文化设计来源于高三年级特点：志存高远，行稳致远。高三学生的精神状态、理想信念与综合素质如何，是学校的教学质量的直接体现。学校领导，对高三学生成长成才寄予信任与厚望。一楼的国家成就设计是为了让学生坚定自信、坚定信仰，从中汲取开拓前行的精神力量。二楼的中国精神是对一楼国家成就的深入挖掘，是对中国“富起来、强起来”的历程中构筑起了具有丰富历史内涵和思想意义的精神谱系的总结，就是希望以精神力量引领高三学子刻苦学习、开拓进取。三楼的时代楷模是二楼中国精神的典型代表，希望通过国家发展的壮阔画卷中的榜样，激发高三学子奋斗的激情和启迪他们立志为国家作为、为民族担当。青年有理想，国家有希望；四楼的理想大学，是高三学子奋斗的目标，希望他们能够志高行远，激扬青春理想，彰显青春力量。

12. 校园道路：给每一条道路都起一个温暖的名字

春华路——慧泉广场

“春华秋实”意思是春天开花、秋天结果，比喻人的文采和德行。现也比喻学习有成果。出自《三国志·魏志·邢颙传》：“而桢礼遇殊荣，颙反疏简，私惧观者将谓君侯习近不肖，礼贤不足，采庶子之春华，忘家丞之秋实。”《后汉书》卷五十二：“春发其华，秋收其实，有始有极，爰登其质。”

慧，慧字的原义是指聪明、灵秀，有才智，寓意聪慧，智慧。泉，本义泉水，从地下流出的水源；地下水的天然源头。水源象征万物之源，源源不断。慧泉广场寓意着河北无极中学的学生们智慧的源泉源源流出。

秋实路——兰芷园

“兰芷”的含义指的是兰草与白芷，这两种都是古代被认为具有香味的香草植物。

《楚辞·离骚》:“兰芷变而不芳兮,荃蕙化而为茅。”王逸注解:“言兰芷之草,变易其体而不復香。”《史记·日者列传》:“兰芷芎藭弃於广野,蒿萧成林,使君子退而不显众,公等是也。”唐朝沉佺期《别侍御严凝》诗:“静言芟枳棘,慎勿伤兰芷。”宋朝柳永《如鱼水》词之一:“乍雨过,兰芷汀洲,望中依约潇湘。”在文学作品中,“兰芷”也常用来比喻人的品质高尚或者心境纯洁。此外,从五行的角度来看,“兰芷”作为名字时,由于两个字的五行都属于木,象征着博爱、温和平静的性格特点,以及坚定的意志和能够承受艰苦的能力。

求真路——竹影疏风

教师作为现代进步教育思想的实践者,应牢记陶行知先生的话,教学生求真知,学真本领,养真道德,说真话,识真才,办真事,追求真理,做真人。以“真”字作为自己的立教之本,教好书育好人。因此,教人求真,学做真人,还需从师求真做起。陶行知先生在《创造的儿童教育》中说:“把我们摆在儿童队伍里,成为小孩子当中的一员,我们加入到儿童队伍里去成为一员,不是敷衍的,不是假冒的,而是要真诚的,在情感方面和小孩子站在一条战线上,我们要钻进小孩子队伍里才能有这个新认识与新发现。”这就要求我们的教师在日常教学工作中,要明礼诚信,以真教人,不敷衍塞职,不弄虚作假。以真教人,感化学生学做真人。

竹影疏风:谁构新亭近翠微,似教陶令洽天机。池光引月来檐庑,竹影疏风到客衣。

至诚路——怡芳园

诚信是中华民族的传统美德,以“诚实守信”为核心的“为人之德”是道德教育的基础。在注重“包装”“推销”的现代社会里,诚信应该是永恒的,因为它本身就是价值的体现。诚信来自自身的人格修养,作为教师要真心真意地对待学生,实事求是地处理问题,以诚信取人,以真诚育人。

怡芳:怡,指愉快、安乐、和悦的样子。芳,本义即指香草,引申义有美好的花卉,花草的香味等,寓意美好的德行或名声。

安仁路——凝芳园

“安仁”的含义是指安心于实行仁道。“仁”在这里代表的是爱心和善良的行为,是一种高尚的道德品质。当一个人能够安心于实践仁道时,他就能生活在一种内心的和谐与满足中,这种状态体现了一种安定的生活态度和精神追求。因此,“安仁”不仅仅是字面上的安心于仁,更深层的含义是对仁德的坚守和对美好生活的向往。

凝芳："凝"有聚集、集中、稳重的意思。而"芳"字原意是指花草发出的香气，后来也用来形容充满芳香的花草，以及美好的德行或声名。"凝芳"寓意着河北无极中学不仅美丽而且香气四溢，同时也暗示着其品质高尚、受人尊敬。

尚贤路——东曦园

"尚贤"是指尊重有才德的人，这是墨子的一个重要主张。孔子以贤者为榜样，"见贤思齐焉，见不贤而内自省也"，主张通过"举贤才"实现治国安邦："仲弓为季氏宰，问政。子曰：'先有司，赦小过，举贤才。'"孟子则提出"不信仁贤，则国空虚"的观点。后世尊贤、纳贤蔚然成风，体现出我国古代渴望贤才、珍惜贤才的政治思想。

东曦："东"这个字寓意着日出之方，光明之地，前途光明，希望和梦想，开始和起点，发展和繁荣，代表着美好前景和前途光明。"曦"这个字寓意充满希望和活力的新的开始，象征美好的未来和充满活力的人生。东曦，古代传说中的日神东君，借指太阳，寄托了对美好未来的追求和对人生的满怀期待。

启慧路——沐春园

启慧："启"，指打开，开导；引申为启迪、启发。象征有前途，有希望。"慧"，本意是聪明，有才智，聪慧，智慧。寓意着开启人生的智慧。

沐春："沐"字的含义涉及洗头、润泽、整治和休假，通常与爽朗、吉祥如意等相关联，被赋予了爽朗、吉祥如意的意义；而"春"字则象征着春天、生机、生命力和春季。沐春寓意着意气风发、蒸蒸日上、蓬勃发展。

怀德路——桃冉

怀德，源自中国古代的经典文献《论语·里仁》，它主要指的是内心深处对恩德的感激与保持高尚的道德品质。"怀"主要是想念或思念，而"德"则是指一个人的道德品质或者说是品行的体现。在孔子的思想体系中，"怀德"被视为一种更为内在和自觉的品质，它不需要外力的强制约束，而是源于内心的敬畏和自我提升。这种品质体现了个人的良知和对美好事物的向往。"怀德"也被理解为心怀大志、胸怀宽广，具备感恩和保持德行的能力。在《四书集注》的解释中，"怀德"还被解释为"存其固有之善"，意味着坚持并保持自己本来就有的良好品德。

桃冉："桃"指桃树、桃子、桃花；美貌，寓意漂亮、芬芳之义。"冉"指毛柔弱下垂的样子；逐渐，渐进，指温柔、温和、善良、恭谨之义；桃冉寓意力争上游、积极向上、温柔可爱之义。

13. 校园文化石解读：给每一块石赋予内涵

	真者，精诚之至也，不精不诚，不能动人。 三真：真知、真学、真理。无中学子，为求真知，去做真学，最后寻得真理。
	诚者，五常之本，百行之源也。 三诚：忠诚、热诚、至诚。 做人，对国家要忠诚，对人民要热诚，对境界要至诚。 文化石“诚”与西边的文化石“真”遥相呼应，体现了我校的校训“以真求学，以诚做人”。

14. 敬业楼北侧两凉亭对联

上联：殷忧启圣一寸丹心赴国难

下联：多难兴邦万里孤魂护河山

横批：枕戈待旦

上联：剑啸黎明一唱雄鸡声破晓

下联：气壮山河十载艰守势吞虹

横批：闻鸡起舞

15. 沐春园文化广场

闻鸡起舞

刘琨(271 年—318 年)，字越石，中山魏昌(今河北无极县)人，西汉中山靖王刘胜后裔，晋朝政治家、文学家、音乐家和军事家。刘琨与祖逖一起担任司州主簿时，感情深厚，不仅常常同床而卧，同被而眠，而且都有着建功立业，成为栋梁之材的远大理想。

图 4-19　沐春园文化广场

一次半夜，祖逖听到鸡叫，叫醒刘琨道：“此非恶声也。”意思是，这是老天在激励我们上进。于是与刘琨到屋外舞剑练武。

“闻鸡起舞”比喻有志报国的人及时奋起。

枕戈待旦

刘琨被祖逖的爱国热情深深感动，决心献身于祖国。一次他给家人的信中写道：“在国家危难时刻，我经常‘枕戈待旦’，习武健身，立志报国，常担心落在祖逖后边，不想让他赶在我前面。”

“枕戈待旦”的原意是枕着武器等待天明，形容时时警惕，不敢安睡，准备作战，其实，刘琨临危受命赴晋阳之时，就对险恶的前程早有预料，并做好了以死报国的准备。正是这种视死如归的精神，帮助他完成了报效祖国的使命。

“闻鸡起舞”“枕戈待旦”，刘琨、祖逖都有忧国忧民之心、报国之志，终成就大事，流芳百世。

先吾着鞭

语出《晋书·刘琨传》：“吾枕戈待旦，志枭逆虏，常恐祖生先吾着鞭耳。”着鞭，挥鞭催马。先吾着鞭比喻他人比自己抢先一步，自己也要迎头赶上，争取后来居上。

燕赵自古多慷慨激昂之士，史称祖邀常怀收复之心。在刘琨被害的 318 年，祖邀组织起北伐队伍，横渡长江，挥师北上，与石勒战斗了数年，取得了胜利。刘琨“先吾着鞭”、争先奋进的事迹，影响了一代又一代燕赵儿女。

多难兴邦

刘琨劝司马睿继任帝位，把国家大事勇敢地担当起来。鼓励他不要怕困难，发愤图强。刘琨在《劝进表》中写道：或多难以固邦国，或殷忧以启圣明。意思是说：国家接连遭到这么多的危难，使朝廷深深忧虑，是可以理解的。但是若能从危难中获取教训，奋起救危赴难，那么坏事也许就可以变成好事。这两句话，后来就演化出“多难兴邦”这句成语。历代的爱国志士，每当国家遭遇困难忧患的时候，往往用这句成语来自励和激励别人。

无出其右

《史记·田叔列传》载：“上尽召见，与语，汉廷臣毋能出其右者。”《汉书·高帝纪下》载：“贤赵臣田叔、孟舒等十人，如见与语，汉庭臣无能出其右者。”田叔，是无极历史上一个赫赫有名的人。田叔的祖先是齐国田氏的后代。田叔喜欢剑术，曾在乐巨公的住处向他学习黄、老的学说。田叔为人刻峭廉洁，并以此自得，喜欢和那些德高望重的人交游。

古人云：以右为尊，言材用无能过之者，故云不出其右也。意思是才能出众，没有能超过他的。

文昭皇后甄洛

甄洛是三国时期曹丕的夫人，死后被谥封为文昭皇后。晋书中甄后没有名字，无极县志称为甄洛，外地有人叫她甄宓。

甄洛好书法，爱诗文，博闻强识，勤学苦练，耳濡目染，下笔成章，后来成为著名的文学家和书法家。在战乱饥荒的年代鼓励家人赈济灾民，广为恩惠。甄洛是我国古代一位知识女性的典型，不仅聪明贤惠，知情达理，学问丰富，并且长相端庄秀丽，风韵绰约，有“一顾倾人城，再顾倾人国”的美色。甄洛善诗文，流传至今的名篇有《塘上行》《奏辞迎诣行在》等。

清正廉明知县郭允礼

郭允礼，字节之，明代山东曲阜县人。正德十六年（公元1521年）任无极知县。

天性淳厚，谨慎处事，遴选得人。志向远大，颇有才干，处理政务井然有序，使黎民百姓安居乐业。娴熟史学，触类旁通。讲求礼仪，注重教育，修建校舍，创建社学（地方文教机构）。为官清廉，修养正身，曾于嘉靖三年（公元1524年）十月在任所题书“居官座右铭”一则，镌刻于石，传之后代，为世人欣赏和仰慕。所书文曰：“吏不畏吾严而畏吾廉，民不服吾能而服吾公；廉则吏不敢慢，公则民不敢欺；公生明，廉生威。”后官升通判。嘉靖三年(1524年)，此座右铭被镌刻于石上，被后人誉为“官箴石”，代代相传。

革命先烈高克谦

高克谦，字允恭，无极县南池阳村人，生于1906年。1924年冬加入中国共产党，曾任正定七中党支部组织委员，1925年“五卅”运动爆发后，正定党组织领导建立了“正定各界沪案后援会”，高克谦负责会务工作。

高克谦在傅茂公(彭真)领导下，组织工人建立“对英雪耻会”，以集会、捐款、声援等形式投入“五卅”运动。高克谦的举动深为霸占石太铁路的法帝国主义者总管和奉系军阀所忌恨，他们把高克谦视为“危险分子”。高克谦于1925年9月12日被逮捕，9月24日凌晨两点钟被秘密杀害。临刑前，年仅19岁的高克谦放声高呼“革命势力即将到来，我们的主张一定要实现”“打倒帝国主义”“打倒军阀”等口号，表现了共产党人坚贞不屈的英雄气概。

进藏先遣连英雄李狄三

李狄三1917年出生在无极县里城道村一个普通的农民家庭。他1938年入党，1946年随西北军西征，进军新疆。在参加西北解放的历次战斗中，曾三次荣立大功，先后九次负伤。

1950年8月1日，率领136名英雄战士组成的进藏先遣连，这是中国人民解放军第一支进藏部队。他们顶风冒雪，穿越被生物学家称为“永冻层”的喀喇昆仑山。他们克服了种种困难最后终于进入了藏北高原。恶劣的环境，夺去了一个又一个战士的生命，李狄三把珍贵的药品留给战士用。他们是一群在苍茫雪野里冲击，在高山疾病的围困中坚持前进，用共产党人的无畏精神和高尚品质创造奇迹的“盖世英雄”。

郭庄民兵营

中国河北省无极县郭庄民兵营，是民兵先进集体。郭庄在1938年2月成立抗日游击小组，1939年2月发展成500多人的民兵自卫队，在抗日战争中配合八路军作战200余次，歼灭日伪军300多人。解放战争中参加了正定、清风店、石家庄、平津、张家口、太原等战役战斗的支前工作。1949年1月，无极县政府奖给他们“后勤是模范，支前建奇功”的锦旗。1958年建立民兵连，1960年扩编为民兵营，1962年实弹射击，全营总评成绩优秀。至1964年，被评为民兵工作三落实先进集体。1964年2月28日，中国共产党中央华北局、中国人民解放军北京军区领导机关授予该营“红旗民兵营”称号。

无极剪纸

无极剪纸是华北平原中部地区的传统文化之一，历史悠久，是一代代民间艺人的心血和汗水浇灌成长起来的民间艺术之花。无极剪纸在一代一代剪纸艺人的传承过程中，逐步形成了独具一格的剪纸风格，不仅深受广大群众喜爱，近年来还走出国门，享誉海内外。2006 年，无极剪纸被列入第一批河北省非物质文化遗产。

无极剪纸风格表现为题材多样、造型丰富，其中的人物系列个性鲜明、花鸟系列栩栩如生、民俗系列更是到处透着原汁原味的乡土气息。无极剪纸主要以宣纸为原料，主要工具有剪刀和刻刀两种。它的刀工细腻、流畅，构图鲜活、生动、传神，技法讲究“三刻”“三套”“三衬”。无极剪纸在一代代民间艺人不断总结和传承中得以发展，逐渐形成了文人剪纸的艺术特点与风格，作品具有很强的艺术感染力。

无极饸饹

无极荞麦饸饹是一种特色小吃，俗称饸饹面。无极饸饹制作精细，配料考究，制作过程特别强调“鲜”。饸饹做成后软而不黏，脆中有韧，刚中带柔，嚼着有劲，回味悠长。“荞麦饸饹黑是黑，筋韧爽口能待客”，这是人们对荞麦饸饹的赞美。无极饸饹不仅是百姓日常的主食，在婚配嫁娶、祈年过节的大典中，无极饸饹亦被列入传统食谱，并赋予了美好的象征意义。旧日，无极县人举行婚礼的前一天（俗称“安棚”），午餐一定要吃饸饹，认为“安棚吃饸饹，白头能偕老”。农历二月二，也要吃荞麦饸饹，俗谓“龙行旧道五谷丰，人吃饸饹运行通”。尤其是每年除夕，家家户户必吃荞麦饸饹，以象征“年经岁末，全家和（饸）乐（饹）”。

2012 年，无极饸饹制作技艺被列入河北省非物质文化遗产名录。无极人在传统手工制作荞麦饸饹技艺的基础上，不断开发出新品种，将无极饸饹制作成各种礼品，畅销全国各地。

宣传栏

校园里的宣传栏是学校育人的一个重要组成部分，它是对学生起着润物细无声的熏陶和感染作用。宣传栏主题鲜明不但美化了育人环境，对良好学风的形成起到潜移默化的影响，也成为学校一道亮丽的风景线，为校园文化环境建设增添新的风采。

16. 班级文化主题

每个班也相应设定了班徽、班旗、教室文化的布置，形成了各班级自己的文化特色，增强了班级凝聚力。教室外的文化墙，有学习规范要求、优秀班级、年级动态、优秀学生展示。

（二）创建净静敬镜的幸福校园

燕赵自古多慷慨悲歌之士。为培养学生的操行品德，学校尤其借助本土名人历史、成语典故、文化艺术等内容，以灵活多样的方式进行品德教育。指导学生学习家乡成语“多难兴邦”“殷忧启圣”，培养学生家国情怀，发奋图强，使民族复兴强盛；引领学生品读《晋书·刘琨传》《史记·田叔列传》，体味“枕戈待旦”“先吾着鞭”“无出其右”所蕴含的“迎头赶上，争取后来居上”及“立志惜时，一刻也不松懈”的深刻意蕴，做出众人才；带领学生参观雕塑“闻鸡起舞”，感知祖逖报国之志，鼓励学生及时奋发，读书圆梦；漫游廉政街，诵读《官箴》“吏不畏吾严而畏吾廉，民不服吾能而服吾公。公则民不敢慢，廉则吏不敢欺。公生明，廉生威”，感染学生立志做正直之人。与此同时，让学生们了解与本县相关的历史名人刘琨、祖逖、田叔、郭允礼等，将无极历史文化融入其中，把名人刘琨的典故闻鸡起舞、枕戈待旦、无出其右等写入校园历史剧《剑啸黎明》，进行展演，讲校训，讲校史，开展女子课堂等等，丰满其精神与性格，让学生承祖先荣耀，地域自豪，学校骄傲，对自己的身份加以多重认同。学生在传统文化中浸润，文化由新一代传承。

1. 净，意味着干净、纯粹

在河北无极中学，我们需要保持校园环境的干净、内心的纯净，远离世间的纷扰，不被物质和欲望所蒙蔽。净，是一种内心的宁静与平和，是对简单、真实的生活的追求。净，有助于在学习和工作时保持清醒的头脑和高效率的状态。

2. 静，代表的是内心的平和与专注

静，能够让人心如止水，不被外界纷扰所动摇。静，有助于在学习和工作时保持清醒的头脑和高效率的状态。

3. 敬，是对知识的尊重和对他人的尊重

敬，包括对老师、同学以及所有人的尊重，这种尊重体现在对学习的态度上，以及对周围环境的维护上。敬，是一种人生的智慧。敬，让无中人学会感恩和珍惜，学会尊重他人，关爱自然。

4. 镜，意味着镜子、反思

镜，是一种生活的哲学，是对自己的一种审视和提升，让我们更好地认识自己，了解自己，从而不断地完善和成长。在生活中，无中人需要时常照照镜子，反思自己的言行。

(三) 建构规制行为的幸福组织

我们在《河北无极中学章程》的指导下,建构了河北无极中学组织结构。我们围绕学校管理制定了校规校纪以及班规班纪,以此约制了教师与学生共生行为的边界。

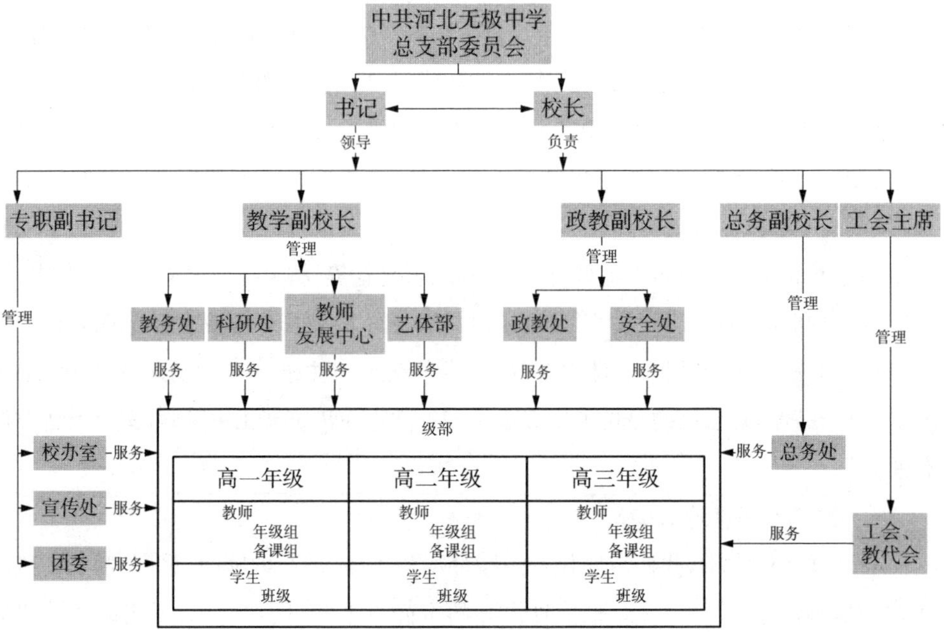

图 4 - 20 河北无极中学组织结构图

第五章　幸福共生教育体系的社会扩展

学校只是社会系统的一个子系统，学校的发展离不开社会系统其他子系统的支持与帮助。在学校内部师生共生的基础上，我们又扩大共生的主体、构建了学校与家庭共生共荣的发展体系。

图 5-1 中，学校和家庭都是社会体系的子系统，学校与家庭之间是民主平等的关系，并无教育与被教育、管理与被管理的关系；家庭与学校通过学生/孩子产生联系，家庭教育与学校教育一起构成了孩子/学生成长发展的通道。故而，家庭教育与学校教育的和谐、学生家长与教师的教育合力，是学生/孩子成长发展的必要条件，而因着学生/孩子的关联，教师与家长之间也可以形成一种共生的关系。

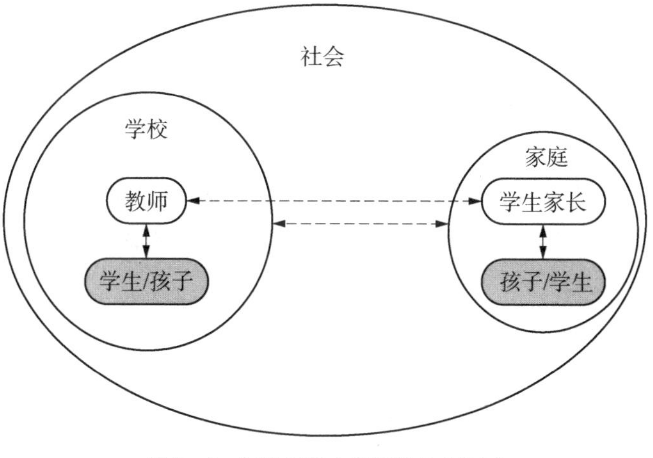

图 5-1　河北无极中学家校共生体系

因此，在学校系统师生共生的基础上，我们又扩大共生的主体，在社会系统中构建了学校与家庭共生共荣的发展体系。

一、河北无极中学家校社协同育人提升计划

（一）“家校社协同育人提升计划”出台背景

《中华人民共和国家庭教育促进法》于2022年1月1日开始正式实施，这是我国首次就家庭教育进行专门立法，其中规定：“父母或者其他监护人应当树立家庭是第一个课堂、家长是第一任老师的责任意识，承担对未成年人实施家庭教育的主体责任”“家庭教育、学校教育、社会教育紧密结合、协调一致”“统筹协调社会资源，协同推进覆盖城乡的家庭教育指导服务体系建设”。

教育部等十三部门联合印发《关于健全学校家庭社会协同育人机制的意见》，明确了学校家庭社会在协同育人中的各自职责定位及相互协调机制。学校要充分发挥协同育人主导作用，家长切实履行家庭教育主体责任，社会有效支持服务全面育人，提出到2035年，形成定位清晰、机制健全、联动紧密、科学高效的学校家庭社会协同育人机制。

（二）“家校社协同育人提升计划”必要性

当前，促进家校社协同育人势在必行。这是落实相关政策法规，促进学生健康成长，推动学校教育工作良性发展，深化教育改革创新，建设学习型社会的必然要求。在新的教育形势下，如何转变观念、调整心态、科学施教、育生育己，成为教师、家长面临的新挑战。部分教师、家长备受鼓舞、跃跃欲试，但更多的是焦虑无措。因此，构建全面立体多维的家庭教育指导体系，引导家长树立科学家庭教育观念，帮助教师理解政策，增强底线意识，筑牢理想信念，树立终身学习观，努力形成减负共识，是学校顺应新形势，落实立德树人根本任务，提升育人品质，实现可持续发展的重中之重。家校社协同育人，是现代学校制度建设和新时代教育发展的全球性课题，亦是我国基础教育追求内涵发展的重要内容。

（三）“家校社协同育人提升计划”主旨

更好地帮助家长认识什么是家庭教育，它的本质、特点及规律；引导家长树立正确的家庭教育观，纠正谬误和偏差；指导家长走出误区，掌握科学实用的家庭教育策略、方法和技巧，从而为学生的健康成长提供更强大的支撑力量，创造更好的环境和条件；提升学校文化引领力，构建学习型社会与组织；赋能每一个家庭，帮助家长和学生实现终身成长。

借助“互联网＋”教育的技术创新和资源优势，采用“线上”的形式，聚合优质资源，构建家庭教育指导课程体系，为家长和班主任提供丰富完善的课程资源与学习体验，提高家长家庭教育水平，建立和创新有学校特色、有群体适应性的家校共育指导模式。

搭建个性化家校共育移动学习平台，使家校共育工作从点状走向系统，从片段走向长程，从引进走向本土创生。提高家长参与的积极性，增强家校共育的针对性和实效性，开创家校共育新模式、新局面，帮助教师及家长更好地开展家校共育工作，助力每一个孩子拥有更加美好的未来。

（四）“家校社协同育人提升计划”框架

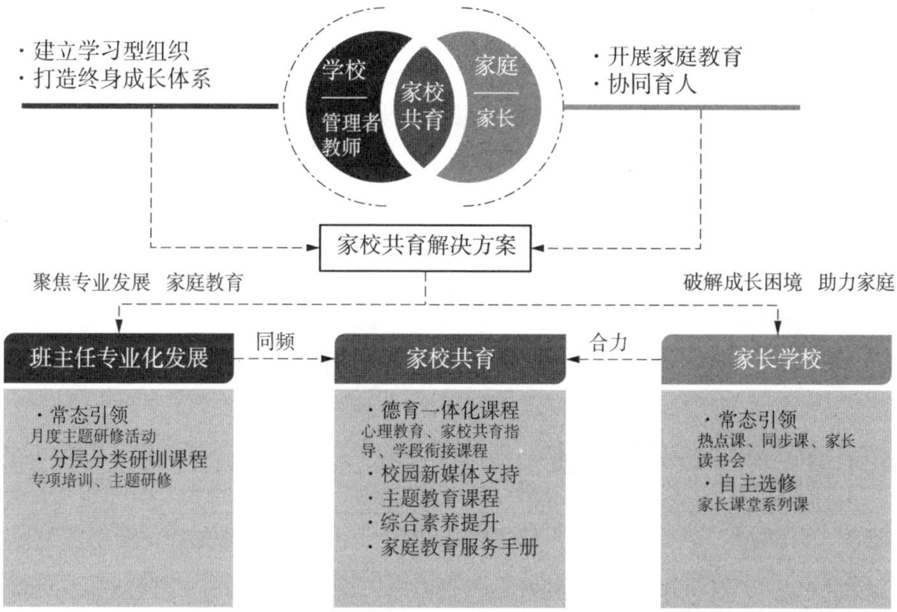

图5－2 “家校社协同育人提升计划”框架

（五）“家校社协同育人提升计划”具体实施

1. 建设“家校共育知识服务平台”

家校共育知识服务平台，是基于微信公众号开发的在线学习平台，是为学校创设的专属式班主任专业发展、家长学校、家校共育一体化知识服务平台。聚合高质量、体系化、多类型的数字教育资源，根据不同对象进行角色功能的划分，实现一个平台多个体系。为学校提供全要素、全流程、全领域的一站式家校共育解决方案。

图 5-3　家校共育知识服务平台

2. 构建家校社协同育人课程体系

(1) 班主任专业发展课程

班主任专业发展课程基于班主任个性化发展需求和应用场景，确立了“常态引领＋分层分类进阶提升”的课程体系。实施过程采用助教全程伴学，一站式学练实践的教学模式，为班主任构建完整的学习闭环，助力专业发展，实现能力进阶。

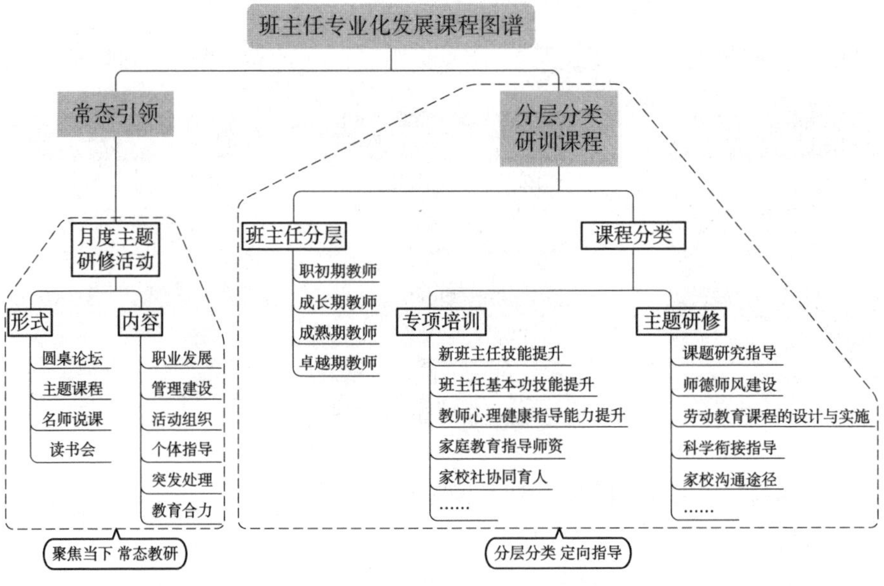

图 5-4　班主任专业化发展课程图谱

(2) 家长学校

家长学校课程针对学生不同阶段的年龄、心理特点，并结合当下政策舆情、教育热点难点、关键教育节点等，科学构建四大课程模块，为家长提供内容丰富、体系完善、多维与深度相结合的家庭教育指导课程，形式包括直播课、视频课、音频课等，破解成长困境，助力家庭教育。

家长学校课程以立足真实场景、解决真实问题为主要宗旨，通过不同领域专家引领，从不同维度、不同角色出发，采用丰富多样的课程形式，赋能教师和家长，实现家校共育。

表 5－1 家长学校课程内容

课程类型	常 态 引 领
热点课 高端引领权威解读	政策舆情解析 先进理念分享
同步课 学段细分常态同步	夯实基础适应期-如何引导学生快速进入状态（高一年级） 调整心态爬坡期-怎样应对分化转型（高二年级） 明确目标冲刺期-如何成为孩子的“最佳后援”（高三年级）

（3）家校共育活动

紧扣学校和家庭的共同需求点，家校共育活动从多维度为家校协同育人提供平台、搭建桥梁，使家长成为学校教育教学管理的知情者、参谋者和参与者。为学校赋能减负，全面提升学校家庭教育指导服务的深度和广度，增强家校联系，促进沟通互动，打造荣辱与共的命运共同体，实现家校同频共振、合力育人。

针对学校德育工作的重难点，家校共育活动为教师和家长提供指导与支持，通过家校的双向互动和生成发展，达到理念同频、目标同向、动作同步，解决德育碎片化、割裂化、分散化问题，助力学校构建起纵向衔接、横向贯通的一体化德育体系，形成全员育人、全程育人、全方位育人的德育工作格局，以更好地落实立德树人根本任务。

重要关键节点，为学校在微信群、公众号、官网上的知识普及、教育活动开展等提供资源支持，助力学校营造舆论氛围，增强教育效果。

紧密契合学校和家庭教育的需求，在关键时间节点，针对学校和家庭都高度关注的教育命题，由专业人士推出相关主题教育课程，促进知识普及与传播，为教师和家长提供参考与借鉴。

为营造良好氛围，遴选、总结、推广家校社协同育人的有效模式、创新做法和先进经验，央广网将开辟专区，对典型案例进行深入宣介，以切实发挥优质校的示范引领带动作用，强化正面宣传和舆论引导，大力营造全社会各方面关心支持协同育人的良好氛围。

二、家长学校活动策划家校合作育人

（一）河北无极中学家长学校建设指导思想

为了全面贯彻落实《国务院关于进一步加强和改进未成年人思想道德建设的若干意见》和《中华人民共和国义务教育法》，学校要努力构建学校、家庭、社会"三教"结合、和谐育人的德育工作体系。使家长经常交流和进一步掌握教育子女的方法，培养学生良好的品德行为习惯，家长及时了解当代教育的动态，并且参与到对子女的教育中来，提高教育的效果，为建设小康社会、社会主义新农村以及未来社会培养新型人才。

（二）河北无极中学家长学校工作目标与要求

家长学校工作目标与要求如下：

(1) 以市标准化家长学校要求为指导办好家长学校，创新各项工作，争创市级标准化家长学校。

(2) 通过家长学校的教学形式，使广大家长明确党的教育方针，了解国家的有关法律、法规及政策；了解学校教育规律、办学思想和校规校纪；认识家庭教育的意义、作用，增强家庭教育的使命感和责任意识，指导家长树立正确的育儿观念，学习与掌握科学的家庭教育知识和有效的教育方法，为子女健康成长营造良好的家庭教育环境。

(3) 开展主动与家长沟通的活动。本学期，每位主要学科教师都需进行家访，提倡科任教师联合家访，要求家访前做好准备，让家访真正起到实效。各班本学期必须与80%左右的学生家长取得联系，交流学生的学习、生活情况，填写好家访记录。

(4) 采用多种形式，丰富家长学校的活动内容，开展行之有效的家长学校授课活动。如以《当代家庭教育》为教材开展授课活动，开展聆听窗外声音等活动，努力使家长学校起到统一家校教育思想和行为的目的。

(5) 夯实家长学校的管理基础，做到参与全员化、评选优选化，使家庭、学校、社会协调配合，以科学发展观共同促进学生身心健康发展。

（三）河北无极中学家长学校具体工作措施

1. 优化家教机构，组建师资队伍

调整优化家教网络机构。家长学校领导组织由学校校长、教导处、校学生会、各班主任组成；家长委员会由有关部门顾问、学校领导和有关学生家长组成。校学生会负责制定计划，活动安排，收集资料，协调关系，组织师资向家长宣传家教理论，讲授科学的家庭教育方法。

组建稳定的专兼职的家教师资队伍。学校定期组织教师参加培训并组织专题研讨。保证师资质量，并且上课内容提前确定，认真备课，力求课上得精彩、实用，力争形成系列化。

2. 加强常规管理，落实考评制度

建立点名签到制度。为了保证家长学校学员的参与率，学校继续加强点名签到制度。每次上课前两天发出书面邀请，要求家长及时信息反馈，保证出勤率。

建立档案制度与教学制度。我们继续做好家长学校的常规工作，健全家长学校档案、教学等各项制度，与创建市级家长学校相结合，做到台账齐全，装订整齐、规范，并做好家长学校教材选定整理。

建立信息反馈制度。家长学校要和家长取得密切的联系，每次授课后，教师要认真收集学员们的意见并及时整理，认真做好家校的信息交流工作，并做好记录；也可通过家访等形式了解授课的情况，为以后的授课改进提供依据。

建立考核、评比、表彰制度。评选优秀家长或学员。

3. 完善授课内容，扩大宣传力度

丰富家长学校授课内容及活动形式，加强授课内容的针对性，能使家长学校的授课增强吸引力和实效性。我们努力要求授课教师从学生的需要、家长的需要出发，丰富授课内容和活动形式。

用好《当代家庭教育》，扎实家长学校基本知识。利用《当代家庭教育》教材，为家长们传授比较系统的家教理论知识及实际操作办法，帮助家长们循序渐进地提高家教理论水平和实际教育水平。

从家长、学生的需要灵活安排内容。只有想学生所想的、讲家长想听的，家长学校的授课内容才能贴近家长、吸引家长，提高授课质量，达到授课目的。为此，本学期我们将继续增加《成功家教启示录》《实误家教启示录》为教材，而后针对家长们的热点意见相应调整授课内容，力求使每次活动富有成效。

宣传教育中的有关法规、大事的内容。安排一些教学时间，学校继续向家长们宣传学习《进一步加强和改进未成年人思想道德建设若干意见》《公民道德建设实施纲要》，使家长们了解较多的家庭教育的政策、法规和意义等。

围绕学校中心工作的内容，把培养学生良好的品行与思维习惯作为最重要的学校特色进行建设。我们开展“养成好习惯”教育，逐步培养学生的文明行为与思维好习惯。在学习、生活中提高道德文明素养，走出学校，有一种气质，体现一种行为，为学生一生的成长奠基；同时也保证学校正常、稳定的教育教学秩序，促进校园文明与和谐。因此，我们将以“提升家长家教理念和行为，培养学生良好的习惯”为重要内容，认真开展家长学校活动。组织家长聆听有关讲座。

4. 丰富活动形式，增强家访实效

各年段定期召开家长委员会会议，听取家长代表的意见和建议，深入研究家长学校工作。

(1) 开展形式多样、行之有效的家长学校授课活动

除集体的授课活动以外，各年段还将在不同年级内开展一些小型多样的家长学校特色活动，例如面向家长开课、向家长展示班队主题活动、组织家长分层活动等，努力使家长学校起到统一家校教育思想和行为的目的。

以班为单位用座谈会的形式组织家长讨论交流，给每一个家长提供发言的机会，让家长充分发表看法，通过家长谈论经验、教训或困惑，使大家普遍受到启发，强化学习效果，以取得家长对学校工作的理解和支持。

我们邀请有丰富家教经验的家长来校介绍自己的育儿经验，使家长受到启发，明确自己的职责，更加重视家庭教育。

我们邀请家庭教育机构的专家到校为家长作专题讲座，用科学的知识，生动的事例丰富家长的育儿经验。

(2) 加强家访工作的力度

我校把家访制度纳入考核中来，要求全体班主任和科任老师全面参与全员德育，深入开展家访工作。每班任课教师每学期必须与80%左右的学生家长取得各种联系，交流学生的学习、生活情况，填写好家校联系单。若是上门家访，要求家访前考虑周到、做好准备，家访过程中广泛了解家长的做法，虚心听取家长的意见，建立信任与合作的家校关系，让家访真正起到实效。

我校积极主动地与家庭、派出所等有关单位及人员保持密切的联系，对家庭教育有困难的学生争取多方力量给予协助，从而在整体上提高学校、家庭、社会的教育威信，促成良好育人环境的进一步形成。

5. 沿袭教育形式，追求最佳效果

家长学校是一种特殊的成人教育，针对家长实际，我们仍将沿袭下列三种形式进行教育。

面授。从教育效果分析，面授针对性较强，既能充分展示教师的教学艺术，又能面

对面交流，可以达到最佳教学效果，所以面授是主要的教学形式。

自学。 家长学校的各个学员处在不同的区域和单位，面授有一定的局限性。因此，一定内容的自学是面授的有益补充，学校还将提供一定的自学资料，并要求和鼓励家长通过多种途径自学。

活动课。 在组织家长学校活动时，可寓教于乐，把教育渗透到由家长参与或由家长和学生共同参与的活动中去，增强教育的实践性和实际意义。

三、教师与家长沟通交流扬长补短

家庭教育是指父母或其他监护人为促进未成年人全面健康成长，对其实施的道德品质、身体素质、生活技能、文化修养、行为习惯等方面的培育、引导和影响。家庭教育的具体内容包括但不限于以下几个方面：人格塑造、学习成绩、心理健康、社会交往、职业发展等方方面面。家庭教育自古有之，历代名人都很注重家庭教育，并留下了很多宝贵的财富，如古有三国政治家、军事家诸葛亮的《诫子书》，明末清初著名的教育家朱柏庐的《朱子家训》，近代有梁启超的《梁启超家书》《曾国藩家书》，现当代有《傅雷家书》等。“双减”大背景下，家庭教育的重要性更让人不得不重视。

（一）利用家长微信群定期分享家庭教育文章，悄无声息实现家校共育

现代科技迅猛发展，家校沟通途径日益增多，家长微信群便是家校沟通的重要阵地。教师经常会利用家长微信群发布一些学生在校情况，有集体活动，如操前读、跑操、拔河比赛等，也有个体表现，比如抓拍课间问老师问题的学生，课间自主讨论的学生、各科老师的表扬、优秀作业发群里，让家长随时能了解到孩子的动向；同时会不定期在家长微信群发布一些家庭教育文章，如《优秀家长必读的六条教育理念》《俞敏洪：什么样的家庭才能培养出成功的孩子》《李玫瑾：管孩子只需要一种声音》等，为家庭教育提供借鉴的方法。

（二）利用期中、期末的家长会向家长宣传家庭教育方法

我校每学期至少召开两次（期中和期末）家长会，这是家校沟通的另一重要途径，而且作为线下途径，比在微信、钉钉上更直接，也更便捷。在家长会召开之前，学校和年级都会制作一些有关家庭教育的 PPT，如《身教重于言传》《有话好好说——家长如何与孩子进行有效沟通》《纠正孩子关键缺点的时机》等，供年级内的班主任开家长会选用；同时在家长会的年级讲话环节，年级主任都会代表年级与家长们分享家庭教育方法。

(三) 家访，与家长分享家庭教育经验

有一句话说得好，先有父母心，再做教书人。再加上很多教师自己也是父母，在孩子教育上也遇到了一些困惑。因此，平时教师多关注一些家庭教育方面的书籍，如美国尼尔森的《正面管教》，“中国苏霍姆林斯基式的教师”李镇西的《做最好的家长》等家庭教育书籍，以尽可能多地了解青春期孩子的成长规律，掌握一些家长与孩子的沟通技巧，将其应用于对女儿的教育中，并尽可能推广给我所能接触到的家长。家访是跟家长进行线下交流的最好的方式，是教师主动进行的活动，这既能够针对个别学生和家长开展交流活动，也更能推广家庭教育经验。

(四) 家长会推广家庭教育理念

每学期两次的家长会为家校交流提供的机会显得不足，学校还专门开设了家长学校，家长学校每周为家长们进行国学经典解读，每月都会针对不同年级推出一期家长讲座。讲座包括传统文化知识，也涵盖了家庭教育理念，让家长既能增长了传统文化知识，也能了解了家庭教育的方法。

中华传统节日文化走进家庭教育的问卷调查分析

随着社会的发展与进步，新生代家长对于家庭教育也越来越重视，因此，如何“润物无声”而高效的进行家庭教育就成了焦点。中华传统文化中的精华对于当下的家庭教育有着重要的指导意义，中国传统文化在家庭教育中的应用策略研究就有了重要意义。近年来，国内学者已对如何加强优秀传统文化教育和如何加强家庭教育进行了大量研究，其中中国传统节日承载着文化内涵和重要的价值观念，是家庭教育的有效载体之一。所以就“中国传统节日文化走进家庭教育”进行针对性的调查，并根据调查结果进行调整是非常有必要的。

一、对象与方法

(一) 研究对象

选择在超市和学校门口，对顾客和学生家长进行随机调查。

(二) 研究方法

自编调查问卷，问卷包括：(1)参与对象的职业状况。(2)对家庭教育的重视度。采用5级评分制，0分代表不重视，5分代表非常重视。(3)对传统节日文化的了解。采用5级评分制，0分代表不了解，5分代表非常了解。(4)传统节日在家庭教育中的文化参与度。采用5级评分制，0分代表无参与，5分代表参与度极高。

采取无记名纸质调查问卷。本次调查问卷，发出80份，回收有效问卷62份，有效回收率77.5%

二、结果

（一）参与对象的学历和收入状况

参与对象职业主要分为三大类：公职人员、农民工人、自由职业者。

（二）对家庭教育的重视度

不同职业对家庭教育的重视度有影响。采用Fisher's确切概率法分析。结果显示，公职人员比农民工人、农民工人比自由职业者，更重视家庭教育，职业之间的差异具有统计学意义（$P<0.05$）。

40位调查对象（64.4%）较重视家庭教育。他们对以下几种方式的进行评分：(1)说教；(2)组织家庭活动；(3)通过家校互动。评分最高的是说教，其中有31人认为说教是最常用、最便捷的家庭教育方式。

另有22位调查对象（35.6%）不重视家庭教育。他们对以下几种方式的进行评分：(1)没有时间；(2)不会；(3)孩子反感，教育无效，甚至反作用。评分最高的是不会，其中有18人认为不知道怎样进行有效的家庭教育。

（三）对传统节日文化的了解

40位重视家庭教育的调查对象都会在传统节日组织家庭活动，但是其中有24人（60%）混淆了传统节日和法定节日，只有16人（40%）能够准确说出丰富的传统节日文化内涵。

（四）传统节日在家庭教育中的文化参与度

在16位了解传统节日文化内涵的调查对象中，有7人（43%）会有文化参与目的地组织家庭活动。其余人的困惑主要是：(1)缺乏系统专业的指导；(2)工作忙，没有精力；(3)家庭活动形式太单一；(4)孩子一旦上学就没有时间。

三、发现

中国传统节日文化在家庭教育中的应用存在误区，中国传统节日文化不仅仅只是一些民俗活动，更是有丰富的文化内涵和重要的价值观念。有些家长对家庭教育、对中国传统节日文化应用的重要性认识不足。中国传统节日文化走进家庭教育的困难主要包括：大部分家长的教育行为还停留在较低的层次，他们本身文化素养较低；大部分家长有进行高效优质家庭教育的意愿，但是缺乏指导；现在大部分家庭是独生子女家庭，家庭活动规模小、形式太单一、影响力不理想；家庭教育观念错误，认为孩子学业更重要，没时间参与家庭活动。若要传统文化的育人内涵在家庭教育中得到传承和落实，就要促进中华传统节日文化走进家庭教育，就要家庭、学校、社会联动。家长要与时俱进，不断革新教育理念与教育方法，提升自身对家庭教育的认知能力，提升自身文化素养；学校要让“双减”落地，让素质教育成为现实；社会各界要组织优质活动，辅助家庭进行系列、专业的家庭文化活动。只有三方联动，才能让优秀的传统文化思想帮助孩子健康成长，培养他们良好的品德素养，进而促进孩子的全面发展。

表 5－2　家长讲座内容

内　　容	讲授者
清茶香茗传中品佳肴美馔妙手烹 ——饮食文化在家庭教育中的实施策略	张志霞
越万古千秋长，展雅衣芳华美 ——传统服饰文化在家庭教育中的实施策略	亢晶晶
共筑室雅兰香传承千年国学 ——新中式家居文化在家庭教育中的实施策略	杨秀娥
依托传统佳节，悦享文化盛宴 ——传统节日在家庭教育中的文化参与策略	李彩威
中华古道读真意，万水千山行真情 ——国学经典阅读和人文景观游览在家庭教育中的实施策略	张建欣

（五）信息技术助力寒假家长课堂

表 5－3　寒假家长课堂

第七期　家长如何与孩子一起了解大学和专业

续 表

“人生的扣子，从一开始就要扣好”，只有在选择正确的情况下，收获才会跟努力成正比。高考志愿填报也是这个道理，选大学、选专业同教育孩子一样，要面向未来，着眼于长远，这样才能为大学毕业时的择业以及以后人生的发展提供好的基础。家长应引导孩子尽早规划自己的人生，利用假期时间收集生涯信息，进行生涯规划。本期家长课堂中，我将为大家分享一些了解信息的平台，助力孩子的生涯决策。

孩子人生目标确定后，如何了解大学专业和职业，进行正确的选择呢？下面介绍三个平台，信息准确且全面，对孩子的决策可以提供很大的帮助。

第一个是“阳光高考网”。这是教育部高校招生指定平台，里面不仅能查看全国所有高校，还能查看所有本科和高职的专业，在本科专业中还进行了普通教育和职业教育的专业分类，让你对专业清晰明了。除此之外，这个平台还是高考信息平台，高职招生、艺术生、体育生、保送生、空军招飞等各种升学途径的信息都有，各个大学的招生简章也有，甚至所学专业将来的职业方向也有介绍，各位家长一定要收藏。

第二个是“掌上高考”。这是中国教育在线提供的高考志愿填报服务平台，也是国家官方提供的平台。这个平台为志愿填报提供数据服务。除了阳光高考网里的大学和专业的介绍外，里边还有模拟报志愿、各省的一分一段表等服务，是高三学生家长的必备平台。

第三个是“学职平台”。这是全国大学生学业职业发展平台，也是教育部指导建设的。这个平台面向大学生就业，是链接学生高校和企业的纽带。这个平台使用较多的是职业测评板块：不仅可以测试职业兴趣，还可以进行职业能力人格测试的以职业为方向进行自我了解、探索自我，还有职业探索、职业人物、职业微视频的外部探索，就业指导课模块里的各行业的职业前景分析也非常全面。

帮助孩子寻找职业方向的家长可以重点关注以上介绍的三个平台，分别是高校招生、高考报志愿、大学与职业方面的平台。这三个平台都是教育部主导建设的。家长还可以关注其他的网站，有省教育考试院、孩子目标大学的官网等，都会为孩子的发展提供很好的信息。

第六章　结语:“幸福共生教育体系”成效与反思

一、“幸福共生教育体系”成效

在“做幸福共生的教育”办学思想引领下，我带领无中人着力实施“文化立校、管理治校、质量强校、名师扬校、科研兴校”战略，三年一小步，五年一大步：一年扭转教风、学风、校风，学校面貌发生格局性变化；三年教育教学提质增效，实现学校成绩、满意度双高；五年科学构建多元教育教学体系，育名师创名校打造学校品牌。五年来，引领学校不断突破，学校办学成绩显著提升。从2018年开始，高考强基上线率连续实现正增长，河北无极中学跨入县域高中先进行列，被石家庄市教育局授予高中教学先进单位，誉为县域高中灯塔式的学校，更是无极百姓满意认可的学校。连年攀升的成绩得到了政府的鼓励与表彰、家长的鲜花与锦旗、社会各界捐款捐物、赢得肯定与赞誉，河北无极中学被省教育厅确定为(2022—2025年)河北省中小学校长培训实践基地。

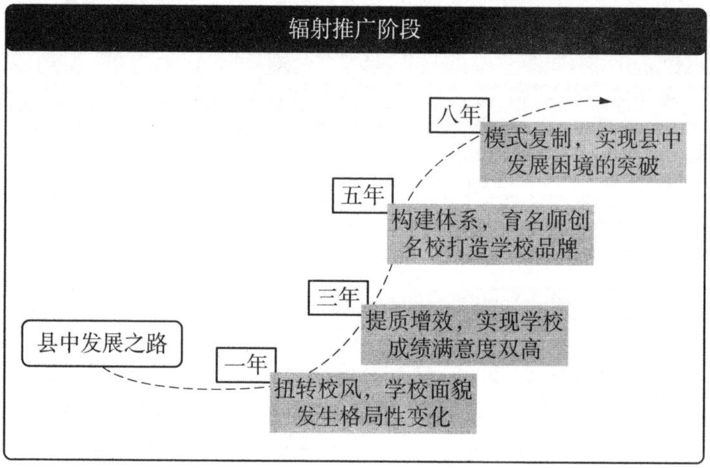

图6-1　县域高中“幸福共生”高质量育人体系发展之路

二、“幸福共生教育体系”反思

（一）系统观指导，整体认识教育问题

首先，教育是社会系统的子系统，教育功能的发挥不是孤立的，必须与社会中其他子系统协调一致，才能正确地发挥教育功能。河北无极中学“共生教育体系”重视学校教育、家庭教育与社会教育的共同作用，努力协调学校与家庭在学生发展过程的力量，引导学校教育与家庭教育的合力，最大限度地发挥家校共育的功能。

其次，学校教育作为社会系统的子系统，其本身亦是一个发展整体，学校教育与其构成要素教育者（教师）、受教育者（学生）的发展也是相辅相依、共生共荣的。河北无极中学“共生教育体系”关注教师与学生的共同发展，关注教师、学生的发展对于学校发展的促进作用，强调三者的共同发展、共同幸福。

最后，从个体的角度来看，教师与学生也是各自独立的整体，教师专业发展与学生发展也应当是整体的发展。河北无极中学“共生教育体系”关注师生发展的整体性与科学性，强调教师与学生全面发展的内容，这一点体现在河北无极中学幸福共生课程体系的构建上。

（二）问题指向，切实解决实际问题

科技创新竞赛：组织学生参加科技创新竞赛，如青少年科技创新大赛、机器人竞赛等。通过参加这些竞赛，学生可以锻炼自己的创新思维和实践能力，提高科学素养。例如，组织学生参加青少年科技创新大赛，让他们在比赛中展示自己的科技创新成果，与其他选手交流学习，激发他们的创新热情。

课程整合设计：将科学教育与其他学科进行有机整合，设计跨学科课程。例如，将物理、化学、生物等学科的知识融合在一起，设计“生命科学与物理化学”跨学科课程，让学生从不同角度理解生命现象和物质世界的本质。

项目式学习：采用项目式学习法，让学生围绕一个具体的项目进行学习和探究。在项目实施过程中，学生需要综合运用多学科知识和技能，解决实际问题。例如，组织学生开展“环保科技小发明”项目式学习，让学生运用物理、化学、生物等学科知识，设计和制作环保科技小发明，提高他们的综合运用知识和解决问题的能力。

河北无极中学“幸福共生教育体系”是基于“县中发展困境”提出的，为的是探究县域高中现实发展路径。自从 2001 年“幸福共生教育”萌芽以来，“幸福共生教育”理念在 4 所学校或多或少地发挥了引领学校发展的作用，尤其是在河北无极中学，“共生教

育”理念最终凝练成“共生教育体系”，并经 5 年的践行，取得了尤为显著的成效；一定程度上可以说，河北无极中学实现了“县中发展困境”的基本突破，走上了良性发展之路。

(三) 理念引导，突出教育的育人功能

河北无极中学师生在深入思考并深刻理解了教育的功能、学校教育的责任以及我国的教育方针之后，凝练出“幸福共生”的办学理念，并构建了河北无极中学“共生教育体系”，以切实践行“幸福共生”办学理念、实现师生的全面发展。自始至终，河北无极中学围绕着“为党育人、为国育才”的核心，进行学校课程建设、学校文化建设，用红色党建引领师生发展，用组织结构和规章制度约制师生行为，并将教育的边界扩展到家庭与社会，引领家庭与社会的育人方向，最终达成家校社协调育人的目标。

参考文献

1. 秦靖. 奋斗幸福观融入大学生思想政治教育探索[J]. 成才之路,2024(4):141-144.
2. 蔡蕾. 基于诺丁斯幸福教育理论的大学生幸福感提升研究[J]. 科技风,2019(12):39-40.
3. 吴后东. 幸福教育理论下的高中数学课堂教学[J]. 考试周刊,2017(55):129.
4. 张雪妍. "幸福教育理念"引领学校发展[D]. 呼和浩特:内蒙古师范大学,2019.
5. 潘进强. 当代中学生的幸福教育研究[D]. 南昌:江西师范大学,2010.
6. 赵金稳. 贵州省农村中学"幸福教育"的理论思考与实践探索[D]. 武汉:华中师范大学,2018.
7. 邢俊玲. 师生共同体视野下的幸福教育[D]. 太原:山西大学,2011.
8. 周珍. 幸福教育的本质兼及目的论[D]. 长沙:湖南大学,2018.
9. 向艺,左瑞勇. 幸福教育:新时代中国特色社会主义的价值诉求[J]. 重庆师范大学学报(社会科学版),2018(4):68-73.
10. 黎琼锋. 论教师德性与教育幸福的共生关系[J]. 中国德育,2008(2):25-29.
11. 杨润东,邹玖菊. 国内幸福教育研究述评——兼论幸福教育的概念构建及实践路径[J]. 教师教育学报,2017,4(2):7-17.
12. 习近平. 在庆祝中国共产主义青年团成立 100 周年大会上的讲话[EB/OL]. (2022-05-10)[2025-01-12]. https://www.gov.cn/gongbao/content/2022/content_5692851.htm.
13. 习近平. 在清华大学考察:坚持中国特色世界一流大学建设目标方向,为服务国家富强民族复兴人民幸福贡献力量.[EB/OL]. (2021-04-19)[2024-12-01]. https://www.gov.cn/xinwen/2021-04/19/content_5600661.htm.

附录

附录一 课程建设和及实施案例

一、“当代文化参与”任务群项目化学习的现实意义

“当代文化参与”“语文核心素养”“语文实践性活动”等新概念，是在2017年高中课程标准更新后，在中学语文教学领域中出现的新概念。新概念的提出，实际上是促使广大教师对以往的教学理念、教学方式和教学评价进行整体性的反思，是对传统课堂教学方式的革新与探索。虽然这些年，我们广大教师在不断调整的新课标的引领下，努力探究改变传统模式的课堂教学，但是，我们还是会发现，现在的课堂对学生能力发展和与社会发展的联系力度还远远不够。基于语文学科的学科特质，如何依托语文教学的平台，让学生在参与中学习，在实践中体验，全面提升中学生的学科素养，便成为一个迫在眉睫的课题。“当代文化参与”任务群学习项目为新课改语文教学不可或缺的组成部分。

怎样才能使“当代文化参与”“语文核心素养”“语文实践性活动”等新理念真正落地呢？单靠我们传统式的教学设计，或者单独的课堂教学，是绝对实现不了的。这就需要我们在教学设计和教学模式上有新的理念和新的突破。借助项目化学习的路径来实现学生对“当代文化的参与”便成为自然的选择。

二、“当代文化参与”任务群项目化学习研究理论基础

项目化学习(project based learning)简称PBL，20世纪初美国教育理论家和哲学家约翰·杜威将学习描述为一个积极的过程和体验，学生需要实践以理解深层的学习

内容。约翰·杜威的学生克伯屈提出了项目化学习的概念。以学生为主体,以活动为中心的教育主张作为一种新型的学习方式,历来被一些城市的国际化学校所推崇,取得了良好的反响。教师引领,学生成为了主角,学生借助课堂所学的知识,通过分组合作沟通交流、调研等方式寻找解决问题的方案,最终用有效且清晰的方式展示学习的成果。在此过程中,学生不仅收获了知识,其批判性思维、合作沟通、协调能力也得到有效的提高。更重要的是,学生可以完整且真实地体验到成年人社会中各种项目活动,真正提高核心素养。这些成熟的实践经验为本课题研究提供了可借鉴的依据。

三、县域中学"当代文化参与"统领的项目化学习的基本要求

1. 不能脱离语文学科的核心素养

"当代文化参与"统领的项目化学习,必须凸显语文学习的特质。语言的建构与运用、思维的发展与提升、审美的鉴赏与创造、文化的传承与理解,这些语文学科素养必须在项目化学习中加以渗透和浸润。这一要求与开展项目化学习的学校所在区域并无必然关联。

2. 不能脱离乡土文化的优势

就县域中学而言,"当代文化参与"统领的项目化学习必须因地制宜,有自己行之有效的实践路径。既要借鉴发达城市高端学校项目化学习的成熟经验,同时又要依托家乡丰厚的乡土文化,让学生研读家乡深厚的历史文化、参与见证家乡的文化建设。这样的语文学习就有了可以生存的丰厚土壤,有了更为广阔的发展前景,有了更强劲的生命力。县域中学学生生活在自己独特的文化背景中,脱离乡土文化的浸润与参与,就如同无水之鱼。只有凭借自身的文化优势,才能让语文学习在真实情境中开展,才能充分体现了项目化学习的生活化、趣味化、个性化、生成性。

3. 不能脱离项目化学习的自身特征

项目化学习天然的优势在于它自身有着突出的操作性特征:真实的情境,复杂的问题,超越学科,专业设计,合作完成,成果导向,评价跟进。"当代文化参与"统领的项目化学习,也必须守住这些学习要素。不可以让项目化学习成为空洞的概念,真实的参与远远重于美好的设计,不完美的体验远远优于包装过的成果。严谨的态度、严密的布局、高端的站位、开阔的视野,这些都是项目化学习高效的保障。

在真问题中探索解决方案,在真问题中才能够完成真项目。由"当代文化参与"往

“乡土文化参与”上靠拢，意图在于保障县域中学项目化学习发生的真实性与自然性。通过完成别具特色的项目任务过程中的相互交流、协作、互补，完成思想的碰撞、学习的交流和成果的表达。

四、“当代文化参与”统领的项目化学习的活动原则与意义

“当代文化参与”是高中新课标提出的学习任务群之一。“当代文化”侧重指当今的、现阶段的文化，“参与”是要求学生参加到当代文化生活和文化活动中去。此任务群设置的必备环节为：引导、学习、传播、交流。项目化学习的活动原则是保证上述必备环节的完整度。语文教师将“当代文化参与”与“项目化学习”巧妙融合，就会催生鲜活的课堂，开辟新的天地，激活被动的思维。作为县域中学，囿于政治、经济因素的制约，开展项目化学习，完成当代文化参与，并未有多少成功的案例可以借鉴参考。立足丰厚的地域乡土文化，因地制宜，开展极具特色的项目化学习显得尤为重要。这既可以提升学生的学科素养，又可以培植学生浓厚的家国情怀，意义重大，影响深远。本课题的研究价值正在于此。

五、“当代文化参与”统领的项目化学习的实践范例

首先，学校教科研部门先梳理出县域乡土文化的资源，进行项目遴选，教师结合自身优势与兴趣方向完成项目承担。借助课堂与集会进行项目宣讲，帮助学生选择学习项目。学习项目选定后，学校教师要根据项目特点和学生的情况设计项目具体内容和活动细节。如制定项目化学习系统方案，创设真实情景，规范活动过程、优化学习环境、学习成果预设与展示、文本与网络工具的使用，以及引导学生组建学习与实践共同体。怎样设计才能使学习项目符合要求，收到效果呢？下面就我校“当代文化参与”任务群项目化学习本土化设计案例来加以说明。

县域中学“当代文化参与”统领的项目化学习的基本要求，必须做到“三个不能”。

在真问题中探索解决方案，在真问题中才能够完成真项目。由“当代文化参与”往“乡土文化参与”上靠拢，意图在于保障县域中学项目化学习发生的真实性与自然性。通过完成别具特色的项目任务过程中的相互交流、协作、互补，完成思想的碰撞、学习的交流和成果的表达。

校园文化剧《剑啸黎明》活动方案

一、活动介绍

1. 活动名称：校园文化剧《剑啸黎明》——纪念无极民族英雄刘琨

2. 举办时间：2022年10月20日

3. 活动地点：河北无极中学

4. 受益对象：河北无极中学全体师生

5. 活动承办：河北无极中学语文组

二、活动目的

1. 活动背景

作为县域中学，囿于政治、经济因素的制约，开展项目化学习，完成当代文化参与，并未有多少成功的案例可以借鉴参考。立足丰厚的地域乡土文化，因地制宜，开展极具特色的项目化学习显得尤为重要。既可以提升学生的学科素养，又可以培植学生浓厚的家国情怀，意义重大，影响深远。语文教师将“当代文化参与”与“项目化学习”巧妙融合，就会催生鲜活的课堂、开辟新的天地、激活被动的思维。

在无极的乡土文化中，无极的仁人志士，曾经在这方热土上躬行正道，尽瘁事国，留名于县志，留福于乡梓。我们编写校园文化剧《剑啸黎明》是为了纪念以刘琨为代表的无极历史英雄们，就是慎终追远，饮水思源，不忘血脉传承，不忘祖宗先人。脉旺则山峻，源远则流长，根深则叶茂。吾辈仰慕先人之盛德，德泽后代子孙。为承前启后，薪火相传。诚望后人能缅怀先祖伟业、再造故里辉煌。

2. 活动意义

以项目撬动学习改革。项目化学习不仅有一些先进的教育理念，而且已形成一套较为成熟的操作流程，有助于对传统教学流程的再造。学生学习的变革，开始时期更多的是在于学习方式与形态的变化，并以此带动学习情感与效能的变化，最终落实并体现“以生为本”的现代学习理念，让核心素养在学习中生长，让综合素养在学习中积淀，弥补中国教育的短板。推动实现课程改革，在于如何落实核心素养的培育，不仅需要选择和变更教学内容，更需要变革学习方式和教学模式。

挖掘传承乡土文化，用乡土文化重振爱国精神，增强自豪感，重新树立文化自信。刘琨的剧本弘扬的爱国精神既是教育学生了解历史、陶冶情操、净化灵魂的载体，又是对乡土文化的尊重与延续。通过校园剧的公演，能够传承爱国文化、开阔气度，拓展视野，更有利于培养学生的人本情怀和家国情怀。

三、活动流程

参与主体：高一、高二学生、语文教师

1. 材料准备工作及文化访谈安排

2022年1月15日至2月28日，语文教师布置资料搜集任务，高一高二年级学生利用网络资源以及教师推送资料熟悉了解地方名人刘琨，借助无极味道公众号、知网、县文化馆等不同渠道完成资源搜集。访谈组成员做好访谈计划，进而完成访谈任务。

2. 2022年3月5日至20日为文字整理阶段，提交课题组。布置剧本编写任务，成立话剧创作组委会。

3. 2022年3月21日至5月20日，各小组完成任务分工（剧本创作组、服饰礼仪等历史知识顾问组、剧务道具）。

4. 暑假招募话剧社团，网上开展演员海选、角色分工，教师始终跟进。

5. 2022年9月份话剧排练打磨，带妆彩排。

6. 2022年10月份正式话剧上演，作为校文化节的压轴节目。

7. 话剧宣传组做好参演者、观众的访谈，召开座谈会，组织者及主要参演者进行汇报交流。诚邀当地刘琨研究会负责人，在学校组织刘琨文化的研讨会，讨论刘琨精神的现实意义。

8. 借助课堂作文教学，开展征文活动，任务情境是为刘琨写一篇墓志铭。最终评定获奖等级，进行佳作展示。

四、活动预算与资源筹措方案

活动预算总额4000元

资源类别	资源价值(单位元)	获取资源渠道
服装道具	2000元	校方资助
背景幕布	2000元	校方资助
合计	4000元	

五、编写活动总结

1. 活动方案

2. 活动新闻报道

3. 5～10张有代表性的活动照片

4. 活动评估

5. 活动总结

河北无极中学刘琨剧本编委会

2022年1月

剑啸黎明（节选）

——纪念无极民族英雄刘琨

第一幕闻鸡起舞

第一场

01 开场音乐:《黄帝颂》

(道具:1张桌子、2把椅子、1本《汉书》、2个茶杯、1个托盘、1张床、床边放着2把剑、2个包袱)

(人物:书童、刘琨、祖逖)

02 背景音乐:《大气史诗》+旁白

旁白:晋朝上承三国,下启南北朝,分为西晋与东晋两个时期。晋朝短暂的和平只有十一年。开国皇帝司马炎后期开始荒废朝政。特别是晋惠帝即位后,领有军权的诸王纷纷争权,史称八王之乱。晋朝元气大伤后,内迁的诸多少数民族乘机举兵,造成"大丧乱"的局面,这是中国历史上的黑暗时期。百姓负担进一步加重,苦不堪言。历史洪流,烽烟滚滚,无极大地,英雄驰骋。今天的故事就从发生在这个时期的无极人开始。刘琨,字越石,汉朝中山靖王刘胜的后裔。

03 背景音乐:《高山流水》

书童:(自豪)我家公子刘琨今年20岁了,可谓是才高八斗,但又想参军打仗。你问我站在这洛阳城司州府衙门口干什么?告诉你吧,我家公子就在这司州府衙做主簿。听我家公子说今天要有一位从范阳来的祖逖祖公子,也要来这里做主簿,让我在这门口迎接着。这天快黑了还阴沉沉的,祖公子还没有来,我先进屋溜达溜达。

刘琨:(坐在书桌旁读《汉书》)尝辍业投笔叹曰:大丈夫无它志略,犹当效傅介子、张骞立功异域,以取封侯,安能久事笔砚间乎?

书童:(笑着)公子,你在这司州城做主簿,不用笔砚还用什么?

刘琨:小子安知壮士之志哉!

书童:(再笑)公子,你的壮志是什么呢?

刘琨：（放下书，站起来，庄重地）我羡慕班超弃文从武，投身疆场，为国立功，施展抱负。

书童：（顽皮地拍拍肚子）可是公子，你只有一肚子的学问，没有武功呐！

刘琨：休得贫嘴。祖公子来了吗？

书童：哎呀，看我光顾着跟你耍贫嘴了，我赶紧出去看看啊。（跑进来，兴奋地）公子——，公子——，祖公子来了，祖公子来了。

（范阳祖逖上场）

刘琨：（赶紧起立，迎出去）这位仁兄可是范阳人祖逖？

祖逖：正是在下。贤弟可是中山魏昌人刘琨？

刘琨：（作揖）小弟正是刘琨，久仰仁兄大名。今日能在此相遇，实乃三生有幸。

书童：（笑着）祖公子，你可算来了，我家公子念叨了一天了。

祖逖：（作揖，爽快）是吗？幸会幸会。我在洛阳城中听说"洛中奕奕，庆孙、越石"，这说的就是你们刘氏兄弟吧？果然神采奕奕呀，真是个"俊郎"！

刘琨：仁兄过奖了，来，请坐。

祖逖：请。

刘琨：仁兄常常救济贫民，轻财重义，慷慨仁慈，谁人不知，谁人不晓哇。我越石真是佩服、敬仰之极呀！

祖逖：（仰天叹息）唉！现在战祸连年，天灾不断，难民遍地。想要好好地生活，哪有那么容易呀？

刘琨：再加上瘟疫流行，赋税加重，民不聊生呀。

祖逖：（直爽）我从北方来到洛阳司州的时候，一路看到五胡占据了我们大晋的北方地区，势力还要不断地扩大。（愤慨）如果不加以限制，我们大晋，会国将不国呀。

刘琨：（忧愤）朝廷引五胡南下，但他们趁机举兵，抢夺粮草，还大肆屠杀汉人，太过于凶残！（拍案）我堂堂大晋，岂能坐以待毙！

祖逖：（摇头、愤怒）可是我们大晋的王室竟然还在为自己的利益而争权相斗！

书童：（站在旁边）我家公子正羡慕汉朝班超弃文从武，想投身疆场呢。

刘琨：（激动）我恨自己空有一身报国志，没有武功。现在你我都来这里做小小的司州主簿，天天抄文书，写稿子，于国有什么大用！我真佩服班超投笔从戎，真乃壮士也！

祖逖：贤弟气度不凡，志向高远。我也深有同感：我们生逢在乱世，当杀敌报国，建功立业。如果贤弟真的想学习武功,我们可以一同切磋。

书童:(高兴拍手)真的,太好了,我家公子正想学武功呢!

刘琨:(激动,站起来)仁兄如果不嫌弃,就和我居住一室,早晨我们一起学习剑法。

祖逖:(兴奋,站起来)贤弟,我们学成之后,如果天下大乱,豪杰并起,你我二人应在中原干出一番大事业!

……

话剧《剑啸黎明》编写过程及剧本解读

张建欣

张同茂主任让笔者为无极民族英雄刘琨编写剧本时,笔者并未过多考虑,只是觉得喜欢中华传统文化,也愿意弘扬无极乡土文化,于是便欣然答应。

因手头能找到的刘琨的资料很少,只知道闻鸡起舞、枕戈待旦、先吾著鞭、多难兴邦四个成语,初步计划把四个成语扩写成四个情节就行。所以第一稿写完后,剧本人物很少,剧情也很简单,矛盾冲突也不够激烈。张同茂主任看过后提出改进的意见,要增加人物。于是又添加石勒、段匹磾等历史人物,又虚构了难民、匈奴兵等人物。张主任又提醒说,人物不可脸谱化,要有丰富的人物性格;话剧矛盾冲突要激烈;整体情感很悲壮,要加入一个调节气氛的角色,比如《宝莲灯》动画片里有一只小猴子来活跃气氛。于是就又虚构了书童这个角色,让他成为贯穿全剧的线索人物,时不时地耍贫嘴来活跃气氛。让他见证刘琨的一生,然后把刘琨的故事讲给后人听。

海选演员的时候,女生的应聘者很多,她们的热情诉求难以拒绝,但是整个剧本的女性角色很少。有的女生说即使没有角色也要参加化妆师、音响师、助理等工作,这让笔者非常感动。其中一位女生个子很高、眉清目秀、气质不俗,给笔者留下了很深的印象。虽然当时没有合适的角色,笔者还是把她的名字记录下来,当时就暗暗决定为她再次修改剧本。当天晚上就执笔再添加了刘琨妻子崔氏的角色。

史料里只有"崔氏,清河东武城崔参之女,崔悦的姑母、温峤和卢谌的姨母",再无过多的介绍。思来想去,决定把她放到《一曲胡笳救孤城》这一幕里,让她衬托刘琨对家人关照的一面。至于崔氏的性格定位,笔者参考了另一位无极历史上的著名女性——甄洛。甄洛知书达理、贤淑睿智。于是给崔氏定位为知书达理、孝公婆、和妯娌、相夫教子的大家闺秀。她端庄秀丽、优雅聪慧。方向有了,就虚构出崔氏给孩子做棉袄,陪相公去城楼打探军情,支持相公扩大晋阳城以收纳更多流亡的百姓等情节。崔氏关心家人的小爱和同情百姓的大爱就豁然纸上了。至于崔氏的妆容力求端庄大方，不可有珠光宝气的俗艳。服装是选择大红色还是蓝色，笔者曾和语文组乔老师探讨。乔老师觉得整场剧是悲剧，蓝色和悲剧相搭配。而笔者觉得选择红色是要凸显刘琨家庭生活的幸福和美满，正好和下一场刘琨的父母妻子遇害的哭戏形成鲜明的对比，与刘琨穿的白衣服、戴的白孝形成强烈的视觉对比。鲁迅先生说，悲剧就是把美好的东西毁灭给人看。前一场戏把崔氏塑造得越美好，后一场刘琨的哭戏就越显得悲壮而苍凉。

刘琨之前和之后的剧情更多的是工作和军事上的作为，而这一幕虚构也体现了他作为丈夫对娘子的关心，作为父亲对孩子的关心，作为将军对全城百姓的关心。刘琨的人物形象更加丰满，不再是脸谱化。哭戏中刘琨的内心独白，对父母、娘子的愧疚与忏悔是人之常情，并不能凸显刘琨的高大，哭戏后半部分加入刘琨对国家的担忧，“这是上天要加祸于晋朝吗，这是四海要颠覆吗?”“覆巢之下，安有完卵化?”“国都不国了，家何以家?”一连串的问责，把刘琨从小我的悲伤，升华到心忧家国的大爱了。他的家庭遭遇就是晋朝战乱当中千千万万个家庭的缩影，将军的家庭有如此遭遇，普通百姓的遭遇就更悲惨了。

第二幕《枕戈待旦》中如何体现出晋朝这个时代的大丧乱，笔者思虑较多。要想在有限的舞台空间里展示晋朝宏大、苍凉、悲壮的时代背景只能用以点带面的手法。用老农一家、难民母亲一家和路过的三个难民来代表黎民百姓这个群体，利用各家的苦难遭遇来展示整个社会因战乱和饥馑而造成的动荡流离、哀鸿遍野的场面，利用刘琨对《扶风歌》的真情吟诵和书童的侧面烘托展示出刘琨面对苦难百姓的哀悯同情。虽然刘琨在忍受灵魂的煎熬，但敌人来了，他不但没有退缩，还这么有勇气和胆量，刘琨的成长就演绎出来了。

同样的笔法运用在《一曲胡笳救孤城》里。笔者用虚构的三个匈奴兵以小见大，以点带面展示了整个匈奴军营的军心涣散。三个匈奴兵，一个是思念母亲的儿子，一个是思念儿子的父亲，一个是思念姑娘的未婚夫，他们分别代表了匈奴军营里士兵们的三类人。匈奴兵虽然是反面人物，仍然被塑造得有血有肉，性格鲜明。刘琨在匈奴大军压境的危急时刻用一曲胡笳救孤城，展示出刘琨精通音律，以情动人，以智救人。匈奴兵对亲人的思念情深，被熟悉的胡笳曲勾起思乡情就合情合理，这为刘琨智取匈奴救孤城做好了铺垫。

结尾《见疑被害》一幕中，如何展示出刘琨就义时的英勇？史料里只是说：段匹磾在段叔军和东晋大将王敦的唆使下，假传圣旨将刘琨缢死，其子侄4人同时遇害。刘琨享年48岁。刘琨会说什么？如何衬托英雄就义的悲壮？笔者虚构出刘琨和儿子刘遵的相见，用子侄的恐惧衬托刘琨的大义凛然、光明磊落；用屈原信而见疑，忠而被谤的遭遇和刘琨类比，凸显出刘琨灵魂的高尚；让刘琨面对刽子手的绳索，仰天无奈地苦笑，呼告："祖逖兄，你在哪里……祖逖兄，当年我们共约：如果天下大乱，豪杰并起，你我二人应在中原干出一番事业！我现在功业未成而命将终矣，复兴大晋，要靠你去实现了！"一方面使整部剧首尾呼应，另一方面展示英雄落难的无奈和死而不已的爱国心。虚构出刘琨和子侄共同吟诵《重赠卢谌》，增加整部剧的苍凉感和悲壮气氛。刘琨厉声地吼出："来吧！我刘琨宁为玉碎，不为瓦全！即使长虹化碧，望帝啼鹃，我也要一寸丹心赴国难，万里孤魂护河山！"这让刘琨的情感达到最高潮，也让整部剧在悲壮中戛然而止，以达到余音绕梁，回味无穷的效果。

总之整部剧，情节跌宕而起伏，人物性格立体而丰富，矛盾冲突激烈而尖锐，结构错落而呼应，能在有限的舞台空间里，展示刘琨从青年到壮年的成长变化和悲壮一生。

挖掘传承乡土文化，用乡土文化重振爱国精神，增强自豪感，重新树立文化自信。刘琨的剧本弘扬的爱国精神既是教育学生了解历史、陶冶情操、净化灵魂的载体又是对乡土文化的尊重与延续。通过校园剧的公演，能够传承爱国文化、开阔气度，拓展视野，更有利于培养学生的人本情怀和家国情怀。

表1　话剧《剑啸黎明》演职人员反馈表

姓名：	班级：	扮演的角色：
年龄：	体重：	身高：
请阐述自己所饰演的角色是一个什么样的人？		
你是如何演绎自己所扮演的角色的？（性格、外貌、语言、动作、表情等等）		
你在表演过程中有哪些注意事项？		
请对自己的表演做一个整体评价。		
如果让学弟学妹再次表演这个角色，你有什么需要嘱咐他们的？		

《剑啸黎明》话剧鉴赏教案第一课时

【教材分析】

戏剧是一门舞台艺术，欣赏优秀的戏剧是一种美好的享受。部编版高中语文课本中仅有一单元的戏剧学习并不能满足热爱戏剧的学生。在无极的乡土文化中，无极的仁人志士，曾经在这方热土上躬行正道，尽瘁事国，留名于县志，留福于乡梓。我们编写校园文化剧《剑啸黎明》是为了纪念以刘琨为代表的无极历史英雄们，就是慎终追远，饮水思源，不忘血脉传承，不忘祖宗先人。吾辈仰慕先人之盛德，为承前启后，薪火相传，德泽后代子孙。脉旺则山峻，源远则流长，根深则叶茂。诚望后人能缅怀先祖伟业、再造故里辉煌。

【学情分析】

作为县域中学，囿于政治、经济因素的制约，开展项目化学习，完成当代文化参与，并未有多少成功的案例可以借鉴参考。立足丰厚的地域乡土文化，因地制宜，开展极具特色的项目化学习显得尤为重要。既可以提升学生的学科素养，又可以培植学生浓厚的家国情怀，意义重大，影响深远。语文教师将“当代文化参与”与“项目化学习”巧妙融合，就会催生鲜活的课堂、开辟新的天地、激活被动的思维。课改的精神和教育理念就是“一切为了每位学生的发展”，从学生的实际需要和兴趣出发。培养学生的实践能力和创新能力，提高综合素质促进全面发展。他们不仅要读戏剧要看戏剧，更想成为剧中的一员去演戏剧。为了满足学生的要求，为学生搭建更好的学习平台，我们开发了这一校本课程。

【素养目标】

语言建构与运用：了解戏剧基本知识。

思维发展与提升：掌握戏剧情节与戏剧冲突的基本知识。

审美鉴赏与创造：用学到的戏剧知识鉴赏剧本《剑啸黎明》，拓展文化视野，提高欣赏及审美能力。

文化传承与理解：用无极刘琨文化重振乡土精神，挖掘、传承乡土文化。增强乡土自豪感，重新树立乡土文化自信。

【教学重点】了解剧本《剑啸黎明》的主要情节，提高学生欣赏及审美能力。

【教学难点】分析剧本中的主要矛盾冲突。

【教学方法】研讨、合作、展示。

【教学时数】1 课时。

【教学过程】

一、情境导入：播放话剧《剑啸黎明》视频《英雄落难》片段

漫教韩信兵涂地，不及刘琨啸解围。

——《睹军回戈》韦庄【唐】

曹刘坐啸虎生风，四海无人角两雄。

可惜并州刘越石，不教横槊建安中。

——《论诗三十首(其二)》元好问【金】

刘琨的慷慨悲歌，永远留给人民以英雄的形象，他在大乱之前，原是二十四友之中的人物，北方的沦陷，使他奋发起来，成为民族矛盾下努力要匡复神州的英雄，却不幸被段匹磾所害。这些诗都给了无极人刘琨极大的赞誉和肯定。刘琨也是今天戏剧文化节的主角。

二、河北无极中学戏剧文化节活动(一)：招聘会

河北无极中学要举行“戏剧文化节”，招聘主持人，你来应聘，请你以“无极乡土文化”为主题朗读一段开幕词。(请两位同学上台主持)

三、河北无极中学戏剧文化节活动(二)：讲解员宣讲戏剧文化

戏剧是一种在舞台上表演的综合艺术，它借助文学、音乐、舞蹈、美术等艺术手段来塑造人物形象，揭示社会矛盾，反映社会生活。

戏剧文学是与小说、诗歌、散文并列的一种文学体裁，是供舞台表演使用的剧本。

戏剧冲突主要指剧本中所展示的人物之间、人物自身以及人与环境之间的矛盾冲突，其中主要表现为人物之间的性格冲突。

戏剧语言包括人物语言(对话、独白、旁白)和舞台说明(人物动作、心理、舞台布景、环境)。

戏剧语言特点：个性化，动作性，潜台词。

戏剧的分类：

按照不同的标准，戏剧可以分为不同种类：

A. 按艺术形式和表现手法：话剧如《雷雨》，歌剧如《白毛女》，舞剧如《丝路花雨》。

B. 按剧情繁简和结构：独幕剧如《三块钱国币》，多幕剧如《雷雨》，多幕剧如《雷雨》。

C. 按照题材：现代剧、历史剧。

D. 按照矛盾冲突性质：悲剧、喜剧、正剧。

四、河北无极中学戏剧文化节活动(三)：鉴赏戏剧的钥匙

了解戏剧情节与矛盾冲突、品味人物语言、分析人物形象。

主题阅读和探索——理解作者的创作意图

[任务群五]　文学阅读与写作　良知与悲悯

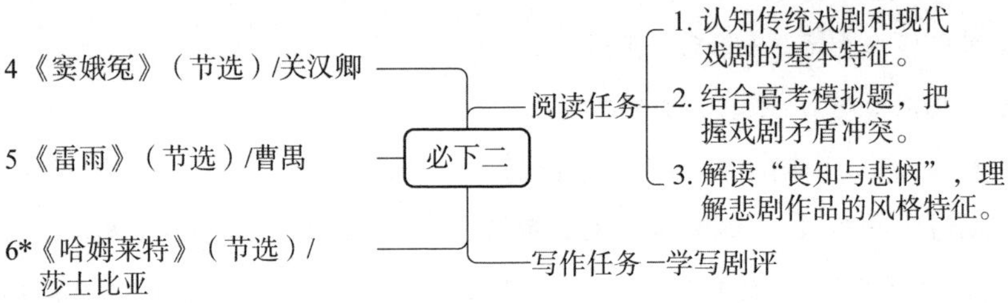

（大单元教学）

我们以校本教材《剑啸黎明》剧本为载体完成戏剧阅读任务。

进行戏剧鉴赏，了解戏剧的情节与矛盾冲突、品味人物语言、分析人物形象。

第一把钥匙：戏剧情节与戏剧冲突

［戏剧情节］

情节是人物性格成长和发展的历史。戏剧情节与小说情节的最大不同在于它的戏剧性。它需要在有限的舞台时空中更集中地浓缩生活情景，用更快的节奏大开大阖地叙述故事，并通过精心设计的悬念、巧合、偶然性事件、突转来强化戏剧性。

情节：开端、发展、高潮、结局。

［戏剧冲突］

戏剧冲突是现实生活种种矛盾纷争在戏剧中的艺术表现。它包括由人物性格、心理活动的矛盾所构成的内在冲突和人与人、与社会、与自然力量的矛盾所构成的外在冲突。

戏剧冲突是戏剧的基本特征，是两种对抗力量之间相互作用的过程和结果，戏剧通过它来展现人物性格，反映生活本质，揭示作品主题。

由“戏剧矛盾冲突”可以拓展为感受作品中的艺术形象，把握作品的内涵，理解作者的创作意图；欣赏戏剧冲突、构思情节、塑造人物的艺术手法的关注，辅助我们读懂戏剧。冲突是戏剧美学的第一范畴，冲突就是“戏”，没有冲突就“没戏”。戏剧冲突是戏剧情节的灵魂，戏剧情节则是戏剧冲突的形体。也就是说戏剧情节是剧作家从生活中提炼出来的戏剧冲突的发展过程。对戏剧冲突与戏剧情节的分析、把握、评价往往是不可分割的同一过程。

南风昔不竞，豪圣思经纶。刘琨与祖逖，起舞鸡鸣晨。虽有匡济心，终为乐祸人。（终究还是被朝廷陷害成为获罪之人。）

——【唐】李白《避地司空原言怀》

五、河北无极中学戏剧文化节活动(四):一把钥匙开一把锁

鉴赏话剧《剑啸黎明》第五幕《见疑被害》中的戏剧冲突。

1. 背景简介(播放音频)

晋朝上承三国,下启南北朝,分为西晋与东晋两个时期。晋朝短暂的和平只有11年。开国皇帝司马炎后期开始荒废朝政。特别是晋惠帝即位后,领有军权的诸王纷纷争权,史称八王之乱。晋朝元气大伤后,内迁的诸多少数民族乘机举兵,造成“大丧乱”的局面,这是中国历史上的黑暗时期。百姓负担进一步加重,苦不堪言。

公元317年司马睿在江南称帝,史称东晋。当时晋朝西部、北部疆土已大部沦亡,长安失陷。刘琨大意失了并州,在无路可走时投奔晋朝幽州刺史段匹磾。段匹磾是鲜卑人,他很敬仰刘琨的为人。两人还歃血为盟,结拜为兄弟,约为儿女亲家,发誓要效忠于晋朝。这年正月里,鲜卑人辽西公去世,他儿子还小,他的叔叔要夺王位。段匹磾带刘琨的儿子刘群从蓟州出发去吊丧。半路上,段匹磾的堂弟段末杯也要争权,并和段匹磾的军队交战。段匹磾兵败,返回蓟州,而刘琨的儿子刘群却被段末杯给俘虏了。在蓟州段匹磾官府,段叔军送给段匹磾一封密信,说是刘琨的儿子刘群写的。看完信的内容,段匹磾怀疑刘群想要他父亲刘琨背叛自己去投靠段末杯。段叔军把刘琨父子、侄子四人抓来严加审问。

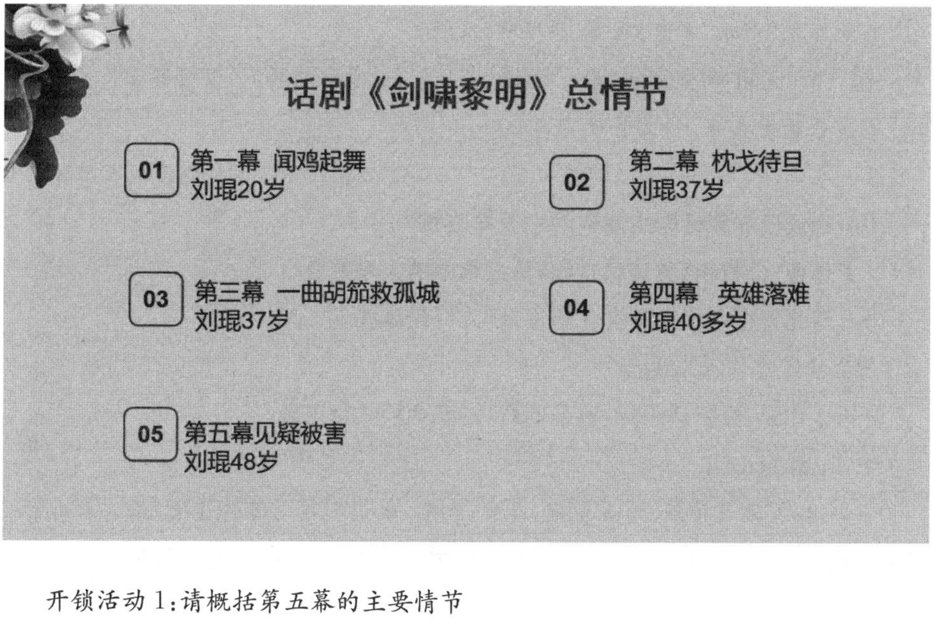

开锁活动1:请概括第五幕的主要情节

开端：刘琨大意失并州，在无路可走时投奔晋朝幽州刺史段匹磾。

发展：段匹磾在弟弟段叔军的唆使下囚禁刘琨。

高潮：在狱中刘琨慷慨陈词，明辨清白。

结局：刘琨子侄四人同时遇害。

开锁活动2：学习小组共同探究第五幕的戏剧冲突并说明理由

鲜卑人内部段匹磾与堂哥段末杯的矛盾。

段匹磾和刘琨的矛盾。

段匹磾和刘琨的大儿子刘群的矛盾。

段匹磾和刘琨的小儿子刘遵的矛盾。

刘琨自己的理想抱负与晋朝王室的昏庸的矛盾。

中原荡分崩，壮哉刘越石。连踪起幽并，只手扶晋室。

福华天意乖，匹磾生鬼蜮，公死百世名，天下分南北。

——【南宋】文天祥《经刘琨墓》

六、河北无极中学戏剧文化节活动(五)：招聘演员

请五位男同学分角色朗读话剧《剑啸黎明》第五幕片段来试戏。

话剧角色：刘琨、书童、刘遵、段匹磾、段叔军

七、河北无极中学戏剧文化节活动(五)：话剧《剑啸黎明》公演视频

刘琨死后无奇士，独听荒鸡泪满衣！

——【南宋】陆游《夜归偶怀故人独孤景略》

八、请谈谈看完话剧之后你的感受与收获

九、作业：分析话剧《剑啸黎明》第三幕中的人物形象

十、河北无极中学戏剧文化节活动(六)：闭幕式

请主持人宣读闭幕词

十一、作业：分析话剧《剑啸黎明》第三幕中的人物形象

十二、课堂小结

闻鸡起舞、枕戈待旦、先吾着鞭、多难兴邦。我们仰慕刘琨的盛德，承前启后，薪火相传。诚望同学们在校园文化的熏陶下，能够缅怀先祖伟业、再造故里辉煌。

第三课时

【素养目标】

语言建构与运用：赏析刘琨诗词的语言风格。

思维发展与提升：思考刘琨借助诗词表达的情感。

审美鉴赏与创造：鉴赏刘琨诗词的艺术手法。

文化传承与理解：感悟民族英雄刘琨诗词中蕴含的爱国情怀。

【教学重点】鉴赏刘琨诗词的语言艺术，提高学生欣赏及审美能力。

【教学难点】感悟民族英雄刘琨诗词中蕴含的爱国情怀。

【教学方法】研讨、合作、展示。

【教学时数】1课时。

【教学过程】

一、情境导入

“何意百炼刚，化为绕指柔。”又是何等的令人感动，这简直是一个伟大的悲剧场面，而这个悲剧中的英雄，为了祖国，为了事业，情愿牺牲在他看来比生命更可贵的，一向所自许的“英雄”，来换取这事业与祖国的前途；这里的话，真是一句一泪，一字千金了。

二、背景介绍

现存的刘琨诗仅有三首，都是中年以后的作品，都充满爱国的热情。《扶风歌》《重赠卢谌》尤其悲壮。钟嵘称刘诗“自有清拔之气”，刘勰说：“刘琨雅壮而多风”，都是中肯的评语。元好问《论诗绝句》将他和曹操并举，正因其悲歌慷慨，彼此有类似之处。

《扶风歌》是作者在公元307年（晋怀帝永嘉元年）受任并州刺史，九月末自京城洛阳前往并州治所晋阳（今山西太原西南）途中所作。当时黄河迤北，已成为匈奴、羯等少数民族争战角逐之场。据《晋书》本传载：“并土饥荒……余户不满二万，寇贼纵横，道路断塞。”作者是怀着匡扶晋室的壮志冒险犯难而去的。他采用乐府旧题写作此篇，充分反映途中的艰辛情状和胸间的忠愤，慷慨悲凉，是我国中世纪诗歌创作中一篇罕见的杰作。

朝发广莫门，慕宿丹水山。左手弯繁弱，右手挥龙渊。
顾瞻望京阙，俯仰御飞轩。据鞍长叹息，泪下如流泉。
系马长松下，发鞍高岳顶。烈烈悲风起，泠泠涧水流。
挥手长相谢，哽咽不能言。浮云为我结，归鸟为我旋。

去家日已远，安知存与亡。慷慨穷林中，抱膝独摧藏。
麋鹿游我前，猿猴戏我侧。资粮既乏尽，薇蕨安可食。
揽辔命徒侣，吟啸绝岩中。君子道微矣，夫子固有穷。
惟昔李骞期，寄在匈奴庭。忠信反获罪，汉武不见明。
我欲竟此曲，此曲悲且长。弃置勿重陈，重陈令心伤！

三、合作探究

齐读全诗，体会诗人的思想感情。

按四句一节在乐府诗中称为一解，往往可以相对独立。不妨认为《扶风歌》由九个小节构成，分之可以单独成立，合之则形成一首。

这里最后一节算是尾声，前面可以分作两个层次，一至四节，五至八节各为一层。前四节交替地抒写自己的形和神，一实一虚、一强一弱，节奏强烈而分明。

1. 学生活动：分小组讨论诗词每一节的内容、艺术手法和情感，并在班级展示

第一组学生分析展示

第一节“朝发广莫门，暮宿丹水山。左手弯繁弱，右手挥龙渊。”

本节写刘琨的行踪和自己的形象，广莫门为洛阳北门，丹水山在今山西高平县，两者相去甚远，而诗人朝发夕至，急于赴任、为国纾难之情自在言外。诗人用夸张笔法渲染出行色的匆忙，也透露了他急于赴国难的心情。接着写出自己两手所持的是像古代繁弱、龙渊那样的名弓宝剑；而“弯”（开弓）、“挥”两个富动态性的词，既说明他是行进在“胡寇塞路”的险境之中，随时都需要用武，也足以显现出作者一往无前的英武气概。

在西晋末年那个需要行动、需要英雄的时代，诗人把自己描写成为一个全副武装、慷慨赴敌的英雄，不单写出了外形，也写出了神态，使读者从抒情主人公身上感受到他在国难方殷之际救亡图存的高昂热情。

第二节“顾瞻望京阙，俯仰御飞轩。据鞍长叹息，泪下如流泉。”

刘琨情绪急剧下跌。刘琨是离京远赴重任的，他得到朝廷的高度信任，而仍然长

叹息泪如泉者，显然不是考虑个人的得失，而是念及国家社稷的存亡安危，充满了忧患。此时此刻离开首都到抗击匈奴的前线去，其流泪叹息内涵甚深，绝不仅仅为了个人。

第三节“系马长松下，发鞍高岳头。烈烈悲风起，泠泠涧水流。”

回到眼前的北征上来，上承第一节，情绪稍稍振起。“系马”“发鞍”本属行旅中常事。但与“长松”“高岳”相连，却构成了简明而壮阔的场景。诗人利用动作与背景的微妙联系表达复杂的情绪，写出孤独而高大的形象。悲风和流水这些意象，把自己慷慨悲歌的沉痛豪情外射为悲风。京都已落在遥远的后方，现在系马、解鞍的所在是荒寂的高山头、长松下，入耳的只有秋末的烈烈悲风和泠泠涧流的声响。这四句用了音韵谐协的偶句，着力烘染出一幅秋山穷旅图。

第四节“挥手长相谢，哽咽不能言。浮云为我结，归鸟为我旋。”

与熟悉的京都和那里的人挥手长辞了，黯然无言，惟余哽咽。甚至空中的浮云也凝定不流，飞鸟也回旋不去。耳目所接，竟如天地万物都在助人兴悲。后两句写境，却更增强情的抒发。“浮云”与“归鸟”两组意象，《文选》张铣注解释为“云结鸟旋，言助我念宫阙也”，恐怕还要加上留恋亲友，以及担心自己的前途和国家的命运。

第二组学生分析展示

第五节“去家日已远，安知存与亡。慷慨穷林中，抱膝独摧藏。”

这时心头萦绕不去的是离家日远，前路茫茫，境地险恶，存亡未卜。在这穷荒山林中，慷慨激昂，也是徒然，只有抱膝独坐，思绪紊乱，五内如焚。这是作者胸怀、心情的真实表白。刘琨早已预感到远方家人也会难保。在临近危亡的关头，生命意识往往高扬起来，在国破家亡的情况下经受了更残酷的考验。“慷慨穷林中，抱膝独摧藏”，写出了乱世英雄内心深处巨大的悲伤。

第六节“麋鹿游我前，猿猴戏我侧。资粮既乏尽，薇蕨安可食。”

身处穷林，惟与麋鹿、猿猴为伍。资粮乏绝，无以充饥。看看麋鹿、猿猴还有野草、山果果腹，可以游戏自得，实在令人自叹不如。经此映衬，愈见出人的困窘不堪。给养是刘琨当时面临的大问题，刘琨在稍后给朝廷的一份报告中诉苦说，并州的老百姓实在苦不堪言：“流移四散，十不存二，携老扶弱，不绝于路。及其在者，鬻卖妻子，生相捐弃，死亡委厄，白骨横野，哀呼之声，感伤和气。群胡数万，周匝四州，动足遇掠，开目睹寇。唯有壶关，可得告籴。而此二道，九州之险，数人当路则百夫不敢进，公私往返，没丧者多，婴守穷城，不得薪采，耕牛既尽，又乏田器。以臣愚短，当此至难，忧如循环，不遑寝食。”(《为并州刺史到壶关上表》)刘琨要求中央给予特殊照顾,以保证并州人民的基本生活和军队的给养。这是刘琨已抵达上党壶关以后的事情。作《扶风歌》时,他尚在途中,处境更为艰苦,只有靠采野菜充饥,这显然是难以持久的。

第七节“揽辔命徒侣,吟啸绝岩中。君子道微矣,夫子固有穷。”

困境中的自慰、自奋。作者深知重任在身,不容徬徨,终于重提辔缰,号召部下继续前行;同时,也在绝岩中,聊自吟咏舒啸,稍畅胸怀。他的重行振作,是由于在所承受的传统思想中找到了若干支撑力量:自己当前的处境,正是古人也曾慨叹的“世衰道微”的时世;孔子在陈绝粮,就曾对弟子子路说过“君子固穷”的话,何况是我辈!他精神上终于获得了宽解。“吟啸绝岩中”句颇见出刘琨个人的特色,他是以善啸著称的,《晋书》本传载后来他“在晋阳,尝为胡骑所围数重,城中窘迫无计,琨乃自乘月登楼清啸,贼闻之,皆凄然长叹”。

第八节“惟昔李骞期,寄在匈奴庭。忠信反获罪,汉武不见明。”

刘琨在自慰、自奋之余,又作转折,写出内心的隐忧:历史上曾有过李陵对匈奴以少击众,最后势穷力屈,过期不得归来,被迫降敌的事。李陵在降敌前也是尽忠竭力了,降敌后亦常怀归志,但汉武帝却不予谅解,反而杀了他的母弟妻子。现在朝廷多事,不暇外顾,自己孤悬一方,后援难继,困窘之情亦与李陵相去不远,不能不对未来抱忧兴叹。

刘琨此时的敌人正是匈奴人,他联想起历史上抗击匈奴的名将李陵是很自然的事情;李陵之败与他的孤立无援直接相关,被俘后仍“有待而行”,想等待时机报答汉朝,但不被理解,终于获罪。刘琨当时也是孤军奋斗,形势严峻,他特别担心自己今后的作为会遭到朝廷的误解。

第三组学生分析展示

第九节“我欲竟此曲,此曲悲且长。弃置勿重陈,重陈令心伤!”

这是全篇的结尾,也是乐府常见的结束形式。从上文所写,可见作者前途艰危正多,路也正长,有如他所要歌唱的曲子一样悲而且长。哀怨深沉,实在不忍、也无心重陈了。重陈,只是使自己、也使听者心伤而已。后来的事实表明,刘琨的命运的确是悲剧性的,他确实精明练达,竟不幸而言中了。

2. 老师总结

《扶风歌》典型地表现了作者以天下为己任、知其不可而为之的精神。刘琨所面对的苦难和危机,既有物质的匮乏和条件的艰苦,更有背后缺乏信任和支持的恐惧。缺少安全感、归宿感，历来是中国人最担心的事情，《扶风歌》特殊的题材中表达了这种普泛的心态，这正是它能打动千百年来读者之心的重要原因。

四、群文阅读后世名人纪念刘琨诗集

秋宿湘江遇雨

【五代】谭用之

湘上阴云锁梦魂，江边深夜舞刘琨。秋风万里芙蓉国，暮雨千家薜荔村。

乡思不堪悲橘柚，旅游谁肯重王孙。渔人相见不相问，长笛一声归岛门。

避地司空原言怀

【唐】李白

南风昔不竞，豪圣思经纶。刘琨与祖逖，起舞鸡鸣晨。虽有匡济心，终为乐祸人。（终究还是被朝廷陷害成为获罪之人。）我则异于是，潜光皖水滨。卜筑司空原，北将天柱邻。雪霁万里月，云开九江春。俟乎泰阶平，然后托微身。倾家事金鼎，年貌可长新。所愿得此道，终然保清真。弄景奔日驭，攀星戏河津。一随王乔去，长年玉天宾。

塞外月夜寄荆南熊侍御

【唐】武元衡

南依刘表北刘琨，征战年年箫鼓喧。云雨一乖千万里，长城秋月洞庭猿。

睹军回戈

【唐】韦庄

关中群盗已心离，关外犹闻羽檄飞。御苑绿莎嘶战马，禁城寒月捣征衣。

漫教韩信兵涂地，不及刘琨啸解围。昨日屯军还夜遁，满车空载洛神归。

夜归偶怀故人独孤景略

【南宋】陆游

买醉村场半夜归，西山落月照柴扉。刘琨死后无奇士，独听荒鸡泪满衣！

经刘琨墓

【南宋】文天祥

中原荡分崩，壮哉刘越石。连踪起幽并，只手扶晋室。

福华天意乘，匹磾生鬼蜮，公死百世名，天下分南北。

论诗三十首（其二）

【金】元好问

曹刘坐啸虎生风，四海无人角两雄。可惜并州刘越石，不教横槊建安中。

失题

【南宋】李清照

南渡衣冠少王导，北来消息欠刘琨。

学生活动：任意选择以上诗词中的一首，分析诗人表达的思想感情。

五、作业：鉴赏刘琨诗词《重赠卢谌》

握中有悬璧，本自荆山璆。惟彼大公望，昔在渭滨叟。

邓生何感激，千里来相求。白登幸曲逆，鸿门赖留侯。

重耳任五贤，小白相射钩。苟能隆二伯，安问党与雠？

中夜抚枕叹，想与数子游。吾衰久矣夫，何其不梦周？

谁云圣达节，知命故不忧。宣尼悲获麟，西狩涕孔丘。

功业未及建，夕阳忽西流。时哉不我与，去乎若云浮。

朱实陨劲风，繁英落素秋。狭路倾华盖，骇驷摧双辀。

何意百炼刚，化为绕指柔。

六、课堂小结

《扶风歌》全篇九节，一气贯注；逐解换韵，声情激越。既多侧面地表现了辞家赴难、身处穷窘、忠愤填膺的作者的完整形象，也真实地反映他所处的时乱世危、朝廷不振、凶荒满目的现实环境，有着史的价值。全诗辞旨愀怆悲壮，千载之下，感人犹深。杨慎说："东晋之诗，刘越石为称首。此诗朱子亟称"是有其原因的。

框 5 《剑啸黎明》观后感

观刘琨剧有感

从小时候起，生在无极这片土地上的我便常常听说刘琨闻鸡起舞的故事，但了解不深，只是每每望向那尊雕像，都久久凝思。而直到今天，我才深切地了解了刘琨那长古未灭的报国志，才明白他那时代的波折与光辉。

刘琨英年为国而死，曾写下一曲《扶风歌》，慷慨壮阔。从早年闻鸡超舞和对班超投笔从戎的艳羡；从踏上自己所向的战场和携着壮满怀而死；从寝时枕戈待旦和为天下万民着想付诸终生。这是刘琨，含着满腔热血和不甘，倒在自己所钟爱的国土上的英雄，是沥平生肝胆、满心都是家国的一代天骄。

揆诸畴昔，在狼烟为景、三沙袭天的战场，刘琨为国家平乱，未敢懈怠；在学武练武、心怀鸿鹄志的年岁，刘琨闻鸡而起舞，日复一日；在风声呜咽、政客冷漠的夺权之争中，刘琨未减心中壮志，从容离去。那么，而今物资丰盈，国富民安，正是我们苦读书以报家国的大好时光。但也有那么多的人在灯红酒绿中失了方向，忘记来时是何路，去向为何方。那么读过刘琨的故事之后，我们处在这样的和平盛世里，又有何理由不奋进以报国呢？

捐躯赴国难，以血荐轩辕。我们只要在最值得努力的年华有过一段忆起来不会后悔的奋斗史便好。但现在，有人嘴上说的是宏图伟业，却终日昏昏沉沉，跨不开腿，也走不出路；有人说报效国家的事留给名列前茅的人，国家栋梁之材就好，自己每天吃喝玩乐，把颓唐、自暴自弃演说得理所当然。不是说藉藉无名就要自认江郎才尽，情愿被放在沙土，我们每一个人，是你我，所有人都应有那种枕戈待旦的斗志和闻鸡起舞的毅力与坚持，和刘琨一般，义无反顾地投身报国事业中去。

诚然，我们为这般忠骨英魂的离去而哀伤，也自会将刘琨的精神传扬下去。生在这片热土，我终于在这天，深深切切地明白了这样一位英杰，铸出了一部何等壮阔的史诗，他和他的《扶风歌》，吟出的是怎样的忠贞！

谨鉴前人刘琨之志，扬我文化，固我中华。

（473 班李佳霖）

框 6　刘琨墓志铭

有晋名臣刘越石琨者，葬于此。公忠于晋室，誓讨逆虏，怀抱孤愤，而命无从致，终见疑被谤，惨遭杀害，何其孤独落寞凄凉。

一片赤诚护国难，万死不辞系苍生。刘公胸怀报负，鸿鹏之志显雄心；身先士卒，战场杀敌现骁勇。闻鸡起舞，披星戴月天下计；枕戈待旦，五千星霜铸其魂。一曲胡笳，空城传响，护一方孤城；多难兴邦，志枭逆虏，守万民社稷。投奔他人，结义金兰，信而见疑，身陷囹圄，不幸遇害，英雄陨落，千秋凛然。

公怀旧国之思，辞别人间。历尽忧患，孤心独抱，担当大义，舍身赴难。然刘公闻鸡起舞、枕戈待旦之精神，于岁月中蓬勃，于青春中闪耀，素白立世，和光同尘。

（474 班曹文茜、于子怡）

附录二　幸福共生教育部分发表文章

不忘初心，幸福花开

——石家庄市第八期“名校长讲堂”

无极县实验学校　刘军祥《石家庄教育》2017 年 12 月第 6 期

实验学校是无极县唯一一所国办县直九年一贯制学校，建校于 1986 年，原名为无极县干部职工子弟学校，1988 年更名为无极县实验学校。2011 年我担任实验学校校长，近 7 年的时间，在县委县政府和教育局的大力支持下，学校规模不断扩大，2014 年，占地面积 60 余亩的初中部东校区投入使用。目前，小学部由原来的 38 个教学班发展为 48 个，初中部由原来的 22 个教学班发展为 58 个，在校生共计 7 000 余人，教职工 300 余人。

这所学校历经的几任校长，从开疆辟土，艰难起家，到建章立制，走上正轨，再到完善细节，提升质量，可以说是一步一个台阶。那么，到了我，面对这样一个庞大的团队，该如何发展这所具有优良传统、又融入了多元文化的众人瞩目的学校？如何让无极的孩子享受更优质的教育？

我想，我应该是让实验学校走上一个更科学、更精细、更完善的发展轨道。我希望从实验学校走出的学生身心健康，正直勤勉，有良好的习惯和发展潜力，有独立战胜困难的勇气，有幸福生活的能力。我希望，每一个走出实验学校的学子，在回忆他这几年的学习生活时，有这样的共识：在实验读书时有值得回忆的人和故事，校长和老师没耽误我们成长，我们的老师很好，我们的学校很好。我希望实验学校的老师，能舒心地工作，能享受到职业带来的尊严和幸福。我希望实验学校的家长，把自己的孩子送入实验学校能放心，能以自己的孩子在实验学校读书而骄傲。

我想让实验学校的师生，过一种“幸福完整的教育生活”。是的，幸福是人类永恒的追求，也是教育永恒的目标。因为，人的幸福是一切的终极目标。我们要关注学生，关注教师，关注家长，关注一切和教育相关的人，做着今天，想着明天，着眼未来，不忘初心，办幸福教育。

一、打造幸福校园，让学校成为持续发展的沃土

刘长铭曾在一篇文章中写道，学生认识和了解教师的过程可以分为四个阶段：相识、相知、相信、相依。其实，家长、社会对学校不是也是如此吗？学校办好了，学生才

能崇拜你，老师才能依赖你，家长才能信任你，社会才能包容你。而在学校发展中，校长起着至关重要的作用，校长应该是一个思想的引领者、工作的示范者、文化愿景的设计者、课程的建设者、教师的服务者、责任的承担者、学校团队的缔造者。校长最主要的职能就是成为全体师生的精神统帅，不仅做一个高举旗帜的旗手，而且应该成为一个学生和老师愿意追随的人，师生追随的其实不是你这个人，而是你的教育思想，你与时俱进的办学理念，你的人生观、价值观。

那么，我该如何带领好这所学校？如何为这所学校定位？首先，我们得思考：我们应培养什么样的人？老百姓需要什么样的教育？社会需要什么样的人才？未来社会需要怎样的人，我们就提供怎样的教育。我始终认为，教育最大的价值，是使人成为有能力的人，有灵魂的人，有幸福生活的人。教育的基本作用是让人活得更好，教育的使命是让生命之花绽放而不是凋谢，是让生命舒展而不是终结。我们培养的，应是会创造、会生活的人，而不是会考试的人。真正的以人为本，不只是考虑学生一时的利益和考试成绩，而是立足学生的长远利益和根本利益，把握好一时与一世的关系，为孩子的一生一世负责，为教师的一生一世负责。只有关注学生的幸福未来，关注教师的终身发展，关注长远与根本利益的教育，才是真正的人道主义教育，才能让学生和教师对我们、对学校由相识、相知到相信、相依。

正是基于这一点，结合学校现状，我校确立了“构建和谐校园，奠基幸福人生”的办学目标，明确了“发展教师、成就学生、服务社会”的办学宗旨，确立了“实以立人，验以求真”的校训，实施了让师生喜欢学校、爱上学校、记住学校的“幸福教育三步走”计划。围绕幸福教育的办学理念，我们提出了学生发展的核心素养——“健康阳光、家国情怀、学会学习、学会生活”。具体解读为三个“六”——六“有”：有理想、有担当、有爱心、有修养、讲诚信、懂感恩；六“一”：一个健康身体、一种阳光心态、一项兴趣特长、一手好字、一口普通话、一篇好文章；六“能力”：管理规划能力、沟通表达能力、多元思维能力、合作创新能力、自救生存能力、审美欣赏能力。我校以核心素养引领课程建设，致力于推行素质教育，坚持文化立校，努力把实验学校办成教师的精神家园、学生的成长乐园、家校共育的和谐园。

在传承实验学校优良传统的基础上，2011 年，我校制定了幸福教育五年发展规划，目标：“规范与发展”。小学一、二年级注重行为习惯教育，三、四年级注重阅读习惯的培养，五、六年级注重学习方法的渗透，七年级注重感恩教育和养成习惯的培养，八年级注重心理教育和责任教育，九年级注重励志教育。我们旨在通过完整的育人模式体系，培养有幸福能力的全面发展的人。五年来，我们形成了一套完整的幸福教育文化体系，涵盖环境文化、制度文化、课程文化、行为文化、精神文化、幸福内涵等方方面面，渗透学校教育的每一个角落。2016年，我校又制定了新的五年发展规划，目标“精细与模式”，让学校向集团化方向发展。

二、成就幸福教师，让学校成为教师的精神家园

幸福教育的内涵有三个维度：一是教师，二是学生，三是家长。我认为，在这两者之间，我们首先应该关注教师的幸福。谁站在讲台前，谁就决定了教育的本质，谁就决定了孩子的命运。教师的素养，决定着学生的素质；教师的情绪，决定着学生的情感。只有教师幸福了，学生才能从老师那里获得幸福品质和幸福能力，才能享受到成长的快乐。朱永新的新教育实验的宗旨，就是改变教师的行走方式：把教师的发展放在首位，让教师享受教育的幸福，享受成长的幸福，享受发展的快乐，追求教育理想的成功。

教师的幸福来自对学识、能力等素质升华的渴望，来自平凡工作中享受为师的快乐。我们要多角度关注教师幸福指数的提高，改善教师的生活工作条件，为教师的专业发展搭建平台，开展丰富多彩的文体活动丰富教师的精神生活，发扬民主让教师参与学校管理，引导教师用积极的心态对待工作和生活，汇聚每一个教职工的力量。

(一) 暖心工程，家的归属

一个人可能走得很快，但只有一群人才能走得更远。把老师视作家人，老师才能将校长视作家长，把校园视作家园。

我校始终把关注教师生活和身心健康放在首位，为每一位教师解决后顾之忧。每年组织全体教职工定期免费体检；筹建集娱乐与休闲于一体的空竹、瑜伽、乒乓球、台球等活动室；邀请了北京著名心理专家到我校组织教师进行“体验式拓展活动”，既疏导心理，又增强团队意识；还邀请河北师大专家袁立壮到我校进行心理学讲座，既为教师减压，又提高了教师心理疏导水平。每位教师生日，都会收到校长亲笔签名的祝福卡和生日蛋糕；学校试验田综合活动基地种植的蔬菜，让教师免费采摘，既方便了教师生活，又体验到耕耘与收获的乐趣；召开老教师座谈会，了解他们的困难，征求他们的建议。每逢三八妇女节、元旦、春节等，为全体教师送上温馨的短信；学校提供食材，全体教师在端午节一起包粽子，元旦一起包饺子，在其乐融融的氛围中感受着家的温暖；每年元旦举办联欢会，教师自编自演，精彩的节目展现了教师的多才多艺。每年教师节组织“老师，我想对你说”的征文比赛和“我最喜欢的老师”演讲比赛。学生发自肺腑的感激之情，常常让老师们泪流满面。

一系列充满人文关怀的举措，让老师们感受到家的温暖，从心底产生以校为家为校争光的热情，迸发了甘于奉献乐于付出的激情，从而心怀幸福地去工作、去学习、去发展。

（二）多元激励，职业认同

世界上什么最高贵？信任！信任来源于教师对校长的相信、相依。什么最重要？期待！期待来源于教师对学校美好愿景的认同。做好教师需要有理想，有道德情操，有扎实的学识，有仁爱之心，在此基础上，更要有责任与情怀，专业与创新，激情与爱心。而我们做校长的，就是要唤醒教师的这些潜能，引领教师达成共同的价值观，并逐渐与学校价值观走向一致，用共同发展的愿景激励教师。

每年的开学典礼、表彰大会，都要表彰先进，树立典型，让辛苦付出且硕果累累的老师们得到肯定，弘扬正能量。学校对早到、全勤、敬业奉献、成绩突出的教师做展牌特写。颁发特殊贡献奖，如为在教师报上发表文章的王雪敏老师颁发文华奖，为给学校出谋划策的张晓红、贾亚欣老师颁发金点子奖等。“每周一星”“十佳教师”“感动人物”“首席教师”“首席班主任”的评比，传扬一种积极向上的良好风气。每年一届的师德演讲，以教育教学实际彰显了“团结、奉献、创新、超越”的实验精神，互相鼓舞，互相感染。只要努力，只要大家信任，都可以榜上有名，成为弘扬正能量的化身。

（三）助力发展，成就教师

尊严是对人的身份、地位、学识等的认同，是人人共有的平等的权利。教师的尊严是过有品质的教育生活，是熟岗精业，成全自己的专业成长。

请进来讲：与智者牵手，与名家对话，是我们给全体教职员工送上的丰富精神给养。2012 年以来，我们邀请著名教育专家吴正宪、北京专家张景浩、市教科所宋辉、张慧英、刘璐、王金刚、43 中骨干教师团队到我校实地授课并进行课后讲座。专家讲座加强了高层次的专业引领，提高了办学水平，提升了专业素养。

走出去学：眼界决定境界，思路决定出路。从某种意义上说，观念是决定一切的，所以，我们每学期都要分期分批组织教师去北京、南京、西安、广州、深圳、长沙、四川、南宁、柳州、潍坊等地参观考察。我也亲赴北师大、韩国、美国学习。他山之石，可以攻玉，参观学习让教师思想受到启发，产生新知识、新思想、新方法。回校后向全校教师做汇报讲座，与大家共享学习成果。思维导图、微课都是当时学习共享的产物，在我校被轰轰烈烈地推广。每学期我们都要开展一次学科教师论坛，每两周开展一次班主任论坛，首席教师、首席班主任利用论坛传经送宝。我们的论坛活动，一度成为老师们最期待的日子,促进了青年教师尤其是班主任的专业成长。

校本教研:我们的校本教研别具特色,除了班主任论坛、学科论坛、业务培训、课例研讨等形式,我们还利用例会专门开辟大会新闻时段。一是校内新闻,即近段时间学校在德育、教学等方面做的有影响力的工作,如举行的师生活动、取得的成效等等。二是教育时事新闻,向老师们介绍最前沿的教育信息,感人的教育人物,灌输幸福教育理念,督促教师两耳多闻窗外事,以全新的教育理念指导自己的教育教学工作。三是小故事大道理,也经常被我引用到全校例会上,以小见大,传播教育智慧。四是教育故事分享,一个个鲜活的教育故事案例,饱含着教师的爱心、耐心和教育机智,成为教师们喜闻乐见、受益匪浅的交流形式。

一批又一批的教师,在这润物无声、潜移默化中逐渐成长、成熟起来。

三、培养幸福学生,让学校成为学生的成长乐园

早在上个世纪,叶圣陶先生就提出了"所谓办教育,最主要的就是给受教育者提供充分的合适条件"的观点,这和今天教育改革的潮流正大力倡导的"个性教育"、"创新教育"是一脉相承的。什么是教育供给制?就是指教育的核心,是把学生作为一个大写的人,放在教育最显著的地方,把学生当下的、长远的发展,作为考量的核心,真正以人为本。生命如花,静待绽放。每朵花都有不同的花期,我们要有花苞意识,只要给每一个孩子适合它的土壤,每朵花都会绚烂绽放。

我觉得北京市提出的"学前玩、小学慢、初中宽、高中活"的理念非常好。小学教育要"慢",其实就是说小学教育要淡化成绩,注重孩子行为习惯的养成和良好品格的形成。这是为孩子一生幸福奠基的时期。初中教育要宽,初中教育要重在拓宽学生的思路和视野,培养学生高尚的情操和广泛的兴趣爱好,引领孩子走出狭小的自我空间,站在宏观的角度,以大视野面对成长。

鉴于此,围绕我校学生发展核心素养,我们通过科学完善的课程设置,来满足学生的成长需求。通过让孩子喜欢学校、爱上学校、记住学校的幸福教育三步走计划,把学校变成孩子们的成长乐园,为孩子奠基幸福人生。作为一名校长,我无法改变教育生存状态,无法改变家长对学生升学的过高期望,但可以改变学生的课堂,改变学生的课余生活,改变学生在学校里的生存状态,改变教师的行走方式,改变学校的发展模式,为学生终生发展负责。

(一)彰显育人文化,让学生喜欢学校

一直记得惠特曼那首很有名的诗歌《有个天天向前走的孩子》:

有一个孩子每天向前走去/他看见最初的东西,他就变成那东西/那东西就变成了他的一部分/如果是早开的紫丁香/那么它就会变成这个孩子的一部分/如果是杂乱的野草,那么它也会变成这个孩子的一部分……

惠特曼的诗歌不是教育著作,但他用诗歌语言演绎出来的教育思想是有道理的。刚步入校园的孩子,就是一张白纸,接触什么样的环境,就会受到什么样的影响。良好的育人文化,是让学生喜欢上学校的第一印象。我校主要从整洁优美的自然环境、和谐向上的人文环境两个层次营造和谐的育人文化。这里重点谈人文环境。

1. 励志教育换新颜。教学工作德育为首。2013 年 9 月份,我校投入资金引入励志教育这一课题成果,旨在为学校德育注入新鲜的血液。引入励志教育后,学生变得更有进取心了,更有礼貌了,更懂得感恩了。尤其是那些暂差生、问题生,他们不再和老师、家长对着干,或许他们学习不好,但是他们热爱劳动,有责任感;或许他们自控能力还不理想,但是他们懂得了感恩,逐渐在改变。我想,这就是最好的校园文化。

2. 仪式教育润无声。庄严的升旗仪式,是孩子们受到的最好的爱国主教育。“我和你,手牵手,快乐并肩走”——一年级新生入学仪式,在孩子们幼小的心灵写下了一个大写的“人”。“迈入青春门,走好成才路”——七年级新生开学典礼,给了懵懂的青春少年美好的希望和激励。激情跑操比赛、队形队列比赛,锻炼了孩子们的意志,培养了孩子们拼搏进取、团结协作的精神。“搏击赛场,青春飞扬”秋季运动会,孩子们锻炼的是体力,激活的是生命,弘扬的是个性,收获的是笑脸,赛出了成绩,赛出了风格。“燃青春,磨利剑,战百天,夺桂冠”中考百日誓师大会,孩子们变压力为动力,化誓言为行动,以必胜的誓言开启了人生的新篇章。九年级毕业典礼,给了孩子们人生最珍贵的回忆……

从低年级到高年级的系列的仪式和活动教育,使学校的文化浸润在无形中实现,使得我们的孩子有了完整而美好的童年回忆,取得了良好的教育效果。

(二) 建设幸福课程,让学生爱上学校

教育是以生命感召生命的过程,教育活动是一个师生共同参与的互动过程,教师和学生只有在教育活动中共同体验、共同创造,才能共同享受教育的幸福,才能共同受益于幸福的教育。我们以学生发展核心素养引领课程建设,着力于建设完善的幸福课程体系,让学生爱上学校。

我这里要讲的幸福课程建设有三个范畴:一是幸福课堂模式,二是幸福校本课程,三是幸福拓展课程,也就是我们的第二课堂和社团活动。

首先，构建幸福课堂模式，培养学生学科思维。

课堂教学是提高教学质量的重中之重，几年来，学校把学习培训作为教师最好的福利，足迹遍布全国各地，我也亲赴韩国、美国学习观摩。经过了模仿——质疑——创新三个阶段的探索，实验学校基于“构建和谐校园，奠基幸福人生”的办学目标提出了“高效幸福课堂”的教学理念。2013 年 9 月份，我们借鉴永威学校“先学后教，当堂训练”课改成果，结合我校实际情况，大力推行课改，进行赛课活动，要求老师们精讲多练，落实当堂达标，初见成效。近两年，我们结合课堂实际，逐步优化课堂教学模式，“幸福课堂六环八步教学法”已经逐渐成熟，孩子们在高效幸福课堂的浸润中快乐学习，快乐成长。2015 年，在教育局的大力支持下，张秀军老师成功在全县举办首届“教师个人教学风格研讨会”，并受邀到大陈学区等多个学区送教下乡。晋州、43 中等校也到我校进行教学交流。

目前，我校“幸福课堂六环八步教学法”已全面推开，此课堂教学模式，以培养学生学习能力和学科思维为抓手，通过六大环节、八大步骤，达成教学目标，实现课堂的高效。其实，众家模式，万变不离其宗，无论是怎样的一个过程，都离不开学生自学能力的培养，离不开合作学习，离不开质疑和创新能力的培养。我们就是这样，把课堂还给学生，不仅关注“术”的传授，更能站在关注“人”的高度，在“道”上做研究，克服课堂上的无效或低效现象。当学生变被动的接受为主动的汲取，幸福教育之花就在课堂上绽放。

具体来说，我们的“幸福课堂六环八步教学法”有三大特点。一是实施过程中强调四度：问题价值度、学生的参与度、教师的指导度、目标的达成度。二是针对教师授课的四个观测点：教学目标定位是否准确、自学指导设计是否精当、参与学生层次是否合理、课堂以学定教是否灵活。三是注重学生学科思维的培养，提升学生学科智能。美国教育心理学家布卢姆把教育学评估目标掌握水平分为六个层级，即记忆、理解、运用、分析、评价、创造，我们常常停留在前面的三个层级，甚至只停留在最低的一个层级“记忆”上。学习不是仅仅为掌握一个个知识点，人类已经创造的知识和信息爆炸形成大量的新知识，一个人一生都难以穷尽一个学科，学习的本质不在于把自己变成一本百科全书、一个两脚书橱，而是理解思想，学会思维，解决问题，创造新知。

一门学科的一个个具体的知识如同一片片树叶，学科的思维方式如同树枝，学科的思想如同树根和主干。我们可能是从树叶认识一棵树，但是不能仅限于收集树叶，应该通过树根、树干、树枝将一片片树叶连接起来，并且自由地生长。而且理解学科思想，提高学科思维能力，也更有利于知识的高效学习。对我们的学生而言，自主学习、终身学习是学习的本质追求，“学会学习”就是理解学科思想，运用学科思维，提高学科智能。也许初中阶段全面渗透学科思想有一定局限性，但必须培养学科思维。

我们的“幸福课堂六环八步教学法”中，自主学习环节，是在教师的指导下，最大限度地培养学生独立思考能力、自主学习能力；师生互动点拨提升环节，学生在讨论、交流、思辨的过程中知识更明朗、思维更敏捷、思路更清晰、能力逐渐形成；质疑交流课堂小结环节，要求与学习目标呼应，由学生交流收获与困惑，提出疑问，教会学生分析问题有始有终，敢于去伪存真，培养学生的思考力和思辨力。

恩格斯在《自然辩证法》的导言中，把思维誉为“地球上最美丽的花朵”，我们的每堂课、每次作业、每次练习，都不是重复的机械操练，力争做到富有创造性的思维活动，带学生领略学科思想魅力，努力做到让学生离开母校的时候，带走的都是一棵树木，而不是一袋树叶。

其次，开发特色校本课程，培养学生家国情怀。

围绕我校学生核心素养，我带领教师团队开始开发校本课程，我们以学生研究性学习为切入口，发动师生广泛参与，把地方文化传统资源作为校本课程进行开发和利用，编写了《感恩教育》《励志教育》《无极风土人情》《文明礼仪常识》《无极剪纸》《好习惯》《芳草地》等系列校本课程，旨在培养学生家国情怀，继承无极传统文化，并养成良好的生活学习习惯。初中部还开辟了学生实验田基地，给了学生更多亲近自然的机会。

2013 年 9 月份，我校投入资金引入励志教育这一课题成果，每天三读励志信的潜移默化，每天成长册的交流谈心，让我们的孩子变得更有进取心了，更有礼貌了，更懂得感恩了。成才先成人，这在我校得到了最好的验证。我们在励志教育课题成果的基础上，融入地方元素，自编自改励志信，把励志教育课题发展成富有学校特色的《励志教育》校本课程。2014 年 7 月份，我校参加了在秦皇岛举办的全国励志教育课题组经验交流会，我代表学校的发言受到了与会专家和同仁的高度评价，我校在励志教育方面的一些做法也得到了肯定。

2017 年，我校正式把远足和游学活动纳入了校本课程计划，正定文庙游学，开阔了学生视野，让孩子们受到了传统文化的洗礼。河北正定中学游学，是对孩子们最好的理想和励志教育，给学生播种了名校情结。六十里远足，锻炼了学生体质，培养了学生毅力，陶冶了学生情操。

同时,我们努力培养让孩子终身受益的阅读习惯,把阅读课纳入课程计划,开辟漂流读书角和流动书架,建立濮存昕爱心书屋,成立海韵文学社,开展“献一本看百本”读书活动,课前三分钟成语接龙,课本剧表演,红领巾广播站……一系列的活动和措施,都为孩子们在毕业后,能写一手好字,有一副好口才,写一篇好文章打下了基础。实验学校还成立了教师“阅知读书班”和“书润心灵”教师读书协会,旨在塑造学习型、研究型教师。组织“读书报告会”,把读书活动纳入学期工作计划当中,有组织、有计划、有目标地在全校大力开展知识富脑活动,很多教师的读书笔记都写了好几本(读书笔记和心得),极大地开阔了视野,提升理论水平。《海韵文学》校刊收录了师生作品近百篇,极大地激发了全校师生读书写作的积极性。2012 年,学校图书馆经过省一级图书馆达标验收,为师生创设了更好的阅读学习环境。

最后,建设兴趣拓展课程,奠基学生幸福人生。

还记得陶行知老先生说过一句话:“老百姓把孩子送进你的学校,不知不觉中就把整个家庭交给了学校。”作为校长,我不仅要为老师负责,为学生负责,更要为每一个家庭负责,为无极的父老乡亲负责,能够给学生多彩而幸福的童年和人生。所谓幸福童年,是指快乐的校园生活;所谓幸福人生,是指为孩子今后人生奠定完整而和谐、可持续发展的人生基础。如果每天去学校只是学习、写作业,孩子们会感到厌烦。如果几年后学生步入高中、大学,没有自己的兴趣,没有自己的特长,他会抱怨他的母校一生。我不能让孩子和家长每天围着分数转,从实验学校走出去的孩子,应该是阳光、快乐、自信的。

经过学习考察和深深的思索,我大胆决定,小学部利用周五下午,开辟内容丰富、形式多样的拓展课程,主要包括合唱、科学创新、舞蹈、器乐、书法、绘画、电脑网络、剪纸、棋类、十字绣、剪纸等 44 个活动项目。拓展课程打破年级与年龄限制,学生自由选择喜欢活动的项目。在拓展课程开展的基础上我们又延伸出很多集体活动——每个学年都要举行“体育运动会”“寻找春天”“六一儿童节”“阳光艺术节”“迎元旦联欢”“七彩课堂汇报演出”“课间舞”“课间操”等活动。两年的努力和实践证明,经过拓展课程的训练培养,学生的思维能力得到了提高,个性特长得到了发展,与第一课堂教学相得益彰。2016 年 7 月,在石家庄市“童心向党,放飞梦想”活动参赛的四百多个节目中,实验学校的七彩旋律合唱团的节目是 17 个县市区学校中唯一一个获奖并在石家庄电视台颁奖现场展演的。

自 2015 年春天开始,实验学校初中部东校区开始开展社团活动,社团项目多达 40

个，涵盖德育类、艺术类、体育类、语言类、科技类、工艺类、非遗文化类共七类社团活动项目。学校聘请了十余位专业教师，师生全员参与，各社团开展得有声有色：辩论社学生唇枪舌剑、演讲社学生激情昂扬、剪纸社学生精工细作、空竹社学生花样翻新、舞蹈社学生翩翩起舞、合唱社学生歌声嘹亮、游泳社学生如鱼得水、军乐队社学生激情昂扬……2017 年 6 月，初中部的合唱《时间都去哪儿了》荣获市级一等奖。

实验学校拓展课程和社团活动依照学校总体规划，结合师生实际，充分调动了师生的积极性、主动性。特别是以提升学生能力为切入点，以提高学生幸福度为抓手，不再死死围绕考试分数，这是实验学校教育理念的重大突破，恰到好处地落实了学生核心素养，也与国家教育方针保持了高度一致。

司朝日，就是在我们的多元培养下成长起来的典型例子。司朝日是我校五年级(2)班学生，表现出众、品学兼优。在学校素质教育培养下，她不仅对古典文学、现代文学有着强烈兴趣，也喜欢看英文读物，还热爱音乐、美术，喜欢下棋、手工。她是班内少先队中队长和学习委员，身兼语文、数学、英语多个学科小组长，多次荣获“学习小标兵”“文明守纪之星”等荣誉，是石家庄市三好学生；参加石家庄市“童心向党，放飞梦想”电视歌咏大赛荣获团体三等奖；参加石家庄市第四届少儿才艺大赛荣获团体三等奖；英国伦敦三一学院英语口语等级考试(GESE)四级；连续五届“希望之星”英语风采大赛河北省赛区荣获两金两银一铜，并于今年暑假代表河北省参加“希望之星”全国大赛，获三等奖。

张孟智，是我们第二课堂拓展课程的又一个奇迹。她的独唱《阳光少年》在石家庄市第五届少儿才艺大赛中荣获二等奖，深受好评，并当选为 2018 年河北电视台少儿春晚的形象代言人。

(三) 强化感恩教育，让学生记住学校

记得前不久曾读过的刘长铭的一篇文章，讲的是他有一次参加天津南开中学建校 110 周年庆典，庆典结束后，他走出会场，在门口遇见一位精神矍铄的老先生。交谈中，老先生递给他一张名片。一般人们在印制名片时，习惯上会将自己最引以为豪的身份放在最突出的位置上。这位老先生的名片上赫然印着三个身份：张伯苓(曾经的南开中学校长)的学生、中国远征军抗战老兵、南开中学校友会名誉理事长。名片背面印满了各种教授的头衔。

这篇文章给我的触动很深。无疑，作为张伯苓的学生是那位成就卓越的老先生最引以为豪的事情。他记住了他的老师，感恩他的母校。这是张伯苓校长的成功，是南开中学的成功。我想，这种能让学生终身受益、能让学生记在灵魂深处的教育，就是成功的教育。

记住学校实际上就是记住老师，感恩母校，也就是教会学生做人。

2017 年 9 月份，我校邀请崔伟老师举办了“感恩伴我行”大型演讲，在场的 7 000 多名家长和学生无不受到震撼，抱头痛哭。两个小时的互动，孩子们感受到的是心灵的洗礼，父母感受到的是心灵的慰藉。

2015 年，实验学校首次举办了初三毕业典礼，2016 年，毕业典礼更加的隆重。校领导亲自为初三毕业生颁发了毕业证书，肯定了孩子们九年在学校的成长，给了他们最美好、最真诚的忠告和祝愿，为他们留下了人生最美好的回忆。孩子们在镌刻着“走向辉煌”的红毯上，与自己的老师依依惜别，我们相信，孩子们记住了他们的学校，无论他是调皮的，还是乖巧的，此时此刻，萦绕在他脑海的，只有恩师谊、母校情。设计精美的毕业纪念册，承载着师恩的点点滴滴，更是让学生在三年精彩瞬间的回顾中感念母校情长。也许，这就是母校赋予孩子的最珍贵的回忆。

目前，从我校走出迈入优秀高等学府的学子每年都有很多，据统计，考入清华、北大、港大的有 9 人。这些优秀学子学有所成不忘母校，走出校门，他们最自豪的事情就是“我曾是实验学校的学生”。这些优秀学子每年都自发组织，利用假期回母校为学弟学妹作经验交流。尤以当年中考状元、高考成绩居全省第二、目前在香港大学就读的闫昊为首的清华北大代表团(成员：闫昊、安刘攀、耿玉浩、刘向元、崔佳宁、李洁、张一航、郝天翔)的交流受欢迎。2016 年寒假，中考成绩居石家庄市 17 个县市区第一名的张濡森同学回母校作经验介绍。2017 年暑假，刚刚拿到北大、复旦、交大、人大等名牌大学录取通知书的李世龙、王佳鹏、耿梓航、窦义平等优秀学子也主动回母校向学弟学妹作经验介绍，都深受欢迎。

我们就是这样，以优美的环境陶冶学生，以严格的要求规范学生，以优良的校风影响学生，以高尚的师德感染学生，以优秀的榜样激励学生，以扎实的课程发展学生，以丰富的活动锻炼学生，以先进的理念武装学生，形成了一套独有的幸福育人模式，通过幸福教育三步走计划，把学校变成了学生的成长乐园。

四、成全幸福家长，让学校成为家校共育的和谐园

英国 BBC 曾做了一部纪录片，选择了 14 个不同阶层的英国孩子，记录他们的人生轨迹。从 7 岁开始，每七年记录一次，一直到 56 岁。得出的结论是，穷人的孩子依然是穷人，富人的孩子依然是富人，阶层在代际间得到了传承。可见，家长是一笔多么重要的教育资源，学校教育和家庭教育是孩子成人成才的两翼，缺了谁，学生也不可能飞得更高。孩子小时候要有见识，长大后要有经历，你才会有精致的人生。中国的家长应当首先补上家庭教育这一课，教育改革应当从改变家庭开始，让家长明白自己的责任，树立正确的人才观，真正懂得如何引导孩子成才。

为了把学校的教育理念渗透给每一位家长，增强家校共育合力，实验学校通过家长委员会、家长广播站、家长驻校、家长沙龙、家长助教、家长论坛等形式，探索出了学校教育与家庭教育的结合点，建立了与家长沟通的长效机制，形成了家庭、学校教育的最大合力。不仅使家长提高了对家庭教育重要作用的认识，掌握了家庭教育的基本要求、方法、技巧和艺术，还让他们更好地理解和配合老师做好孩子的思想品德及行为习惯养成教育等工作。

我校从2014年十月份实行家长驻校制，学校设立了专门的家长办公室，配备了电脑、桌椅等办公用品。这些驻校家长不仅承担值日护校、巡视校园环境、消除安全隐患等工作，还参与学校教学管理，随堂听课，参与教研，了解学校教师上课、办公以及学生校园活动等情况。

我校以“拓宽学生视野，建构时代常识”为宗旨，邀请社会各界人士进行“家长论坛”活动，活动形式多样，丰富多彩。论坛选材广泛，涉及文化、礼仪、医学、音乐、法律等各个方面：有重点高中教师谈学习方法的，有文化馆成员谈音乐欣赏的，有教育局领导讲提高写作技巧的，有法院工作人员谈预防青少年犯罪的，有在防疫站工作的家长讲预防传染病的，有讲保护眼睛的，还有讲青春期知识的……

家长沙龙，作为教师、家长共同交流经验、提升教育理念的平台，起到了非常积极的推动作用。我们尽力让家长“动”起来，身体力行地直接参与体验。家长中可谓“藏龙卧虎”，教育高手并不少，他们更了解孩子的心理，在某些方面，他们的理解和见地甚至比一般教师还深。

实验学校四年级的张秀军老师在11月10日到23日要去深圳参加为期两周的河北省名师培训，但是学校实在抽不出老师为她代课。她在想：如何让孩子们在没有班主任的两个星期，既能安全守纪，又能按进度进行学习？张老师做了一个大胆的尝试：号召家长参与家长助教活动。班里有二十五个家长报名，最后她和班级家长委员会协商指定了十位家长，张老师定出授课时间表、授课内容，家长们调整自己的时间自选课文授课。刘浩天妈妈、武诗文妈妈等十位家长来班里组织教学活动，受到了孩子们的热烈欢迎。自此，家长助教活动在我校推广，即便没有外出学习任务，很多班也安排了家长助教活动，更好地促进了家校合作。

正是由于找到了一条适合自己发展的特色之路，实验学校取得了骄人的成绩。近几年来，实验学校先后荣获“河北省未成年人思想道德建设工作先进单位”、“河北省依法治校示范校”、“河北省家长教育研究实验学校”、北师大“生命教育实验校”、“中学语文教学课堂优化研究实验学校”、“石家庄市文明单位”、“石家庄市优秀家长学校”、“实验教学示范学校”、石家庄市“教育系统法治宣传教育先进集体”、石家庄市“教育系统先进集体”、“石家庄市德育教育先进单位”、“石家庄市素质教育先进单位”、“石家庄关心下一代先进集体”、“石家庄市心理健康教育先进单位”、“石家庄市现代教育技术装备与管理示范学校”、“石家庄市最美少先大队”等荣誉称号。

最后，我想用台湾作家张晓风的一段话结尾。张晓风有一次目送儿子上学，看着儿子渐行渐远的背影，她感慨万千，写了一篇文章《我交给你们一个孩子》，她在文中写道：世界啊，今天清晨，我交给你一个欢欣、诚实又颖悟的小男孩，多少年后，你将还给我一个怎样的青年？

回答千千万万母亲这样的问题，就是教育的责任和使命。希望我们的幸福教育，能给更多这样的母亲交上一份满意的答卷，通过幸福教育，培养幸福学生，成就幸福教师，成全幸福家庭，提高教育工作惠民水平，助推全社会的和谐进步。

总有一种梦想，任时光流逝，不忘初心；总有一种力量，驱动未来，傲然绽放。而这些承诺，这些付出，这些坚持，无关乎春蚕，无关乎蜡烛，无关乎高尚。只因为，我愿意——不忘初心，幸福花开！

促进新时代中学学校可持续发展的管理策略分析

河北无极中学　刘军祥　《中国教工》 2024 年第 15 期

摘要：管理者作为提升学校教育质量的责任人，如何面对新时期的新挑战，是管理者在学校改革发展中面临的既迫切又必要的问题。管理者不仅仅要管理学校的日常运作，更要引领学校朝着可持续发展的方向前进。他们需要不断修炼，使自己具备丰富的领导才能和管理技能，才能更好地引领学校适应变革，持续发展，为学生创造更高质量的学习环境和更广阔的发展空间。

关键词：新时代；中学学校；管理策略

引言：

良好的校园管理可以有效促进学校日常教育教学工作的顺利开展，加速高素质人才队伍的培养与建设。为了提升初中阶段教育教学工作的有效性，管理者有必要了解当前学校各项工作中的常见问题，并及时优化管理模式。要全力构建校家社协同育人格局。管理者只有不断突破思维局限和思维障碍，不断解放思想，更新思维，与时俱进，修炼各项能力，才能可持续地促进学校高质量发展。

一、优化学校教育目标的设计

学校教育目标被社会各界广泛关注、它是学校发展的导向标，时刻指引着学校内涵发展的方向。大部分家长往往从学校的课程开展情况去评判学校的育人目标是否适切，但我们认为，学校教育除了通过课程设置等帮助学生不断突破自身的认识局限，也要对教育本质进行思考，除了帮助学生拓展认知，更需要帮助学生将学习到的知识和真实的生活建立联系。无极中学为更好地践行"培育具有幸福能力的人"的"幸福教育"哲学，在传承中不断丰富教育目标体系。一是确立学生培养目标。时代要求我们回归教育初心，通过"五育融合"培育新时代中国特色社会主义合格的建设者和可靠的接班人。学校结合校情和学情从"诚以做人、智育为学、劳以创新、健以强体、行于成事"五个方面，培养德智体美劳全面发展的时代新人。德育强调"真诚"，诚以做人——热爱祖国，孝亲敬长，诚实做人，乐于助人；智育强调"激趣"，智育为学——乐学善学，自主体验，勤于反思，培养兴趣；劳育(劳动教育)强调"创新"，劳以创新——热爱劳动，勇于创新，精湛工匠、感受幸福；体育强调"强健"，健以强体——强身健体，身心健康，团结协作，拼搏向上；美育强调"促进"，行于成事——善做善成，自始至终，学好本领，提升自我。二是树立"业高为师、身正为范、品学兼优、敬业爱岗"的人文形象，打造具备适应新时代教育教学综合改革的创新理念，具有亦教亦研的专业能力，团结协作、互助成长的优秀教师团队。三是把握学校发展目标。顺应育人方式的改变，全面推进教育综合改革，把学校建设成为坚持传承并不断发展幸福文化、具有"双新"课程领导力、改革活力与创新动力的优质学校。

从多个维度开展"幸福教育"实践，如做实"幸福德育"，创新"幸福课程"，打造"幸福课堂"，培养"幸福教师"，丰富"幸福文化"等，彰显"幸福"二字的时代内蕴和教育力量。学校加强教师培训、教学研讨、经验交流等，帮助教师更新理念、改进教学，适应新的教学需求，如定期组织专题培训。帮助教师理解并践行重要文件精神，学习并优化教育教学方式。此外，可聚焦教师在日常教育教学工作中的实际问题提供针对性帮助，并发动教师们及时总结和梳理学科教学、班级管理等方面的先进经验，在专业学习、专业反思中实现专业能力的持续提升。而教师的持续成长不仅有助于提升自身素养，也能为学生的主动学习提供示范。

二、在管理中做实“幸福德育”

充分发挥学校文化管理的育人功能，尊重规律，激发学生的主体意识和学习热情，提升学生对学校核心价值的认同感，调动学生的积极性和主动性，从而引领学生的生命成长，让学校不只是学生学习的场所，更是学生成长的精神乐园。学校积极践行“幸福教育”哲学，坚持“三全三中心”原则，培育具有幸福精神的人，积极打造区域内有一定知名度的“幸福”德育品牌。其中，“三全”即全员，扎实推进全员导师制工作；全程，德育覆盖学习、活动、生活的各个环节；全方位，学校、家庭、社会形成育人合力。“三中心”即以学生为中心、以体验为中心、以实践为中心，不断营造契合“发展教师，成就学生，服务社会”办学理念，创设“幸福教育”的育人环境，依托活动促进学生成长。具体可包括制定清晰的规章制度，保证教职工明确自己的权责；建立完善的管理机构，为学校管理提供保障；强化管理流程的规范性，细化各项工作步骤，确保工作按照规定有序推进；加强监督和考核，以便及时发现和纠正各类问题；注重反馈和改进，定期收集教职工及家长意见，有针对性地提高管理水平。以当下引起广泛关注的“课间10分钟”为例，学校既要做到保证学生的活动权，又要尽可能考虑好活动的设计、安全的保障等多方面问题。在作出相应规定时，既不给教师增添负担，又满足学生的身心发展需求。

三、在管理中创新“幸福课程”

学校内涵发展可以通过特色课程建设来避免出现“千校一面”的尴尬局面。特色课程建设要基于对学校优势的客观分析、学校历史文化的传承。学校根据“双新”要求，聚焦国家课程校本化和学校课程特色化实施，促进国家课程、地方课程、校本课程有机融合，围绕“幸福共生”开发四大课程，完善“幸福”课程群，促进学生发展个性和特长、激发潜能、树立自信、提升智慧和素养、增强实践和创新能力，并通过课程的优化实施，努力培育学校特色课程的品牌项目。在培育精品课程项目、创建特色项目过程中，学校通过挖掘内涵、提升价值、延伸进阶梯度、加大自主力度、扩大学生覆盖面、完善课程要素配置等手段，对部分比较成熟的科目进行重点扶植。重点做好科创“STEM＋”课程、“数字化创新实验室”项目的深度开发和实施，体育传统特色项目“女子足球”的拓展，艺术类“中华鼓韵”、劳动类“无极剪纸”、人文类“行读华夏”项目的开展等。

四、在管理中打造“树人课堂”

课堂是学校内涵发展的主阵地，是落实学生核心素养的重要场域之一，是落实国家课程、地方课程和校本课程的主渠道。“双新”政策落地后，每所学校都编写了学校的“双新”实施工作方案，并通过课程计划将“双新”实施要求落实到具体的学科教学中，组织指导力量进行有针对性的校本培训，帮助教师有效落实相关教学。有的学校还要求学科教研组在组织研读课程标准的基础上，通过各备课组把新课标的要求转化为具有可操作性的教学进度表、教学设计方案或活动方案、学生校本练习册等教学资料。学校学科教师依据“双新”学材和备课组要求，遵循学校文化管理的要求，在课堂教学实践中运用“激趣长智”教学模式，围绕学科核心素养引导学生自主学习，培养学生的学科思维能力和问题解决能力；基于学生核心素养培育的课程内容标准和质量标准，建立过程性评价制度，实施多元开放的过程性评价，打磨“幸福”课堂，提升课堂品质，促进学校内涵发展。

结论：

学校治理与改革要从点到线、从线到面、从而到体，整体性构建改革转型的框架，这就需要管理者不断突破思维局限和思维障碍，既要有坚守岗位的意志，同时也要保持“在路上”的初心，只有破除“固体能力观”的禁锢，不断解放思想、更新思维，不断与时俱进、因事制宜，修炼领导力，才能可持续地促进学校高质量发展。

参考文献

[1] 师国华. 新课改下高中学校管理创新发展的深思[J]. 教育界，2023(26)：2－4.
[2] 刘静纯. 中学班主任班级管理策略研究[J]. 中华活页文选(教师版)，2023(11)：190－192.
[3] 黄津海. 高中管理者做好学校管理工作的方法[J]. 新教育，2023(25)：90－91.

基于核心素养的三级幸福课程建设

河北无极中学　刘军祥　《教育实践与研究》 2019 年第 6 期

【文章摘要】

在国家学生核心素养的大框架下，学校应以核心素养引领课程建设，开发出富有学校特色的三级幸福课程。三级幸福课程建设包括幸福课堂模式、幸福校本课程、幸福拓展课程三个范畴，科学特色的课程设置，让学生喜欢上学校、爱上了学校、记住了学校。首先，构建幸福课堂模式，培养学生学科思维；其次，开发特色校本课程，培养学生家国情怀；最后，建设兴趣拓展课程，奠基多彩幸福人生。无极县实验学校的三级课程相辅相成，实现了完美组合，通过幸福课程建设，较好的落实了学生核心素养。实验学校的幸福教育，努力培养健康阳光、全面发展的人，为孩子的幸福人生奠基。

【文章关键字】核心素养　三级课程建设　幸福

【正文】

2016年9月13日上午，北师大举行了中国学生发展核心素养研究成果发布会。研究学生发展核心素养是落实立德树人根本任务的一项重要举措，也为各级各类学校的教育教学发展提出了方向，为我们的教育教学研究提出了新的课题。作为一名教育者，我们要立足于国家对学生核心素养发展的要求，努力改变学生的课堂，改变学生的课余生活，改变学校的发展模式，为学生的终生发展负责。

在国家学生核心素养的大框架下，无极县实验学校提出了本校的学生发展核心素养："健康阳光、家国情怀、学会学习、学会生活"。具体解读是，具备"六有"——有理想、有担当、有爱心、有修养、讲诚信、懂感恩；"六一"——有一个健康身体、一种阳光心态、一项兴趣特长，能写一手好字、讲一口普通话、写一篇好文章；"六能力"——能具备管理规划能力、沟通表达能力、多元思维能力、合作创新能力、自救生存能力、审美欣赏能力。实验学校以核心素养引领课程建设，开发出了富有学校特色的三级幸福课程建设，科学特色的课程设置，让学生喜欢上学校、爱上了学校、记住了学校。

三级幸福课程建设包括幸福课堂模式、幸福校本课程、幸福拓展课程三个范畴。

首先，构建幸福课堂模式，培养学生学科思维。

基于"构建和谐校园，奠基幸福人生"的办学目标，实验学校提出了自己的"幸福高效课堂"理念——把课堂真正还给学生，让学生享受学习的幸福，让教师享受教育的幸福。目前，实验学校"幸福课堂六环八步教学法"已全面推开，此课堂教学模式，以培养学生学习能力和学科思维为抓手，通过六大环节、八大步骤，达成教学目标，实现课堂的高效。

附：

“先学后教，当堂训练六环八步教学法”新授课教学操作流程

教学环节	导入新课 出示目标	自学指导 学生自学	自学检测 以学定教	师生互动 点拨提升	当堂训练 课堂反馈	课堂小结 交流质疑
时间安排	1+1 分钟左右	1＋5 分钟左右	5—10 分钟	10—15 分钟	10 分钟左右	2 分钟左右
具体解读	1. 导入新课 导入新课的形式灵活包括开门见山式、温故知新式、情景式、激趣式、悬念式等 2. 出示目标 准确把握课标 紧扣教学重难点 涵盖知识与能力 渗透情感 体现梯度与层次要求 保证出示的时间	3. 自学指导 指导要层次分明 明确自学的内容 自学的方法 自学的要求（时间、要求、如何检测等） 4. 学生紧张高效自学独立完成自学检测题教师巡视、鼓励	5. 自学检测 请中差生展示 请生生纠正兵教兵 教师从中发现要解决的属于新知的主要矛盾 明确要点拨、要比较、要归类、要拓展的核心内容　以学定教	6. 点拨提升 针对学生的困惑点、新知的突破点 旧知与新知的迁移点 教师精讲点拨、 拓展提升 提炼规律，给出方法 仍然强调师生互动 启发引导	7. 当堂训练 不少于 10 分钟 选题典型适度适量 低起点多层次有梯度 根据学科特点 可分必做题和选做题 可根据情况当堂打分 检测达标度 也可收齐课下批阅反馈	8. 课堂小结 与目标呼应 由学生小结 交流收获与可能有的困惑 提出疑问 由课上延伸到课下
		强调问题价值度	强调学生参与度	强调教师指导度	强调目标达成度	

备注　在学生为主体、教师为主导核心理念支撑、总体环节的要求下，各学科可以有自己的微调，此模式可以是一次性使用，可以是自学一检测一点拨一训练反复操作后再反思小结的平行式循环使用。

课堂要求十条：

(1)灵活落实“先学后教当堂训练六环八步”教学法；(2)处理偶发事件不超过 20 秒；(3)教师要带教案本进课堂；(4)教师课堂讲授时间不超过 15 分钟；(5)学生课堂练习不少于 10 分钟；(6)当堂分层布置作业；(7)学生课堂发言不少于十人次；(8)请学生做课堂教学总结；(9)反思本节课的正能量；(10)下课后的课间 10 分钟不离开学生。

其实，众家模式，万变不离其宗，无论是怎样的一个过程，都离不开学生自学能力的培养，离不开合作学习，离不开质疑和创新能力的培养。而实验学校的“幸福课堂六环八步教学法”有三大特点。

一是实施过程中强调四度：问题价值度、学生的参与度、教师的指导度、目标的达成度。问题的价值度，主要体现在自学指导部分，要求教师备课的主要精力放在这里，自学指导的问题设置的恰当、合理，就能起到一石激起千层浪的效果，问题过高、过低、过小、过于综合都不好。学生的参与度主要体现在检测自学成果环节和师生互动环节，同时，强调参与学生的层次，即什么问题适合什么层次的学生，要坚决控制好。教师的指导度主要体现在点拨提升环节，一般老师们处理不好讲与不讲的关系，要么讲个满堂灌，要么不敢讲。这里是让老师讲的，但强调提炼规律，给出方法。目标的达成度主要通过当堂训练环节体现，前三度掌握好了，第四度也就水到渠成了。

二是针对教师授课的四个观测点：教学目标定位是否准确、自学指导设计是否精当、参与学生层次是否合理、课堂以学定教是否灵活。这四个观测点都是课堂实施成功与否的关键，前三者或许能通过集体备课实现，但第四个观测点靠的是教师的课堂观察能力和调控能力，这是教师在课堂上的二次备课过程，它是基于自学指导和自学检测的情况来以学定教的，具有不可完全预设性，所以第四个观测点是我们观测评价的重中之重，也是体现教师水平高低的关键。

三是注重学生学科思维的培养。美国教育心理学家布卢姆把教育学评估目标掌握水平分为六个层级，即记忆、理解、运用、分析、评价、创造。大多数情况下，我们常停留在前面的三个层级，甚至只停留在最低的一个层级“记忆”上。我们要知道，学习的本质不是让自己成为一个知识的储存库，而是要学会思维，培养能力。

在“幸福课堂六环八步教学法”中，自主学习环节，是在教师的指导下，最大限度地培养学生独立思考能力、自主学习能力；师生互动点拨提升环节，学生在讨论、交流、思辨的过程中知识更明朗、思维更敏捷、思路更清晰、能力逐渐形成；质疑交流课堂小结环节，要求与学习目标呼应，由学生交流收获与困惑，提出疑问，教会学生分析问题有始有终，敢于去伪存真，培养学生的思考力和思辨力。总之，我们的每一节课，都努力让学生在知识和思维上双提升。

其次，开发特色校本课程，培养学生家国情怀。

围绕学生核心素养，开发本校的校本课程，更有助于培养学生家国情怀。实验学校以学生研究性学习为切入口，发动师生广泛参与，把地方文化传统资源作为校本课程进行开发和利用，编写了“感恩教育”“无极风土人情”“文明礼仪常识”“无极剪纸”“环保系我心”等系列校本课程，旨在培养学生家国情怀，继承无极传统文化，并养成良好的生活学习习惯。初中部还开辟了学生试验田基地，给了学生更多亲近自然的机会。

2013 年 9 月份，实验学校投入资金引入励志教育这一课题成果，每天三读励志信的潜移默化，每天成长册的交流谈心，让孩子们变得更有进取心了，更有礼貌了，更懂得感恩了。成才先成人，这在实验学校得到了最好的验证。在励志教育课题成果的基础上，实验学校融入地方元素，自编自改励志信，把励志教育课题发展成富有学校特色的“励志教育”校本课程。2014 年 7 月份，学校参加了在秦皇岛举办的全国励志教育课题组经验交流会，学校在励志教育方面的一些做法受到了与会专家和同仁的高度评价。

仪式活动作为中小学实施德育的有效载体，正受到越来越多的关注。学生的品德能够在仪式活动中得到养成与发展，仪式可以帮助学生获得实践知识。从人类学的观点出发，实践知识是一种可以通过模仿获得的身体知识。比如，“上下课仪式”，通过向老师鞠躬这样一个使身体下弯的动作语，可以让孩子们形成尊重老师的意识，获得对彼此角色的认知，并开始保持安静正式上课或者解除上课紧张状态进入到下课放松的活动中。我们可以将系列仪式教育活动研发成学校的校本课程，尤其是小学阶段和初中阶段的仪式教育各有侧重，既有联系，又有不同，长期坚持，定会效果显著。例如，一年级的入学教育主题为“一撇一捺写个人，堂堂正正学做人”，孩子们拉着爸爸妈妈的手高兴地踏上红毯，懵懵懂懂中意识到自己将会在这里开启幸福人生之旅。而升入初中的七年级学生入学仪式主题则可以是“迈入青春门，走好人生路”，要求学生新的起点要走好新征程。小学的入队仪式，让孩子们明白自己成为了光荣的少先队员，要在学习和生活中处处起带头作用；初中的入团仪式则更加侧重培养学生的家国情怀，强调责任担当。每周的升旗仪式，能让孩子们懂得对国旗的敬畏，当小小的娃娃仪仗队逐渐变成威武的中学生仪仗队，当稚嫩的童音变成少男少女激昂的声音，高唱国歌响彻操场，孩子们收获的是成长，我们看到的是希望。

远足和游学活动也可以纳入了校本课程计划，既锻炼了学生体质，培养了学生毅力，又开阔了学生视野，陶冶了学生情操。孩子们每走一步，我们都应用不同的主题仪式给他们留下成长的印记，为孩子们的生命历程记录一个个精彩的瞬间。

最后，建设兴趣拓展课程，奠基多彩幸福人生。

还记得陶行知老先生说过一句话：“老百姓把孩子送进你的学校，不知不觉中就把整个家庭交给了学校。”作为教育者，我们不仅要为老师负责，为学生负责，更要为每一个家庭负责，能够给学生多彩而幸福的童年和人生。所谓幸福童年，是指快乐的校园生活；所谓幸福人生，是指为孩子今后人生奠定完整而和谐、可持续发展的人生基础。如果每天去学校只是学习、写作业，孩子们会感到厌烦，如果几年后学生步入高中、大学，没有自己的兴趣，没有自己的特长，他会抱怨他的母校一生。我们不能让孩子和家长每天围着分数转，从我们学校走出去的孩子，应该是阳光、快乐、自信的。

实验学校小学部利用周五下午，开辟内容丰富、形式多样的拓展课程，主要包括合唱、科学创新、舞蹈、器乐、书法、绘画、电脑网络、剪纸、棋类、十字绣、剪纸等 44 个活动项目。拓展课程打破年级与年龄限制，学生自由选择喜欢活动的项目。在拓展课程开展的基础上又延伸出很多集体活动——每个学年都要举行“体育运动会”“寻找春天”“六一儿童节”“阳光艺术节”“迎元旦联欢”“七彩课堂汇报演出”“课间舞”“课间操”等活动。两年的努力和实践证明，经过拓展课程的训练培养，学生的思维能力得到了提高，个性特长得到了发展，与第一课堂教学相得益彰。2016 年 7 月，在石家庄市“童心向党，放飞梦想”活动参赛的四百多个节目中，实验学校的七彩旋律合唱团的节目是 17 个县市区学校中唯一一个获奖并在石家庄电视台颁奖现场展演的。

自 2015 年春天开始，实验学校初中部东校区开始开展社团活动，社团项目多达 40 个，涵盖德育类、艺术类、体育类、语言类、科技类、工艺类、非遗文化类共七类社团活动项目。学校聘请了十余位专业教师，师生全员参与，各社团开展得有声有色：辩论社学生唇枪舌剑、演讲社学生激情昂扬、剪纸社学生精工细作、空竹社学生花样翻新、舞蹈社学生翩翩起舞、合唱社学生歌声嘹亮、游泳社学生如鱼得水、军乐队社学生激情昂扬……2017 年 6 月，初中部的合唱《时间都去哪儿了》荣获市级一等奖。

实验学校拓展课程和社团活动依照学校总体规划，结合师生实际，充分调动了师生的积极性、主动性。特别是以提升学生能力为切入点，以提高学生幸福度为抓手，不再死死围绕考试分数，这是实验学校教育理念的重大突破，恰到好处的落实了学生核心素养，也与国家教育方针保持了高度一致。

实验学校的三级课程相辅相成，实现了完美组合，通过幸福课程建设，较好的落实了学生核心素养。学校的幸福教育，努力培养健康阳光、全面发展的人，为孩子的幸福人生奠基。

【参考文献】

[1]《国家中长期教育改革和发展规划纲要(2010—2020 年)》

[2] 褚宏启，以核心素养引领教育教学改革[J]. 中国德育，2016(1)：1.

[3] 辛涛，姜宇，刘霞. 我国义务教育阶段学生核心素养模型的构建[J]. 北京师范大学学报(社会科学版)，2013(1)：5－11.

课题信息：刘军祥河北省教育科学研究“十三五”规划重点资助课题《基于核心素养的九年一贯制学校小初衔接策略的研究》。

师德师风建设的问题与对策

河北无极中学　刘军祥　《河北教育》第10期　2023年10月

师德师风建设是落实党的教育方针的关键，是提升党的教育形象的关键。近年来，教师队伍不断壮大，难免出现良莠不齐、个别师德师风失范行为，影响了教师队伍的整体形象。

究其原因，一是教师自身思想认识出现偏差，个别教师心理状态堪忧；二是学校管理重业绩轻德行，忽视师德师风建设；三是受社会陋习的影响，没有平等对待学生、了解学生、走近学生；四是社会价值观多元化，教师使命感和责任感淡化等。因此，强化师德师风建设，压实责任，形成“严”字当头的机制和氛围势在必行。

一、完善源头管控机制，严守师德高门槛

加强对教职员工的思想政治教育和师德师风教育是源头治理的主要途径。学校应将其作为教师队伍建设的首要任务，以师德师风负面清单和师德失范处理规定等文件来明确边界、划出底线，避免产生负面舆情，杜绝重大舆情。一是提高教师队伍入职门槛，以扎根基层、爱岗敬业为基准，严格通过层层筛选，以德为先，优中选优，加强师范专业中小学教师队伍培养；二是加强师德师风的课程建设，在师范类院校将党史，师德师风、师德修养等内容作为必修课；三是师范类院校招生要注重高中综合素质评价，师范类院校毕业生的毕业论文必须以教育调研为基准，非师范类专业入职教师增加一年试用期，完成一篇高质量教育类调研论文再转正。

二、夯实教育宣传机制，提升思维认知力

目前，很多教师忙于教学，生活单调，对文化教育以外的事物漠不关心，对前沿教育政策了解甚少，导致世界观、人生观逐渐出现偏差。“时代楷模”张桂梅、人民教育家于漪的事迹为师德师风建设提供了现实素材。

以无极中学为例，学校在加强师德师风建设过程中，通过组织教师观看学习师德模范的感人事迹和先进的教育教学理念，引导教师真正理解《中小学教师职业道德规范》《新时代中小学教师职业行为十项准则》《河北省中小学教师违反职业道德行为处理办法实施细则(试行)》等，并将职业道德规范转化为实际行动。

同时，学校通过开展系列活动加以巩固，例如，每学期一次师德演讲、每学期一次师德师风测试、每月一次“校园故事”人物宣讲，在潜移默化中转变教师思想，丰富教师的精神世界，有效杜绝了体罚学生、有偿补课、对工作敷衍塞责等师德师风失范行为。

笔者建议各地成立师德宣讲团，邀请为教育事业作出突出贡献、数十年如一日兢

兢业业耕耘在教育一线的典型教师现身说法，面向广大青年教师进行宣讲，创设尊师重教、崇尚师德的良好氛围。

三、强化典型引领机制，弘扬时代新风尚

加强师德师风的典型塑造，如“最美教师”“优秀教师”等，对师德师风典型人物事迹进行高品质宣传，树立标杆。

以无极中学为例，学校建立了正向引领机制，一方面通过讲好“师德故事”，以前辈的爱岗敬业精神、学校的优良传承让青年教师体会师者的尊严、人生的价值，展示广大教师的时代风采，弘扬尊师重教良好风尚，形成对教育职业的敬畏和热爱。通过“每周一星”“十佳教师”“感动校园人物”“首席教师”“首席班主任”等评选，发扬无极中学积极向上的良好风气。通过“班主任节”“巾帼标兵岗”“党员示范岗”等，多方面树榜样，弘扬爱岗敬业精神。学校用各种隆重的仪式传递职业的神圣，用鲜艳的花束表达对教师的认可与尊重，对无极中学“奉献、团结、自强、超越”精神的弘扬和礼赞，形成团队合力，落实“立德铸魂、幸福共生”的办学思想。

另一方面，关注互联网环境的开放性特点对教职工师德建设提出的严峻挑战，坚持疏堵结合，标本兼治，加强负面舆论监控与主动引导，将负能量的消极影响降至最低。

四、建立负面清单机制，构筑管控“安全堤”

根据河北省教育厅制定的《河北省中小学教师违反职业道德行为处理办法实施细则（试行）》和石家庄市师德师风建设口袋书，以及《石家庄市中小学（幼儿园）教师职业行为负面清单（试行）》，建立健全违反师德行为受理与调查处理机制，公开师德师风举报方式，再结合学校实际，对教师的行为一一画像，将近年来出现的师德师风失范行为进行归类梳理，使广大教师引以为戒。

师德师风失范行为大致划分为：一是违背教育方针的行为，个别教师师德师风失范行为主要表现为体罚与变相体罚学生、违规补课、差别化对待学生、收受学生家长礼金红包、在课堂等公众场合发表有悖于社会主义核心价值观的言论等；二是违反公序良俗类，如酒后驾车、公众场合言论行为不当、违反相关场合公共道德要求、兼职微商等行为；三是与学生发生不正当关系的，如猥亵、性骚扰行为等。学校可以按照国家和省个人诚信体系建设要求，建立教师信用记录与个人公共信用记录的共享机制，筑牢防范师德失范行为的“安全堤”，旨在以此规范教师从教行为。

五、健全责任追究机制，严设惩戒“高压线”

建立量化与定性相结合、便于操作的师德师风评价指标，并纳入教师综合评价体系且占据较重分值，作为教师综合考评的重要组成部分。建议教育主管部门建章立制，并根据教师综合考评结果对教师给予奖惩，做到奖要到位，厚爱而不“溺爱”，激励但不“纵容”，绝不允许触碰和逾越师德的“高压线”，让教师知敬畏、知底线、知边界。形成责任追究机制，处罚要彻底，坚决不拿容错当“保护伞”，搞纪律“松绑”，尤其是要将师德师风问题管理权限升格至上级教育主管部门及其他相关部门，部门联动更有效果，实现上一层级直接处置的高压态势。

总之，不断强化师德师风建设，是落实党的教育方针的一项政治任务。学校应着力引导教师有定力、有坚守，执着于教书育人，以德立身、以德治学、以德施教，担负起传播知识、传播思想、传播真理，塑造灵魂、塑造生命、塑造新人的时代重任。

幸福共生教育的理论实践研究

河北无极中学　刘军祥　《石家庄教育》 2021 年 6 月第 3 期

教育是党和国家的事业，是未来的希望，是家庭的期盼。教育的过程，是师生生命的历程，提高教育质量就是提高师生生命质量。从某种意义上讲，教育可以改变命运，这里的教育是大教育，是老师、学生、家庭和社会的共同体。

教育是为未来奠基的事业。教育，是生命与生命的对话，灵魂与灵魂的交融，需要用生命影响生命，用智慧点燃智慧，用成功激励成功，用幸福引领幸福。幸福共生教育才能让学生、教师、家庭享受教育的幸福，他们彼此影响，彼此促进，这就是理想的教育。

一、“幸福共生教育”提出的背景

（一）是构建和谐社会的需要

教育就是促进人的发展，让人不断提高，不断进步，变成有理想、有信念，具备终身幸福能力的人。幸福共生教育决定了一个国家、一个学校的持续、健康和长足发展，也是“为党育人、为国育才”的根本要求。在构建家庭、学校、社会协同的教育生态过程中，需多方发力引导学生成长，共同构建幸福共生的教育生态，培养幸福学生，成就幸福教师，成全幸福家庭，这是构建和谐社会的终极目标。

（二）对突破生源困境的探索

随着近年来，教育竞争的愈发激烈，一个个超大规模优质高中的崛起，造成招生掐尖大战，县城高中生源质量急剧下降。如何改变这一状态，让他们幸福快乐地学习，明确目标，找到自己人生的方向，成为最好的自己，是我们学校搬迁后必须解决的问题。借此契机，我们开始了探索创新育人途径，提升师生士气，取得家长信任，建立幸福共生教育的模式。

(三) 对师生生活状态的思考

1. 让学校成为教师耕耘幸福的田园

教师的状态就是学生的状态，教师的幸福成就学生的幸福。提升教师幸福指数，做一个有尊严的教师，让职业成就给教师自身带来幸福感，并享受到生命的价值和尊严。让教师不但实现自己人生的价值，也能赢得家长的尊敬和认可。

2. 让学校成为学生幸福成长的乐园

学校的一切因为学生而存在，学生在学校的学习、生活状态，直接决定了学生的生命质量和幸福指数。让学生在最美的年华度过最有意义和有价值的生活，关注学生成长和幸福，学校就必须以学生为中心，把幸福成长当成最有价值和意义的工作去做。让学生喜欢学校，爱上学校，记住学校，实现一所学校的真正价值。我们围绕这一主题开始探索学校的育人模式大讨论，形成了幸福共生教育思想。

3. 让学校成为师生和谐进步的精神家园

校园是师生共同的精神家园，师生共同学习，共同进步，共同成长，共同发展体现了教育的真谛。营造精神家园，推进师生和谐进步是学校管理者的责任，根本在于对师生实施精神关怀，即营造民主、平等、公平、关爱、团结、进取、温馨的和谐氛围，让师生拥有优美清新的环境、和谐的人际关系、快乐多彩的生活。作为校长，必须要关怀他们的精神生活质量和精神成长，关注师生当下的精神生活状态和他们的未来的精神发展，让师生之间心理相容，心灵上能彼此接纳，力争形成互爱，进而形成真挚的情感关系。

(四) 无极县实验学校教育理念的延伸

我在无极县实验学校任校长期间，一直耕耘在幸福教育的沃土中，根植在幸福教育中，关注学生，关注教师，关注家长，关注一切和教育相关的人和事。几年的努力在幸福教育中生根、发芽、拔节、开花，最终灿烂绽放，一路芬芳，累累硕果。转任河北无极中学校长后，在幸福教育的路上继续砥砺前行，结合学校现状，在原有的基础上提出了“幸福共生教育”，润泽学生、成就教师，满足家长和社会期盼的思路。

二、“幸福共生教育”提出的理论基础

（一）习近平新时代中国特色社会主义思想的要求

党的十八大以来，习近平总书记的系列讲话都蕴含着丰富的关于幸福的观点，包含“人民幸福”“劳动创造幸福”“幸福是奋斗出来的”“奋斗本身就是幸福”等基本要义，形成了习近平新时代中国特色社会主义思想的幸福观，它是习近平新时代中国特色社会主义思想的重要组成部分和核心内容，是马克思主义幸福观在当代中国最新最充分的表达，凝聚着深刻的人生哲理，焕发着强大的思想魅力。认识其重大意义，才能将其作为行动的基础，是开展幸福共生教育实践的指南。

（二）内尔·诺丁斯关于幸福教育的观点

内尔·诺丁斯说：“好的教育就应该极大地促进个人或集体幸福”，“要把幸福作为教育的一个主要目的，幸福既是教育的目的也是教育的手段”。幸福是指一个人的需求得到满足而产生喜悦快乐与稳定的心理状态，对于教育工作者而言，应该立足怎样给师生带来幸福，以及带来了什么样的幸福。我们努力促进学生全面发展，幸福快乐地成长，关心关怀教师的职业发展和幸福工作。

将幸福作为教育的目的，因为幸福是人类精神追求的必然结果；教育为幸福生活做准备；教育培养追求幸福的良性品质。这既顺应了教育的本真意义，又折射了人性教育的回归。

（三）我国传统文化中的共生思想

共生关系，即一种相互依赖、相互依存的生存关系。翻开中国古代思想史，注重万物和谐，天人合一，是贯穿中国传统文化的一个基本精神。西周末年的太使伯在《国语·郑语》提出“和实生物，同则不继。以他平他谓之和，故能丰长而万物归之。若以同裨同，尽乃弃矣”的和谐思想。五味相和，才能产生香甜可口的食物；六律相和，才能形成悦耳动听的音乐；善于倾听正反之言的君王，才能形成“和乐如一”的局面。同样，一所学校的发展，教师、学生、家长是不可或缺的三个维度，只有三者共生共荣，学校才能健康可持续发展。

鉴于以上，提出“幸福共生”教育思想，旨在打造和谐共生的教育生态，培养拥有幸福品质的社会主义建设者和接班人。

三、“幸福共生教育”的理论内涵

做幸福共生的教育，包括“幸福”和“共生”两个范畴。

幸福教育，一是把幸福作为一种有待教、有待学的情感内容，这样的“幸福教育”就

是“教幸福、学幸福”；二是把幸福当作教育过程中师生双方的情感体验，把教育当作幸福的教育事业，这样“幸福教育”就是“幸福地教、幸福地学”。这两种理解都是统一的，既要把幸福作为教育的内容，又要将幸福作为教育过程的根本性情感性质，使幸福与教育在本质上统一起来，两者只有结合起来，在幸福的感受中进行幸福观的教育，“幸福教育”才有完整的意义。所以，幸福教育就是“教幸福，学幸福”和“幸福地教，幸福地学”的教育。所以在幸福教育体系的构建中，我们就不能只关注学生，更要关注与之相关的其他因素，如教师、家长和社会。

共生教育，主要包括两个核心理念——“共营”与“共生”。首先，共生教育以共营来营造教育共同体，形成教育合力，以产生“合力共育”的教育正能量，达成“合力共生”和“互动共生”的教育效果，体现学校作为学习生活成长共同体的育人理念。其次，共生教育以共生素质形成共同生态。共生是自然哲学和社会哲学的普遍原理，体现自然发展、社会发展、人的发展，乃至一切事物发展以及事物协同的法则，表达和谐、协调、整合、共同发展的意义。从学校教育的意义上说，主要是作为学习与成长主体的学生的人际协同，包括学生与老师、学生与父母、学生与学生、学生与自己的共生发展，而更重要的是学生自身的素质与品质的和谐共生，包括德、行、智、趣、体等方面的共生发展。

四、“幸福共生教育”的实施路径

立足校情，结合实际。把学生、教师、家长等多方面主体作为教育资源，互相依存，互相尊重，互相合作。通过学校的协调配合，既发挥各自的积极主动性，又发挥组团的优势互补。在塑造品德、优化行为、提高智力、培养情趣等方面共同作用，共同提高，和谐共处，实现共赢。学校“幸福共生”教育思想的目标是“德智体美劳共育，生师家校社会共生”，秉承“发展教师、成就学生、服务社会”的宗旨，打造幸福校园，成就幸福教师，培养幸福学生，成全幸福家庭，服务和谐社会。

(一) 打造幸福团队的共荣共进之路

前清华大学校长梅贻琦说：“所谓大学者，非谓有大楼之谓也，有大师之谓也。”有名师才有名校，有优秀的师资才能培养优秀的人才。所以我们首先应该关注教师的幸福，只有教师幸福了，学生才能从教师那里获得幸福品质和感知创造幸福的能力，才能享受到成长的快乐。朱永新的新教育实验的宗旨，就是改变教师的行为方式：把教师的发展放在首位，让教师享受教育的幸福，享受成长的幸福，享受发展的快乐，追求教育理想的成功。教师的幸福来自对学识、能力等素质升华的渴望，来自平凡工作中享受为师的快乐。我们要多角度关注教师幸福指数的提高，为教师的专业发展搭建高视野平台，打造“共进团队”。

1. 认同，思想共进

世界上什么最高贵？信任。信任来源于师生对校长的相信、相依。什么最重要？期待。期待来源于师生对学校美好愿景的认同。认同需要引领，尤其是思想上的引领，我校深入贯彻“做教育就是做良心”“适合的教育就是最好的教育”的教育理念和“表率是最好的管理，陪伴是最好的教育”的管理理念的职业认同。要求管理干部“知责任、明责任、负责任”，鼓励教师“做学生生命成长中的贵人”，教育学生“为求知，做栋梁”。

2. 引领，专业共进

尊严是对人的身份、地位、学识等的认同，是人人共有的平等权利。教师的资本就是过硬的业务，教师的尊严是过有品质的教育生活，是爱岗敬业，成全自己的专业成长。所以，从专业上引领，搭建高视野平台，是学校给教师的最好的福利，也是培养“共进团队”的主要形式。

一是加强培训，请进来讲，与智者牵手，与名家对话，给全体教职员工送上丰富的精神给养；走出去学，眼界决定境界，思路决定出路。从某种意义上说，观念是决定一切的；沉下身研，坐下来读，扶上台赛，推出去讲，让智慧的火花进行碰撞，进而促进教师的专业成长。二是校本教研，除班主任论坛、学科论坛、业务培训、课例研讨等形式外，还利用例会专门开辟大会新闻时段，包括校内新闻和教育时事新闻。向老师们介绍最前沿的教育信息，感人的教育人物，学习幸福共生教育理念，以全新的教育理念指导自己的教育教学工作。

3. 关怀，幸福共进

学校就是“家”，每位教职工都是家庭的一分子，都应为家的和睦兴旺而尽心尽力。我们将“家”文化和理念落在每一位教职员工的心里。只有我们把老师当成家人，老师才能把学校当成家。每个月，学校为本月过生日的教职员工过一个集体生日，给他们送上生日的祝福，让教职员工体会得到“家”的温暖，感受到亲人的祝福。端午节、庆祝日，全体教师一起包饺子，把对学校的期望，对未来的憧憬，对学校、同事的爱都包进了小小的饺子里，然后美美地品尝。老师社团的建立，让“每天锻炼一小时、健康工作50年”的理念深入人心，老师们重拾兴趣，享受生活，分享快乐。学校对通过努力表现优异或进步明显的师生进行奖励，通过郑重的“仪式”，让每一束鲜花表达对老师的认可，让老师得到尊重，让老师感到有价值感，让学生得到激励，让“幸福教育”在学校开花结果，让学校成为教师的精神家园、学生的成长乐园。

(二) 培养幸福学生的全面发展之路

秉承“以真求学、以诚做人”的校训，让学生做一个德智体美劳全面发展的人。把“让别人因为自己的存在而感到温暖”作为人生价值的追求，立德铸魂，培养合格的社会主义建设者和接班人。

1. 文化育人，着眼“德”“行”的培养

“德”即道德品行，“行”即行为养成、我们以“四教育一文化”(即幸福共生教育、激情教育、励志教育、成功教育和竞争文化)为工作的出发点和落脚点，通过每周升旗仪式、大型感恩演讲、励志教育、激情跑操等，点燃学生激情，强化学生责任，对学生进行向真向善向美品质的全方位培养。

为培养学的操行品德，学校注重借助无极本土成语典故、名人历史、文化艺术等内容，以灵活多样的方式进行品德教育指导学生学习家乡成语“多难兴邦”“殷忧启圣”，培养学生家国情怀，发奋图强，使民族复兴强盛：引领学生品读《晋书·刘琨传》《史记·田叔列传》，体味“枕戈待旦”“先吾着鞭”“无出其右”所蕴含的“迎头赶上，争取后来居上”及“立志惜时，一刻也不松懈”的深刻意蕴，做出众人才；带领学生参观雕塑“闻鸡起舞”，感知祖逖报国之志，鼓励学生及时奋发，读书圆梦；漫游廉政街，诵读《官箴》“吏不畏吾严而畏吾廉，民不服吾能而服吾公。公则民不敢慢，廉则吏不敢欺。公生明，廉生威”，感染学生立志做正直之人。与此同时，让学生们了解与本县相关的历史名人刘琨、祖逖、田叔、郭允礼等，为自己的家乡自豪骄傲。学生在传统文化中浸润，文化由新一代传承。

2. 课程育人，着眼“智”“趣”的培养

“智”即智育，“趣”即兴趣爱好。

我校“三环节一跟进”教学模式，以培养学生学习能力和学科思维为抓手，把课堂还给学生，注重学生学科思维的培养，不仅关注“术”的传授，更能站在关注“人”的高度，在“道”上做研究，克服课堂上的低效现象。一门学科的每一个具体的知识如同一片片树叶，学科的思维方式如同树枝，学科思想如同树根和主干。对我们的学生而言，自主学习、终身学习是学习的本质追求，“学会学习”就是理解学科思想，运用学科思维，提高学科智能。恩格斯在《自然辩证法》导言中，把思维誉为“地球上最美丽的花朵”，我们的每堂课、每次作业、每次练习都要避免重复的操练，力争做到富有创造性的思维活动。

选课走班制，是高中新课程的一大特点，也是新一轮高中课程改革的一个亮点。这样既拓展学生的知识与技能，发展学生的兴趣和特长，培养学生的个性，又促进了教师的专业成长，让教师不断地反思自己的教育实践，最大限度地发挥了自己的专业自主性和创造潜能，发挥自己的优势和特长，获得专业的自主成长和持续发展，更促进了学校特色的形成与办学模式的多样化，使学校课程生机勃勃，充满活力，走出了有特色、可持续发展之路。

3. 活动育人，着眼“体”“格”的培养

“体”即身体健康，“格”即人格品格。

激情跑操、激情朗读、激情宣誓和励志歌曲，已成为学生每天的学习、生活环节，成为学校一道亮丽的校园文化风景线，学生每天都在被激励着、前进着，远足活动，锻炼了学生的体质、意志，拉近了师生心理距离，培养了学生的集体主义意识、团队精神，促进了老师和家长的相互理解和支持，在社会上树立了无极中学师生的新形象、新面貌、新精神。我们举办“孝亲尊师”报告会，对学生进行感恩教育，让学生学会“知感恩懂仁爱”“知底线懂敬畏”“讲责任懂担当”。邀请杰出校友吉林大学的博士生导师赵志辉教授来学校给学生做《立志成才生涯规划》的理想教育报告，点燃学生的学习热情，教育学生有目标、有方向、有动力、有追求。

4. 做好美育，着眼“美”“雅”的培养

“美”即好、善。“雅”即正规的、标准的，亦指美好的、高尚的事物形态。

2020年10月15日，中共中央办公厅、国务院办公厅联合印发了《关于加强和改进新时代学校美育工作的意见》，这是国家对美育工作的高度重视。加强学校美育工作，提高学生审美能力、高雅情趣是学校教育工作的重要任务，人有两大思维领域：一个是理性，另一个是感性。感性思维往往赋予人感受世界、判断美丑、体验美好、欣赏美好、创造美好的能力，提高感性思维就能够增强美育效果，就能够让学生发现美，追求美，为能让学生过上幸福雅趣生活奠基。理性思维则是稳定的带有本质规律的相对科学认识，也是人成熟的标志。

学校不仅开全开足音体美课程，还开设艺术修养课，专业教师教授艺术欣赏和鉴别，根据学生需要开设学生社团，雕塑、舞路、演讲、合唱团、戏曲、电影赏析、服装设计、建筑审美……学生参与其中，学习美、欣赏美，艺术素养、感性思维大大提升，既开阔了眼界又拓展了思维。学校还开展丰富多彩的游学、研学活动，走进博物馆了解历史，让思接千载、视通万里；在艺术中心体验高雅文化带来的视听盛宴，让人对高雅的艺术有了更高层次的理解和认识；走进自然，热爱自然，融于自然，感受自然风光的瑰丽；走近名胜古迹，感受中华文化的博大精深……学校一系列的活动让学生感性思维得到极大拓展，学生审美能力得到提升，高雅情趣得到培养。

5. 做好“劳”育，着眼“勤”“劳”的培养

“勤”即做事尽力、不偷懒，“劳”即劳动。

劳动是人类生存的根本，劳动教育也是学生成长的必要途径，具有树德、增智、强体、育美的综合育人价值。让学生通过劳动树立劳动最光荣、劳动最美丽、劳动最崇高、劳动最伟大的观念，培养勤俭、奋斗、创新、奉献的劳动精神，具备满足生存发展需要的基本劳动能力，形成良好劳动习惯。

我校的学生核心素养之一“学会生活”中要求学生必须学会一项生活技能。学校利用通用课让学生学习各种生活常识和劳动技能，开展符合我县产业特点的技能社团，如木工制作、房屋装修设计、皮画制作、剪纸制作，让学生在社团中体验劳动乐趣，增强对家乡了解。走进城乡社区、福利院，参加公园广场的志愿服务，参与创建文明县城的活动，发出“我的校园我建设”“我的班级我管理”“我的宿舍我负责”等号召。校园卫生、花草树木的修剪、浇水、宿舍保洁都由学生亲自完成，明白只有辛苦付出，才会倍加珍惜自己的劳动成果。在学校试验田，学生自己播种、自己管理、自己收获，不但掌握了劳动技能，还理解了劳动真正的意义。学校的一系列劳动体验让学生体会到了“勤”的含义和“劳”的价值。

(三) 成全幸福家庭的和谐共育之路

教育是最大的民生，成全一个学生，幸福整个家庭。实现这一目标，需要通过家长委员会、家长广播站、家长学校、家长沙龙、家长助教、家长论坛等形式，探索出学校教育与家庭教育的结合点，建立与家长沟通的长效机制，构建健全的家校共育体制，创设和谐的家校共育氛围，促进家长和学校共发展。教育改革应当从改变家庭开始，让家长明白自己的责任，树立正确的人才观，真正懂得如何引导孩子成才。

在幸福共生教育中实现学生、老师、家长和学校共同成长，结成相互依存、相互提升的成长共生体，围绕“幸福共生”的教育思想，办好学校，服务社会。

五、“幸福共生教育”的实践成效

教育是为了人的幸福。学校教育三位一体，关系到教师、学生与家长，关联着学校、家庭与社会，关联着心灵、生命与成长。几年来，经过所有人的努力，“幸福共生教

育”在我校生根、发芽、拔节、开花，让幸福感满溢校园，温馨社会，传遍千家万户。

（一）教师的职业幸福感——教师甘心付出，做人梯

教师，是既平凡又特殊的职业。教师拥有了职业幸福感，才能在教育岗位上迸发出无限的教育热情和教育智慧。学校在实施“幸福共生教育”过程中，通过“思想认同”和“专业引领”的强化，使教师们的思想提升、境界提高。因教育之爱，老师们不断探求教育的真谛，不断思考教育的现象。这种不断探索的过程很艰辛，但真正爱教育的人品尝的不是艰辛，而是其中蕴涵的收获和幸福。而今，无极中学教师的评优名次、比赛成绩、佳誉美名等，都彰显着一个个团队的智慧，张扬着教师的自豪。教师们从被动到主动，从一个人到一个个团队的形成，从职业的倦怠到职业的热爱，充分展示出“幸福共生”教育思想的良好效果。辛苦源于付出，幸福来自热爱。学校所有教师用团结凝聚起强大的动力，用奉献谱写出辉煌的诗篇。

（二）学生的成长幸福感——求知铸魂，累并快乐

成长充满快乐。我校通过文化育人、课程育人、活动育人，着重培养学生的德、智、体、美、劳等全面发展，让学生健康快乐成长。如今，我校学生学习目标明确，学习氛围浓厚。师生在时间中奔跑，在书山题海里拼搏，用感恩表达着成熟，用刻苦创造着佳绩，用连年攀升的高考硕果，回报学校的培育和教师的付出，伴着学校走向新的辉煌。

（三）家长的选择幸福感——架构桥梁合育人才，我愿意

家庭的幸福很大比例来自孩子，孩子的幸福又取决于其所在学校的学习生活。有了教师无怨无悔的付出，有了学生成绩的不断提升，有了学校长足的发展，势必会引起家长和社会的关注与肯定、喜欢与支持。学校建设，有人投资；疫情防控，有人捐赠；校园活动，家长同行。一批批物资的输入，一次次表彰的资助，不只是家长对教育的支持，更是家长认可学校时的幸福表达。

今天，当众多家长说，选择无极中学我们无悔，学校动态我们关注，为无极中学出力我们愿意时，更证明了无极中学践行的幸福共生教育是成功的。幸福共生教育以共赢来营造教育共同体，形成教育合力，弘扬教育正能量。无极中学的家校合作共同体已经形成，将同向同心，同步同力，有效合作，共谋发展。

一所县域高中的“逆袭”之路

文|石梓鲜　徐会军　《教育家》　2022年12月

河北无极中学位于石家庄市无极县，和许多县域高中一样，这所有着70余年历史的老校，多年来面临着当地优质生源被“掐尖”、招生一度靠“抢”、教学质量上不去等发展困境。近年来，无极中学通过转变教学理念、提升教学水平、改善教学环境等一系列举措，教育教学质量不断提高，本科升学率连年上升，走出了一条县域高中的“逆袭”之路。

为学生谋未来：一生一档找准定位

2018 年，刘军祥调任无极中学校长。这所中学在搬入新校区前，办学设施和环境落后，优秀师资和生源流失严重，学校教育理念有待进一步提高。眼前的重重困难，让从教 26 年的刘军祥深感肩上的担子之重。

“县域高中不容易，当地中考成绩好的学生，很容易被名校挖走，所以生源质量是最大问题！”刘军祥分析说，县域高中的大部分学生出身农村家庭，一些家长教育理念落后，对孩子的学业缺乏重视，这导致学生学习能力和综合素质参差不齐，抗压能力弱，而高中的学习生活又比较紧张枯燥，很容易加剧学生的厌学心理，心态好一点的尚能坚持，但成绩提升艰难，心态差的甚至会选择辍学。

在缺少尖子生源的情况下，一味地强调勤学苦读不是办法，刘军祥决定从转变教育理念着手。“为学生树立正确的发展目标，帮他们找准努力的方向，从而持续激发学习动力。”深思熟虑后，刘军祥制定了“一生一档”的提升策略。

从 2018 年开始，在无极中学，每位新生入学时都会收到一张“一生一档”表，表中详细列出了月考成绩、突出弱项科目、自我检测问题、下一步解决措施等分项，表格由学生自己填写，教师帮助分析。“这是学生的成长记录表，目的是让学生知悉自身的弱点，自己和自己比，只要比过去的自己进步了，就是成功！”刘军祥说。

在高一(509)班刘梦涵的“一生一档”表上，笔者看到，每次考试后，她都会把各科目成绩详细列出，并制定出下一次考试的目标，几次考试下来，她的总分从 488 分提升到 544 分，其中最薄弱的政治学科更是从 43 分提至 88 分。“通过表格上的分项对比，我可以判断出自己的弱点，哪儿弱补哪儿，这样学习效率能提高很多。”刘梦涵说。

努力方向找准了，学习方法也不能落下。在无极中学，入学的第一个学期，给学生传授学习方法是教师日常教学的重要一环。各科骨干教师把自己的学习方法整理成教案直接向学生们传授；学校邀请他校名师讲授学习方法和解题技巧；优秀毕业生返校分享学习心得。“这样有助于学生在高中生活刚开始时就掌握正确的学习方法，避免日后走弯路。”刘军祥说。

得益于教育理念的转变，三年来，无极中学的高考本科上线率以每年超过 10％的速度提升，“强基计划”上线的平均增长率也保持在12.4%。

为教师谋福利：尊师重教广纳贤才

作为县域中学校长，学校发展最重要的是什么？刘军祥给出的答案是教师。

刘军祥表示，县域中学存在的突出问题是“留人难”——学科名师匮乏，骨干教师力量不足，培养出的年轻优秀教师往往倾向于到名校发展，对县域学校的认同感不够。

如何才能增强教师对学校的认同感，留住好的教师？切实增强教师的获得感，将学校的未来和教师的发展结合在一起，让教师在校如在家，这便是无极中学的解决办法。

在无极中学，每年五月的第二周会启动“班主任节”，评选出10名优秀班主任进行表彰，给予物质和精神奖励。此外，学校还会举办“每周一星”“十佳教师”“感动校园人物”“首席教师”“青年才俊”等评选活动，对教师的付出给予肯定，让他们感受到教师这份职业带来的荣誉感和获得感。

今年35岁的亢晶晶是山西人，目前在高三年级担任班主任和语文教师。近两年，因为疫情原因，她常住在学校。“学校就和家一样。”亢晶晶说，校领导和同事很关心她的生活，时常邀请她去家里吃饭，逢年过节还会送水果、零食等小品。这些人性化的关怀虽然细微，却让她觉得很暖心。

学校也是“家”，这是刘军祥一直坚持的办学理念。“校领导是家长，他们以身作则，带头工作；教师之间是兄弟姐妹，互相帮助、共同进步。”刘军祥说，“在无极中学，每个人都是学校大家庭的一分子。”

早上5点半，学校值班领导先去食堂查看早餐准备情况，再带着学生们跑早操；晚上10点半，晚自习后，值班领导住在宿舍守着学生晚寝。“校领导和学生同吃、同睡、同生活，尽可能地减轻教师的负担，让教师把主要精力放在教学上。”刘军祥说。

对于县域中学而言，年轻教师的培养是决定学校教学水平的重中之重，而年轻教师最看重的也恰是个人职业发展和教学水平的提升。如今，在无极中学，每一名年轻教师都有着清晰的职业成长路线。

为促进年轻教师成长，无极中学实施了“青蓝”工程，通过老带新、“一对一”结对子的方式，由骨干教师手把手地教导年轻教师备课、说课、讲课、评课、研课、磨课，不断提升年轻教师的专业水平。同时，学校定期组织教师到城市名校观摩学习，鼓励本校教师同他校优秀教师进行互动、交流，通过学习先进教学经验、优秀教学方法，取他家之长，补自家之短，从而让每个教师都能获得持续发展的机会。

刘军祥提到，为引进教育人才，无极县还为高中学校发放人才绿卡，通过人才补贴、人才公寓等惠师措施吸引人才。以无极中学为例，2019年以来，学校共引进年轻教师33人，这些教师全部为事业编制。截至目前，学校共有46位教师持有县级人才绿卡，1位教师持有市级人才绿卡，每年可享受租房补贴、人才津贴等优惠。“新鲜血液的持续注入，让学校教师的年龄层次分布更加合理，有助于新老交替，使教师队伍建设步入良性循环的轨道。”

为学校谋发展：构建良好教育环境

政府重视教育事业，让公共资源向学校倾斜，是构建良好教育环境的基础。2013年，无极县政府在财政紧张的情况下，划拨3亿元，投资建设无极中学新校区。2017年12月，无极中学迁入了占地300亩、建筑面积8万平方米的新校区，物化生实验室、史地专用教室、音乐室、舞蹈室、美术室、阅览室等功能性设施一应俱全。

“校园环境优美，学生宿舍条件好，食堂也干净敞亮，在这里就读很舒心！”高二学生张露兮说，当年填报志愿时，除了教学质量，学校齐全的硬件设施也是让她决心留在当地就读的原因之一。

2019年起，无极县还开展了全民支持教育工程，县、乡以及各职能单位领导分别包联一所学校，精准助教，校长有问题直接找领导反映。包联领导每年要慰问表彰教师一次、积极组织捐款资助一次、切实帮助学校解决实际问题一次。

2021年4月，当了解到无极中学教师宿舍条件需要改善后，作为无极中学包联人的县委书记吕智临第一时间为学校协调了教师公寓。目前，用地审批已通过，设计方案正在加紧推进中，不久的将来，青年教师、外地教师就可以搬进崭新的公寓楼。

除此之外，无极县还把提升教师福利待遇作为支持县域教育事业发展的重要举措。无极县教育局教师发展中心副主任贾海波介绍说，目前在无极县，教师工资比公务员工资高出10%，同时还根据省、市政策，不断提升教师的职称评定比率，将高中阶段副高级职称的评选比率由全校人数的30%提升至35%，从而让教师安心在学校扎根奋斗。

“县域中学，一头连着城市优质教育资源，一头承载着农村学生的教育机会，在推进县城教育公共服务向乡村覆盖方面发挥着不可替代的作用。”谈及县域中学的未来发展，刘军祥希望：其一，政府要加大扶持力度，帮助县中补短板、强弱项，尤其是在欠发达县区，教育经费和教育资源要优先向县中倾斜，重点解决县中办学设施不达标、大班额等问题；其二，要进一步提升教师待遇，在职称评定、绩效分配等方面适当向县中教师倾斜，让教师尤其是年轻教师安心在当地扎根奋斗；其三，鼓励发达地区的优质学校实施县中托管帮扶工程，实现发达地区带动周边共同发展的辐射效应，推动城市优质高中教育资源向县域延伸、优秀教师双向交流、先进管理模式向周边覆盖；其四，县域中学自身也应建立自立自强的特色发展模式，提升管理水平，破除唯分数、唯升学倾向，着眼长远筹谋发展，通过加强教研指导和教师培训，耐心培养一到三届学生，他们的成长成才会对提升县中吸引力、赢得当地群众认可起到关键作用。

目前，国家正在扶植县域中学，我们有理由相信，像无极中学这样的县域中学的发展会越来越好。

中国式教育现代化进程中校长的信念与担当

河北无极中学　刘军祥　《教育家观察》 2023年7月第3辑

提要：校长最本质的工作就是带领全体教师贯彻党的教育方针，把立德树人作为根本任务，努力办高质量的教育。做一个与时俱进的校长，才能在实现中国式教育现代化的进程中适应新时代的呼唤，不辱校长使命。在中国式教育现代化进程中，校长应当：眼中有方向，脑中有蓝图，胸中有故事，肩上有使命，手中有方法，脚下有路径，身后有后盾。

作者：刘军祥，河北无极中学校长

教育是一个系统工程和综合生成，包含个人、家庭、学校和社会四个要素。个人是种子，家庭是根茎，学校是土壤和阳光，社会是空间和环境。学校这片教育的土壤，是沃土还是贫壤，关键在于校长。

在学校发展中，校长就是学校的一面旗帜，起着至关重要的作用：校长的办学思想是学校建设的旗帜，校长的人格品德、思想境界是师生学习效仿的旗帜，校长的前瞻决策和创新精神是引领学校持续发展的旗帜，校长的法治观念和民主意识是学校现代管理的旗帜。

校长最主要的职能就是成为全体师生的精神统帅，不仅做一个高举旗帜的旗手，而且应该成为一个学生和老师愿意追随的人，师生追随的其实不是你这个人，而是你的教育思想，你的与时俱进的办学理念，你的人生观、价值观。

校长最本质的工作就是带领全体教师贯彻党的教育方针，把立德树人作为根本任务，努力办高质量的教育。十三届全国人大四次会议审议通过了《中华人民共和国国民经济和社会发展第十四个五年规划和2035年远景目标纲要》，办人民满意的学校，实现教育高质量发展，构建高质量教育体系，是社会发展对教育提出的新要求，也是我们做校长的必须要思考和面对的问题。

做一个与时俱进的校长，才能在实现中国式教育现代化的进程中适应新时代的呼唤，不辱校长使命。

一、眼中有方向——把握好时代脉搏

校长应该是一所学校思想的引领者、工作的示范者、文化愿景的设计者、课程的建设者、教师的服务者、责任的承担者、学校团队的缔造者。在学校发展中，校长有着众多的角色，就像是学校的一面旗帜，起着至关重要的作用。校长要扮演好这些角色，树好这面旗帜，必须要关注国家教育前沿信息和政策，把握好时代的脉搏，做到眼中有方向。

从某种意义说，教育代表着一个时代的风尚，引领着这个时代的风气。以2021年为例，教育部连续出台了多项教育政策、法规，涵盖学前教育到高等教育，如：《关于加强新时代高校教师队伍建设改革的指导意见》《关于大力加强中小学线上教育教学资源建设与应用的意见》《中华人民共和国国民经济和社会发展第十四个五年规划和2035年远景目标纲要》《义务教育质量评价指南》《关于加强义务教育学校作业管理的通知》，以及新修订的《民办教育促进法实施条例》《中华人民共和国未成年人保护法》，《关于进一步减轻义务教育阶段学生作业负担和校外培训负担的意见》《关于进一步做好义务教育课后服务工作的通知》《关于进一步减轻义务教育阶段学生作业负担和校外培训负担的实施方案的通知》、《国家义务教育质量监测方案(2021年修订版)》《中华人民共和国家庭教育促进法》《"十四五"县域普通高中发展提升行动计划》《"十四五"学前教育发展提升行动计划》等一系列政策法规，着力于解决教育现实问题，对当今教育教学中重大课题进行了全面、深刻回答，旨在校准好教育发展的方向，让每个人都能享有公平而有质量的教育，让每个孩子都有人生出彩的机会。

我们今天所处的时代是一个以变革、调整、创新为显著特征的时代，把握好时代脉搏才能与时俱进。2021年出台的政策法规中，有三个文件均涉及义务段作业管理和课后服务：《关于加强义务教育学校作业管理的通知》提出：严控书面作业总量，不给家长布置作业，严禁校外培训作业。《关于进一步减轻义务教育阶段学生作业负担和校外培训负担的意见》则进一步提出要求：全面压减作业总量和时长，减轻学生过重作业负担；提升学校课后服务水平，满足学生多样化需求；坚持从严治理，全面规范校外培训行为。《关于进一步做好义务教育课后服务工作的通知》要求"一校一案"制定课后服务方案。《关于进一步减轻义务教育阶段学生作业负担和校外培训负担的实施方案的通知》要求推进课后服务全覆盖。这些法律法规，进一步明确和强调了现阶段“双减”工作的方向和定位，这是党的教育事业与时俱进的重大战略判断，也是从党和国家教育事业发展大局出发，从理论与实践、现在和未来的结合中深入思考得出的正确结论，进一步引导教师转变育人理念，推动育人方式的改革，是保证既不打乱正常教学进程，又让学生从繁重的课业负担中解放出来，既不迷失教育方向，又保证教育事业健康发展的关键所在。

当部分学生迷失在课外培训的时候，可能会提高他们的分数；但当所有的学生都去培训的时候，势必只会进一步推高分数线。因此，国家出台“双减”政策利国利民，意义重大。作为教育人，要认真领会国家的教育方针政策，转变育人方式，坚持以人为本，全面发展，五育并举，培养学生核心素养，办高质量的教育。作为校长，既要结合时代发展、遵循国家政策，又要有自己对教育的深度思考，探索构建更为科学的发展评价体系，不偏离育人的方向和轨道，坚持为党育人，为国育才，为中国特色社会主义建设育合格的接班人。

二、脑中有蓝图——规划好学校愿景

世界上什么最高贵？是信任。信任来源于教师对校长的相信、相依。什么最重要？是期待。期待来源于教师对学校美好愿景的认同。

校长要实施愿景管理，学校愿景是学校对未来理想和长远战略目标所描绘的纲领性蓝图，即学校的办学目标、发展方向、学校文化、学校精神等。学校愿景有三个基本要素：大家愿意看到的（期望的）、大家愿意为之努力的（主动的）、通过努力可以一步步接近的（可实现的）。只有把愿景变成每个教职员工的愿望，愿景管理才能实现，所以规划学校愿景不是校长一个人的事。它是一个“自上而下”和“自下而上”相结合的过程，既要有校长的顶层设计，又应有全体教职员工甚至是家长的共同参与，建立在全体教师达成共识的基础上，有它的生存土壤，生存基础，才有实现的可能性。具体来说，愿景的确立需要经历以下几个过程：

一是调查研究，厘清现状。即研究学校的历史和传承，分析学校的优势和不足，敢于直面现实，主动寻找差距，追根溯源透过现象看本质。二是倾听心声，汇聚智慧。要充分发扬民主，广泛征求意见，面向全体教职工、学生、家长以及相关社会人士，发放问卷，座谈调研，通过深度的积极互动和对话沟通，了解其对学校的共同期望，以形成对学校愿景共同认同的一致性意见。三是研究修正，确立愿景。在学习、分析、研究、讨论的基础上，提出学校的办学宗旨、办学理念及发展规划，并不断修正，在不断修正的过程中，达到人人参与、人人知晓的目的。四是全面渗透，深植愿景。愿景深植强调“将渴望的未来转变为自觉的行动”，这就需要把学校的愿景融入学校管理的全方位、全过程，嵌入学校的发展规划和年度计划，分解为教学管理、德育管理、行政管理等的工作目标和具体任务。

这样，在学校就把校长的工作由监控下属变成下属一道自发为共同愿景去奋斗，让他们依靠自己的主动性，而不是在管理层的压力下去工作。愿景管理强调的是引导而不是控制，强调的是效益而不是效率，强调的是个体在团体中的能动作用，发挥的是人的主观能动性。在愿景管理下，学校各种元素在一种信仰的引导下产生互动，教师认同校长的办学理念，发自内心地支持、拥护校长，追随校长，从而爆发出强大的生命力。

结合我的校长经历，我认为愿景最重要的外显是学校文化和学校精神。

学校文化反映了一所学校隐含的主流价值观、态度和做事的方式，这种价值观、态度和做事的方式可以使一所学校保持相对长期繁荣，也可以使一所学校停滞不前。它外显为学校的环境、教职员工的行为习惯、处事方式、思维方式、工作状态等，既可以是一所学校一直以来的优势传承，也可以是弥补学校目前短板的一种发展愿景，是全体教职员工新的努力方向和未来学校要达到的新高度，用来引领学校的发展，指导全体教职员工的工作。所以说，优秀的学校文化引领并影响着学校的发展，学校文化建设，要努力做到与制度、环境、课程、活动等的深度融合，这是一个长期坚持渗透的过程。校长是学校文化的领导者，教师则是学校文化的传播者，只要有意识去做，就能让学校文化深入人心。

学校精神是学校向心力、凝聚力、责任感和使命感的集中体现，是一所学校在其发展过程中形成的代表全体成员心愿、意志、并成为激发全体成员积极性和创造性的无形力量，是学校哲学、价值观念和道德观念的高度概括。无极中学在“做幸福教育”的办学理念基础上，又提出“做教育就是做良心”“适合的教育就是最好的教育”的教育理念，和“表率是最好的管理”“陪伴是最好的教育”的管理理念，逐步形成了“奉献、团结、自强、超越”的无中精神，长期浸透于心，成为全体员工的共同追求和情怀，最终成为学校文化的灵魂和旗帜。

三、胸中有故事——传播好教育理念

校长的领导，本质上是思想的领导，也就是价值观的领导。从校名、校训、办学理

念、学校发展目标、育人目标这几大块，架构起学校的办学思想体系，再把这办学思想体系通过课程教学体系、治理制度体系、环境文化体系等落实、落细、落小。但是，世界上最难的两件事：一是从别人口袋里拿钱，二是把自己的思想和理念嫁接给别人。

学校管理者传播学校理念的最好方式是讲述一个个真实的管理故事，空洞地阐述理念是一种乌托邦式的说教，而学校管理实践中鲜活的故事最能够打动人心，并让人记忆深刻。同时讲述故事也能够促进我们不断反思并优化自己的管理实践。一个优秀的学校管理者应该善于讲述学校中的管理故事，不仅自己讲，还要中层干部讲，班主任讲，教师讲，甚至家长讲。怎样讲好故事？校长要引领。

1. 把握立足点：要讲述真实的学校管理故事。真实的故事才有打动人心的力量，才具有教育的温度，才更有实践反思的价值。当然，讲述真实的学校管理故事，需要具备真诚和勇气。无极中学有很多教师毕业于无中，有教师的父母曾于此执教，他们有很多无中记忆，身上有很多无中故事，这些记忆和故事中渗透着教师对无中的认同感、归属感、责任感和荣誉感，蕴含着无中的灵魂，是无中的宝贵财富。于是我们通过讲前辈的“无中故事”和自己的“无中故事”，唤醒教职员工对教育的热爱；用学校的传承让老师体会人生的价值，形成教育的敬畏和热爱。

2. 选好切入点：以新颖的角度讲述熟悉的故事。生活和工作中没有那么多的新奇，但是我们可以选择新奇的角度，或以小见大，或转换视角。教育管理中存在两种视角：成人视角与儿童视角。教育与管理其实就是两种视角的对话。作为学校管理者，我们习惯于以成人视角和管理者立场来观察学校及学校管理，而当我们从学生视角重新打量学校并审视我们的管理时，极有可能获得全新的理解和完全不同的感受。所以，我们不再单方面对教师提出要求，而是让学生写一些自己最喜欢的老师的样子；我们不再单方面对教师进行评价，而是让学生写出自己收获最大和最没有收获的学科。也许，这样得出的结果才是最真实和有效的。

3. 关注价值点：深度反思现象背后的问题。约翰·杜威曾经说过：“我们不是从经验中学习，而是从反思中学习。”没有反思，就不可能有提高；没有反思的经验是没有价值的。问题→实践→反思→改进→再实践→再反思，这样的闭环就是一个不断学习和提高的过程。我们先后组织年级主任、备课组长、班主任等教师到定州二中、正定中学、衡水中学、精英中学、唐山一中、山西忻州一中等学校学习交流，汲取先进的教育教学理念，回校后，组织年级研讨会，对照自己的管理，结合自身教学实践，结合学生案例，对比中找差距，反思中找出路，反复总结经验教训，透过现象看本质。

4. 探寻生长点:保持对实践的敏感性与价值自觉。故事来自鲜活的实践。但日复一日的学校管理,特别容易让我们陷入琐细繁冗的实践之中,变得迟钝而麻痹。要时刻保持对实践的敏感性,不仅要善于换位思考,还要具备价值自觉,不断地从高处和远处回望自己、检视自己,对我们的管理实践保持足够的价值警醒,使我们的管理行为始终符合正确的教育价值观。

5. 走向延伸点:依靠读书写作丰富管理故事的表达。读书可以开阔我们的理论视野,让我们的思考具有一定的理论深度和厚度;写作则是深度思考的另一种形式,我们平日的反思可能是肤浅的、碎片式的、表面化的,而一旦我们将其整理成文,就可能迫使我们进行较为系统的深度思考。所以有人说,写作才是真正思考的开始。我坚持自己读书,与教师分享读书故事、精彩片段,撰写教研文章,并在教研中讲读,从而影响更多的教师。因此,我主张将写作看成是反思的重要手段,以及讲述学校管理故事的重要形式。要求中层干部和教师每个学期至少读一本好书,分享一段精彩故事,写一篇教育管理或教学研究的案例,干部要讲好一次管理故事,教师要开好一堂读书班会,不仅丰富了自己,也影响了他人。

四、肩上有使命——做教师的引路人

校长的角色众多,那么校长的第一使命是什么?这里首先要明确一下怎么理解第一使命。我的理解是:最重要的工作;最基础的工作;最持久的工作。用这样的标准去衡量,校长的第一使命只能是促进教师的专业发展。校长的工作没有比促进教师专业发展更重要、更基础、更持久的了。于漪老师也曾经说过,校长的使命,发展教师第一,发展学生第二。这里的第一、第二显然不是说重要性第一、第二,而是说,只有教师发展的工作做好了,学生的发展才能得到实现。北京十一学校李希贵校长曾经写的一本书《学生第二》,其观点也是说,要想使学生得到好的发展,首先要使教师有好的发展,校长不可能面对每位学生,每天直接面对学生的是教师,校长直接面对的也是教师。没有教师的发展,就没有学生的发展。人们经常说,校长是学校的灵魂,教师是质量的关键,这里的教师当然不是一成不变的教师,昨天合格的教师不等于今天仍然合格,今天合格的教师不等于明天仍然合格,教师只有与时俱进才能保持思想观念、能力水平的领先。

从另一个角度说,校长影响老师的最有效的办法也是带领他们进步,成为领导后,成功就在于推动他人成长。校长领导力的发展可以分为四个阶段:头衔依赖层——关系影响层——业绩表现层——人才培养层。优秀的校长绝不是一个职权意义上的监督者，而是能够超越职权，用个人修养和学识影响他人的指导者。把握教师发展为先的领导原则，校长应当成为干部的导师，帮助下级干部开发领导技巧，修炼管理才能。校长还要成为“教师的教师”，采取各种办法推进教师学习，使每一位教师都能够成为专业发展的“自我塑造者”。

当然，校长也要善于学习，不断修炼自己。一个人的名声不能大于才华，一个人的财富不能大于功德，一个人的地位不能大于贡献，一个人的职位不能大于能力。德不配位，必有灾殃；德薄而位尊，智小而谋大，力小而任重，鲜不及矣。身为管理者，要时刻注意自己的言行，升为管理者后，我们就会成为整个团队的主心骨，作为代价，我们的一言一行都会被教师无限放大，对教师产生较大影响。为什么有人成了管理者反而跟团队关系不好，因为行为细节被放大了。所以，学习、修炼，应该是我们的毕生科目。

五、手中有方法——做班主任的导师

选择好学校不如选择好班级，好班级关键是好班主任，培养好的班主任，是培养好学生的前提。当一个善于检查的校长，远不如当一个善于指导的校长。校长，要有能力做班主任的导师，成为班主任的首席教官，要指导班主任工作，让班主任能为、想为、敢为，做到：

班级工作有要求——目标意识明确，组织纪律规范，能力培养为重，师生情感交流。班级工作有明确的目标，有内部的建制，有评比的标准，有展示的舞台，有沟通的渠道，才能得以强化日常行为规范，强健学生心理素养，培养学生综合能力，有效提升班级管理水平。

班级管理有样式——“班—组—群”式的管理特色，“师生互助”式的教风学风，形成了特色班级文化建设。充分发挥学生自主管理的积极性，遵从“学生能做的交给学生，学生可以做的交给小组，学生感到困难的教师给予指导”的原则，鼓励在管理上多动脑，在教学中多思考，在课堂上多互动，真正落实学生这个主体在自我管理和学习中的地位与作用。

班主任工作有规范——开学三部曲，德育主题月，形成阅读和写作的班级氛围。首先，坚持校长给学生上好开学第一堂德育课，参加一次教研会，听一节班主任的课；其次，实施“三个一”工程，让班主任用一天的时间严格一周的行为，用一周时间做好一个月的事，坚持一个月的规范打好一年基础，形成良好的班风校风。

班主任工作有激励——班主任节，营造尊重、理解、热爱、感恩班主任的和谐氛围。自 2019 年开始，每年隆重的班主任节仪式，树立先进典型，向班主任献花并呈上特殊的祝福，宣传热爱学生、爱岗奉献的班主任精神，进一步激发班主任的工作热情，提升班主任的教育艺术，促进班主任的专业发展。

六、脚下有路径——五育并举育全人

我始终认为，教育最大的价值，是使人成为有能力的人，有灵魂的人，有幸福生活的人。我们培养的，应是会创造、会生活的人，而不是会考试的人。真正的以人为本，不只是考虑学生一时的利益和考试成绩，而是立足学生的长远利益和根本利益，把握好一时与一世的关系，为孩子的一生负责。

五育并举是育人系统中的必备要素，是育人的一个完整体系。建立五育融合机制，做到价值归一、同向而行、统筹兼顾，实现五育共生，呈现出五育相互渗透、相互促进的积极功能作用。再到五育共融，达到五育相互滋养、相互成长、相互成全的最优态势。最后，五育共美，形成了一个命运共同体，促进学生由表层发展到深度发展，这是育人的理想追求。

具体来说，德育，铸魂强信念。要为国育才，为党育人，培养“有本领、有理想、有担当”的“担当民族复兴大任的时代新人”。

智育，提智长本领。基于核心素养的课堂，提高了课堂教学的效率和质量，学业质量标准对于教师教什么，教到什么程度，或者说学生学到什么程度，掌握到什么程度就达到了相应的要求，做出了全面系统的规定，有效避免在实际教学中学的过多过难的问题。

体育，锻炼强体魄。新课程标准体育课时仅次于语文和数学，占比10%—11%，在这之前，2021年河北省教育厅也出台了《河北省初中学业水平体育与健康科目考试方案》，加大了中考体育的分值比重，可以说无体育不学校。

美育，熏陶塑品格。美育的目标是造就丰富的灵魂，2022年新版课程标准改革了艺术课程设置，课时占比达9%—11%，一至七年级以音乐美术为主线，融入舞蹈、戏曲、影视等内容，八至九年级分项选择开设。

劳育，奉献促担当。2020年3月20日中共中央、国务院发布了《关于全面加强新时代大中小学劳动教育的意见》，2022新版课程标准更是将劳动从综合实践活动课程中独立出来，平均每周不少于一课时，包括日常生活劳动、生产劳动、服务性劳动。

我们以五育“共生、共融、共美”为引领，坚持实施让师生喜欢学校、爱上学校、记住学校的“幸福教育三步走”计划，围绕“健康阳光、家国情怀、学会学习、学会生活”的学生核心素养，努力让学生具备“六一”“六能力”，为学生的幸福人生奠基：有一个健康身体、一种阳光心态、一项兴趣特长，能写一手好字、讲一口普通话、写一篇好文章；具备管理规划能力、沟通表达能力、多元思维能力、合作创新能力、自救生存能力、审美欣赏能力。

我们开发出了富有学校特色的三级幸福课程：幸福课堂模式、幸福校本课程、幸福拓展课程。幸福课堂模式，推行预习、探究、练习、跟进的“三环节一跟进”教学法，让学生课前有期待，课上有惊奇，课中有感悟，课后有收获。幸福校本课程，以学生研究性学习为切入口，发动师生广泛参与，把地方文化传统资源作为校本课程进行开发和利用，旨在培养学生家国情怀，继承无极传统文化，并养成良好的生活学习习惯。幸福拓展课程，广泛开展学生社团活动，辩论社学生唇枪舌剑、演讲社学生激情昂扬、剪纸社学生精工细作、空竹社学生花样翻新、舞蹈社学生翩翩起舞、合唱社学生歌声嘹亮、游泳社学生如鱼得水、军乐队社学生激情昂扬……学校聘请专业教师指导，师生全员参与，活动开展得有声有色。

五育并举、五育融合的主旨就是要回归教育的本质规律，回答并解决教育究竟“如何培养人”这个根本问题。作为一名校长，我无法改变教育生存状态，无法改变家长对学生升学的过高期望，但可以改变学生的课堂，改变学生的课余生活，改变学生在学校里的生存状态，改变教师的行走方式，改变学校的发展模式，为学生终生发展负责。

七、身后有后盾——众人划桨开大船

一是管理团队。好校长不一定有好学校，好团队一定有好学校。林肯曾说过，管理的本质在于用人，统治的根本在于治人，而领导的精髓则在于驭人，领导的才干，就是长于识人善用。

独行者速，众行者远，众人划桨开大船。抓班子带队伍，本质就是从一个人到一群人的问题。我始终认为，只有始终保持谦虚的领导人，才能创造一个配合协调的团队，并将团队带向均衡的长期发展的道路。不论是学校的中层管理者，还是一线的班主任和教师队伍，我们的培养目标都是不断成长、发展、学习的人，应该具备的特质是：比别人早走一步（有志气、善创新），比别人多走一步（能坚持、有韧性），比别人更进一步（有责任、有担当、会引领）。一位优秀的年级主任这样说：“我们不是一个人在战斗，我们是一个教学团队，是一个个教研组握紧的拳头。”我们学校建立了明确的工作职责，既分工明确又同力协作，分管工作能独当一面，做到有职有权不越权，也因此大家才能心往一处想，劲往一处使，形成一种团结一心、排难奋进的局面。

二是家长团队。家庭教育、学校教育和社会教育并称为教育的三大支柱，同时也是学校教育和社会教育的基础，对人的一生影响至关重要。理念先进、教育得法、跟学校保持同频共进的家长团队，将是学校工作顺利推进的重要保障。为了把学校的教育理念渗透给每一位家长，增强家校共育合力，我们通过家长委员会、家长广播站、家长驻校、家长沙龙、家长助教、家长论坛等形式，探索出了学校教育与家庭教育的结合点，建立了与家长沟通的长效机制，形成了家庭、学校教育的最大合力。校园内外齐心，教师家长携手共建。系列的家校共育活动，更新了家长教育理念，使家长在孩子成长过程中不缺席、不缺位，提升了家庭的幸福指数，也助推了学校的教育教学工作。

有人说，校长是学校里把握方向盘的人，是雨天里给学生撑伞的人；有人说，校长是陪伴学生、陪伴老师、陪伴家长一同修行的人；有人说，校长工作的过程就是带领一群不完美的教师和不完美的学生一起走向完美的旅程……我觉得说的都挺好。因为他们都说出了校长的共性特点：校长很重要。成为一个眼中有方向、脑中有蓝图、胸中有故事、肩上有使命、手中有方法、脚下有路径、身后有后盾的校长更重要，这也是新时代校长应具有的理想信念与使命担当。

“一五八九十”德育

河北无极中学　刘军祥　《教育家》 2024 年第 541 期

议题：德育课程，是对青少年学生进行思想道德教育的主渠道。如何依据青少年思想品德形成的特点和规律，规范德育目标内容，科学设置德育课程？如何将学校德育融合到学校教育教学的各个环节？

河北无极中学将立德树人目标融入教育教学之中，使德育与智育、体育、美育、劳育有机融合，丰富了德育载体，提高了德育成效。

一、打造“一五八九十”德育实施路径

我校在实施德育教育过程中，紧紧围绕“一个核心”，打造“五共”德育，培养学生八大习惯，提升九大核心素养，落实十项成长体验，探索“课程、文化、活动、实践、融合”育人的实施路径，确保德育工作抓实、落地。“一个核心”，即以培养“厚植乡土、心怀家国”的幸福青年为核心；“五共”德育，即共向德育，心怀家国；共荣德育，厚植乡土；共建德育，家校社协同育人；共美德育，提升审美，强体健美；共行德育，走进社会，增强职业体验，更好地规划未来人生；培养学生八大习惯，即做事有计划性，遵时惜时守时，善反

思会欣赏，懂合作重团队，爱运动喜锻炼，有条理重细节，守规则讲秩序，懂感恩诚做人；提升学生九大核心素养，即学习力、创造力、领导力、审美力、合作力、道德力、共情力、协调力、受挫力；落实学生十项成长体验，即参加一项志愿者活动，参加一个社团组织，培养一项艺术爱好，拥有两项体育技能，完成一次远足活动，完成一次职业体验，完成一次竞赛或挑战，参加一次研学活动，参加一个合作学习小组，完成一次社会实践活动并撰写一篇实践报告。

二、打造独具“无极中学”特色的德育机制

我校把德育目标与日常的工作相融合，倾心打造独具特色的德育机制，并从六个方面逐步推进——三年抓成长：高一树立“我们是改变无中历史的一批人”的旗帜，高二笃行“我们是心怀家国的追梦人”的理念，高三深植“学校育我成才，我为学校添彩”的意识；学年抓重点：高一规范，高二责任，高三励志；学期抓活动：高一军训、远足，高二成人礼、艺术节，高三高考誓师、毕业典礼；每月有主题：每年十二个月，每月一个德育主题活动，德育教育既有规定动作，又有因时因地因人而异的创新；每周抓过程：每周的主题班会、班主任例会，及时发现问题，解决问题，及时上传下达，纠偏矫正；每日抓常规：三轮值班制度，领导组、年级组、监控组全方位、全天候、无死角第一时间掌握第一手资料，随时反馈，及时整改。六个层级，从大到小，环环相扣，又互补支撑，形成“年年有方向、月月有主题、周周有展示、天天有成长”的立体化德育机制。

三、特色育人春风化雨润物无声

环境熏染，润物无声：让优美的校园环境、雅洁的宿舍环境、整洁的教室环境，成为无形的教育资源；文化浸润，历史传承：借助本土名人历史、成语典故、文化艺术等内容，以灵活多样的方式进行品德教育；内驱发力，自主管理：“励志信”诵读活动、“心理赋能”团建活动、“榜样在我身边”明星演讲活动等，激发学生自身内驱力，让学生成为自我管理的主人；理想为桨，风正扬帆：通过知名校友报告会、知名大学巡航、历史名人奋进故事宣讲等活动，用理想激励进步，引领发展；以德润心，以智明心：将心理健康教育融入教育教学、管理服务和学生成长各环节，注重维护学生心理健康。

总之，学校要遵循德育为首、德育为基、德育为本的原则，把德育工作渗透到教育教学工作的各个环节，全面落实立德树人根本任务，全方位培养有本领、有担当、有理想的时代新人。

在课程资源挖掘与整合中振兴县中

于维涛　刘军祥　《中国教育报》 校长周刊　2025年1月

提起课程资源挖掘与整合，不少县域普通高中（以下简称“县中”）校长都犯过难。当前县中在课程资源挖掘与整合中不同程度遇到了资源短缺分散、难以创新、重复建设、泡沫化等难题。推动县中进一步实现从“点”到“线”、从“线”到“面”课程资源挖掘与整合的系统性跨越，要求县中校长要从实际出发，先立后破、因地制宜、分类指导，根据本地的资源禀赋，学生需求、师资水平和科研条件，聚焦国家战略，发挥优势特长，以改革的智慧盘活更多存量资源，县中课程的“含新量”不断增高，发展的“含金量”也会越来越足。

一、多样化推进课程资源规划

县中振兴的根本在于校长要牢固树立县中是差异化不是等级化的发展意识，把普通县域办出不普通的教育作为办学治校的内在追求，实现课程资源多样化、差异化研发，为学生提供丰富多样的学习资源，以此促进教育教学观念转变，引领教学内容方法改革，提高人才培养质量。只有根据学生的不同需求和特长，开发他们喜欢的课程，学生才会喜欢学校，留住县中生源的“根”。

首先，“贯通式”推进课程资源规划。县中校长要注重科学论证，梳理课程资源建设的基础与条件，通过落实国家课程方案和课程标准，统筹国家、地方、学校三级课程建设，构建具有县中特色的课程体系，丰富课程供给，增强课程对学生和学校的适应性，带动县中整体教改的创新和突破，从而整体提升县中的办学水平和质量。要深刻把握学段、学校、课程、学生相互依存、相互支撑的内在联系，以“有中出新”盘活存量课程资源，壮大初中学段的“腰”，触及高等教育的“头”，贯通式推进课程资源规划，避免客观存在的学段、学科课程脱节、交叉、错位的现象，充分体现教育规律和人才培养规律。

其次，将课程资源规划转化为行动方案。依据国家课程方案和地方普通高中课程实施指导意见，保证基础性、落实选择性、增加开放性，基于学生的认知规律和学段特征，立足资源条件，结合学校实际，对学校课程总体规划做出实施安排，形成课程实施方案。制定课程资源建设具体的学年工作计划与学期行动方案，使长期规划转化为学年工作计划，细化为学期行动方案，并相互配套、上下衔接，将县中办学理念、学校培养目标和办学特色等内容融入其中。要坚持依据学生发展状况、学校特色和可利用资源禀赋发展自己的学校课程，引导学生及时了解科技和政治经济社会新进展、新成果，尤其在理工、艺体、语言智优学生的教育中，形成思想性、科学性、时代性、协同性的课程特色。

最后，依据志趣分类分层建设生涯规划课程。好老师没有统一的模式，县中人才培养没有标准的答案，县中校长要结合自身办学实际探索适合的路径。县中教育是基础教育与高等教育承上启下的重要发展阶段，如何引导有不同兴趣爱好、不同发展潜能的学生站得更高、看得更远？要以志趣为着力点，依据志趣分类分层建设学业、生活、健康、心理、升学、职业等方面的生涯规划课程，高一研发生涯认知规划课程，高二研发生涯体验规划课程，高三研发生涯选择规划课程，形成促进学生持续发展的差异化教学和个性化指导方案，搭建融通高中与高校、校内与校外、课内与课外的生涯规划课程平台。

二、三级协同做大做强课程资源增量

课程资源是县中教育教学活动的基本依据，校长要“聚四海之气、借八方之力”做大做强课程资源增量，以国家、地方、学校三级协同建设为基本路径，以促进学生全面发展、个性成长为核心功能，形成县中多层次、多类型的课程资源共建共享体系。

首先，校本化整合三级课程。开好开齐国家课程相关内容及地方课程，积极研发校本选修、校本专修课程，实现必修、选择性必修和选修三级课程的有机衔接和优化整合，注意避免高一并行科目过多，盲目“超前学习”现象。四川省苍溪县城郊中学校构建了国防教育校本课程体系，以课程建设为抓手，用课程开发来统整国防教育资源，优化国防教育结构，完善国防教育内容，用课程支撑国防教育活动。

其次，拓展地方课程资源。结合地方自然地理特点、民族特色、传统文化以及重大历史事件、历史名人等，因地制宜开发地方课程资源，引导学生了解家乡的历史文化、自然环境、人口状况和发展成就，提升学生文化自信。河北省正定中学坚持党建工作与地域文化、学校文化紧密结合，深入挖掘正定红色资源，形成具有正定中学特色的“大思政课”育人体系，彰显“大思政课”的育人特色。

再次，开拓实践课程资源。利用爱国主义教育基地、公益性文化设施、公共机构、各类校外活动场所、专题教育社会实践基地等资源，融通县中社会实践基地和高等教育、职业教育实习实训基地建设资源，充分发挥社会实践资源的育人功能，开展有益于学生身心发展的综合社会实践活动，增强学生的社会责任感、创新精神和实践能力。甘肃省白银市会宁一中按照“由问题切入课题研究”的思路，解决了如何开展理化实验改进、自制教具、实验管理、实验教研的四大问题，自制教具100余种，改进实验30余个。

最后，打造数字化课程资源。利用互联网与现代科技手段，建设数字化课程平台，通过平台面向师生提供网络课程、数字教材、教学课件、教学案例、虚拟实验实训等类型的教学和学习资源。山东省昌乐一中针对学生自学能力不强、学习方法单一问题，开发学生学习指导系列微课，各学科根据学科特点，对教材内容进行分类，分别有针对性开发教材阅读指导微课。

三、以制度建设为主线推进课程实施

课程是县中办学特色和文化催生的沃土，系统治理、政策支持、制度保障是县中办学特色和文化催生的重要保障，帮助学生选择最佳课程组合去发展应对未来的关键能力是课程的重要支撑。

首先，完善学校课程管理制度。根据教育部相关文件精神，校长要结合县中实际，坚持“凡设必审”“凡用必审”原则，制定县中课程实施方案，合理安排 3 个年级各学科课程，在开齐开足综合实践活动和理化生实验等课程同时，加强学校特色课程建设，开展校园艺术、体育、阅读、科技、人工智能等社团活动。压实校长主体责任，对未按课程方案修满相应学分的学生，原则上不得颁发高中毕业证书。

其次，研制县中学生选课走班实施方案。适应新时代普通高中新课程改革和高考综合改革需要，研制县中学生选课走班实施方案，优化高中阶段学生的选课走班制度，促进学生个性化发展，提高学生自主合作学习能力。借助数字化研发学校课程信息管理系统，构建规范有序、科学高效的选课走班运行机制。强化班主任和任课教师责任，开展走班教学班级管理和集体主义教育。

最后，实施分类考核评价。可以实施年级组、班级组、教研组捆绑考核制度，构建“以学评教”课堂评价体系。年级组捆绑考核，保证课程方案在落实过程中形式不走样、方向不偏离；班级组捆绑考核，保证学生选课指导和生涯规划在落实过程中增强教师团队协作，均衡各学科之间的发展。教研组捆绑考核，保证新课标、新课程、新高考在日常集体备课和课堂教学中的实施。通过课题引领完善教学目标、教学内容、教学过程和教学素养 4 个维度的教师“教”评价以及参与状态、能动状态、思维状态、情绪状态和生成状态 5 个维度的学生“学”评价，根据课堂教学有效性四大特征，从评价学生的学习效果角度，健全“以学评教”数学课堂评价体系，形成“记录与描述—分析与解释—回应与改进”的评价过程，推动由重视教师的“教”向重视学生的“学”转变。河北无极中学立足县域高中实际，创新出“三型五共”课程体系，“三型”即“基础型”“综合型”“拓展型”，“五共”即共向、共健、共艺、共行、共和，课程搭建学生适合奔跑的赛道，利用云平台的可视化数据让教师了解学生，了解课堂，针对性指导学生，让学生在适合自己的跑道上奔跑。

（作者于维涛系国家教育行政学院教师工作与研究部主任、教育部中小学校长和幼儿园园长国家级培训项目管理办公室主任；刘军祥系河北省无极中学党委书记）

后记

合上书稿时，才惊觉从构思到完稿，已悄然走过八个四季。这本书与其说是“著作”，不如说是一位一线教育管理者的“心路历程手账”——记录着办学中的困惑、探索与偶尔闪现的微光。

最初动念写作，源于一位家长的真挚嘱托：“刘校长，孩子交给你了，家里都是农民，大字不识几个，孩子该打打、该骂骂，家里就一个希望，能让孩子考一个好大学。”那时，我忽然意识到：县中的教育从来不是一个孩子的事，而是整个家庭的希望。这也更坚定了我办幸福教育、办一所家门口老百姓满意的学校的想法。

书中没有高深的理论堆砌，更多是串联起了家校社协同育人的一系列“接地气”的实践：如何调动县域高中师生教与学的积极性，怎样通过“唤醒、引领、激励、关爱”培养师生幸福感，通过校园文化建设培养学生校园归属感，通过劳动实践、社区活动、地方企业参观培养学生的社会责任感。这一系列结合本地特色的高中教育场景，恰是我眼中教育该有的模样——充满生命力，允许不同个体全面发展的成长节奏。

写作中最艰难的，是平衡理想与现实的张力。我们都知道“静待花开”的美好，却不得不面对升学压力、评价体系的重重束缚。该书是想引发更多人思考：在效率至上的时代，我们是否遗失了教育最本真的东西？

写作过程中，常想起陶行知先生“捧着一颗心来，不带半根草去”的箴言。教育研究者的使命，或许就是在应试教育与素质教育的夹缝中，寻找让每个灵魂都能舒展的空间。若您在阅读中能偶尔共鸣，或萌生出新的教育灵感，便是本书的价值所在。

本书得以付梓，要感谢徐会军、曹玉红校长，朱巧娜、陈立宾老师的默默付出。徐会军、曹玉红两位校长深耕教育行业数十载，于专业领域洞见非凡，他们以深厚的教育管理经验为根基，主导了书中各项制度的系统性梳理工作。两位校长立足教育实践，从政策法规的溯源到校本制度的创新，逐层剖析、严谨考证，为本书搭建起坚实的理论框架。尤其对县域教育发展脉络与学校管理机制的深度挖掘，既保留了历史原貌，又注入了时代视角，使制度章节兼具学术价值与实践指导意义。朱巧娜、陈立宾两位老师凭借一线教师的敏锐洞察力，在成书过程中搜集材料、制作图表，在语法逻辑、案例详略、观点凝练等具体方面提出诸多切中肯綮的建议。他们承担了书中活动案例的搜集与整理任务，从数百场教育活动中筛选出具有代表性的素材，通过分类归纳、情境还原与效果分析，将零散的实践经验升华为可复制的行动模型。书中“特色课程设计”与“学生成长活动”等章节的鲜活呈现，正是他们扎根实践、深耕细节的成果。四位同仁的分工虽各有侧重，却在编纂过程中形成了有机互补：制度框架为活动设计提供规范依据，实践案例反哺制度优化的现实需求。这种“自上而下”与“自下而上”的双向互动，不仅彰显了教育研究的立体维度，更体现了团队协作的深层价值。他们的专业精神与默契配合，是本书得以完整呈现的核心动力。正是四人字斟句酌的雕琢，让书稿得以脱胎换骨，终成今日之貌。

特别感谢国家教育行政学院教师工作与研究部主任、教育部中小学校长和幼儿园园长国家级培训项目管理办公室主任于维涛的倾心指导；感谢华东师范大学教育学教授、博导、教育部中学校长培训中心副主任郅庭瑾的大力支持。

最后，想把这本书献给所有心怀热忱的教育同行。当我们在教育道路上感到迷茫时要坚信：教育是“慢”的艺术，也是“信”的哲学——相信每个孩子都有向上的力量，相信我们的努力正在看不见的地方悄然发生作用，相信我们的努力会让每位家长、学生、教师收获幸福。

教育是一场温暖的遇见，也是一场漫长的修行。愿我们都能成为孩子成长路上的引路人，守护他们眼中的星光。

刘军祥

2025 年 5 月